Michael Wladika (Hg.)

Sinn und Glück der sakramentalen Ehe

Wie eine umfassende Vorbereitung
auf die Eheentscheidung heute gelingt

D1674447

Be&Be
www.bebeverlag.at

Michael Wladika (Hg.)

Sinn und Glück der sakramentalen Ehe

Wie eine umfassende Vorbereitung
auf die Eheentscheidung heute gelingt

Be&Be-Verlag
Heiligenkreuz 2014
ISBN 978-3-902694-79-9

Fotos Cover: istockphoto.com, veer.com
Korrekturen: Marina Trescher
Lektorat: Dr. Hinrich B. Bues
Gestaltung: AugstenGrafik, www.augsten.at

Be&Be

© Be&Be-Verlag Heiligenkreuz im Wienerwald,
www.bebeverlag.at

Direkter Vertrieb:
Klosterladen Stift Heiligenkreuz
A-2532 Heiligenkreuz im Wienerwald

Tel. +43-2258-8703-143
E-Mail: bestellung@bebeverlag.at

Michael Wladika (Hg.)

Sinn und Glück der sakramentalen Ehe

Wie eine umfassende Vorbereitung
auf die Eheentscheidung heute gelingt

Be&Be

www.bebeverlag.at

Inhaltsverzeichnis

GRUSSWORT

Erzbischof Dr. Christoph Kardinal Schönborn

Die Heilige Schrift spricht von der Ehe als einem „Mysterium", dessen Ursprung und Ziel vom Schöpfer begründet ist. Demnach liegt die Berufung zur Ehe schon in der Natur von Mann und Frau, wie es im Katechismus der Katholischen Kirche heißt. Der Mensch ist ja nach dem Bild Gottes geschaffen und daher auch zur Liebe berufen. Mann und Frau sind, sagt uns die Bibel, füreinander geschaffen. Die christlich gelebte Ehe wird so zu einem wirksamen Zeichen und Sakrament des Bundes zwischen Christus und der Kirche.

Es ist sehr erfreulich, dass sich das Internationale Theologische Institut (ITI, Trumau) gemeinsam mit dem Institut für Ehe und Familie (IEF, Wien) nach einem Studientag zum Thema „Verlobung" im vergangenen Jahr nun der „Ehevorbereitung" widmete. Ein Lebensbereich, der heute eine besondere Aktualität erfährt und einer dringenden und vertieften Besinnung bedarf.

Die Ehevorbereitung ist eine wichtige Zeit für die Brautleute, die durch das Sakrament der Ehe ihre gegenseitige Liebe vertiefen und zu einem Herzen und einer Seele werden möchten. Die hier vorgelegten Ergebnisse des Studientags können eine wertvolle Hilfe sein, die zum besseren Gelingen dieser anspruchsvollen Lebensform beitragen, die letztlich nur mit der Hilfe Gottes zur Vollendung kommen kann.

Christoph Kardinal Schönborn, Dr., ist seit 1995 Erzbischof von Wien, wurde 1998 zum Kardinal erhoben und ist seit 1998 Vorsitzender der Österreichischen Bischofskonferenz.

Die Härte des Herzens überwinden

Michael Wladika

U *mfassende Ehevorbereitung* – zu diesem Thema
veranstalteten das Internationale Theologische
Institut (ITI) in Trumau und das Institut für Ehe und
Familie (IEF) in Wien im Januar 2013 eine gemeinsame
Studientagung. Ein Jahr zuvor ging dieser Konferenz
eine gemeinsame Fachtagung zum Thema „Verlobung"
voraus – schon damals eine erfrischend unzeitgemä-
ße Thematik, in heutigen Kulturkampfzeiten aber
ungemein wichtig.

Bei der *Umfassenden Ehevorbereitung* war es allen
Referenten und Mitarbeitern ein besonderes Anliegen,
sowohl die theoretische wie die praktische Seite zu
bedenken. Hier geht es also einerseits um theologische und ethische Grundlagen und andererseits um
psychologische Erkenntnisse sowie die praktische
Umsetzung im Alltag des Ehelebens.

Für eine vernünftige und gleichzeitig praktische
Ehevorbereitung wollen wir so viel Gutes wie nur
irgend möglich heranziehen. Um zu einem tragfähigen Lebensentwurf zu kommen, wollen wir auch die
beiden Offenbarungsquellen betrachten, die Schrift
und die Tradition. Bei den exegetischen Beiträgen
dieses Bandes sieht man leicht, wie viel sich direkt
aus der Heiligen Schrift für das Eheleben lernen lässt;

wie schön und wie sanft es beschrieben wird, wie Menschen miteinander umgehen sollen.

In der moraltheologischen Reflexion interessiert uns in erster Linie, was die Lehre der Heiligen Kirche sagt. Daher halten wir uns bei der Ehevorbereitung an die Weisungen der Kirche. Interessant ist dabei, dass die anthropologischen und psychologischen Erkenntnisse oftmals die Weisheit der Heiligen Kirche bestätigen. Sie zeigen, wie heilsam und anthropologisch richtig die Ehe für uns Menschen ist. Gerade die umfassend vorbereitete, sakramentale Ehe erweist sich nicht als „Überbau" sondern vielmehr als Unterbau, als tragfähiges Fundament von Familie und Gesellschaft.

Warum aber kommt es zu den beklagenswert vielen Scheidungen in der heutigen Zeit? Unser Herr selbst hat zu der Vokabel σκληροκαρδία – *duritia cordis* – (griech./lat. Härte des Herzens, (Mt 19,8) gegriffen. Letztendlich ist diese Härte unseres menschlichen Herzens der eigentliche Grund für das Scheitern so vieler Ehen. Jesus Christus hat sogar festgehalten, dass sein λογος, seine Rede über die Ehe, nur von denen wirklich aufgefasst werden kann, denen es „von oben" gegeben ist. Der Herr sieht uns in einer passivischen, empfangenden Haltung bei der Ehevorbereitung und Eheentscheidung. Weil Jesus selbst kein hartes sondern ein demütiges Herz (ταπεινος τη καρδία – *humilis corde,* Mt 11,29) hat, möchte er auch uns ein demütiges und sanftes Herz schenken.

Wenn ein solch fühlendes, weiches Herz in der Zeit der Ehevorbereitung und Eheentscheidung empfangen wird, dann ist das wichtigste Ziel erreicht; die Ehevorbereitung war dann nicht nur ein letztlich belangloses Gerede, sondern ist zu einem tragfähigen Fundament einer gelingenden Ehe und Familie geworden.

Denn darauf läuft die Ehevorbereitung ja zu: Hier geht es um eine praktische Lebensform und Lebensgestaltung, die zwar theoretisch reflektiert aber auch praktisch im Alltag gelebt sein will. Wir leben heute in einer Art Kulturkampf, wo die bewährten Lebensformen aufgeweicht werden. Da wollen oft Blinde einen Blinden führen. *Kann ein Blinder einen Blinden führen? Werden nicht beide in eine Grube fallen? – Numquid potest caecus caecum ducere? Nonne ambo in foveam cadent?* fragte bereits Jesus (Lk 6,39).

Dieses Gerede, vor dem schon Arnold Gehlen in *Zeit-Bilder* (1960) und *Moral und Hypermoral* (1969) warnte, entwickelt sich heute zu einer Art Plage. Irgendwann bestätigen dann Tatsachen die Theorien, die ihnen allerdings vorhergingen. So kann man auch das Interesse am Erzählen von Gefühlen und Erfahrungen mitunter verlieren, wenn man nämlich bemerkt, dass der Mensch empfindet, was zu empfinden er sich einbildet.

Wir leben in einer Epoche, wo uns vieles aufgetischt wird, was in Wirklichkeit keine Ehe ist. So gesehen, müssen wir gleichsam ein wenig nachsitzen, um längst Abgetanes immer wieder und wieder neu aufzutischen. Wir müssen der Willkür, diesem eigentümlichen Sich-Frei-Fühlen, entgegentreten. Da darf man nicht locker lassen, wenn man überzeugt ist, in die richtige Richtung zu gehen.

Viel Segen von unserem Herrn darf ich allen Lesern dieses Doppelbandes zur umfassenden Ehevorbereitung und Eheentscheidung wünschen! Mögen die praktischen wie theoretischen Beiträge in unsere Zeit hineinsprechen und gute Früchte tragen.

Trumau, im Juni 2014
Michael Wladika

Michael Wladika, Prof. Mag. Dr. habil., ist Professor für Philosophie am ITI in Trumau und Universitätsdozent für Philosophie an der Universität Wien.

Intrada: Eine Ehe zu dritt!

Bischof Franz Scharl

Darf ich mit einer dogmatischen Grundlegung zum Thema *Umfassende Ehevorbereitung* beginnen? Bevor wir überhaupt zu Christen werden oder in die sakramentale Ehe eintreten können, müssen wir als Menschen gezeugt, empfangen und geboren worden sein! Mit der Neuschöpfung in der Heiligen Taufe, gewirkt durch JESUS CHRISTUS im Heiligen GEIST, treten wir von GOTT her in eine neue Existenz ein. Wir Menschen werden durch die Wiedergeburt im Heiligen GEIST neu zu Kindern GOTTES geschaffen, die begnadigt und begnadet das Vollalter JESU CHRISTI erreichen sollen.

Was heißt das? Jede Form von Ehevorbereitung beruht erstens auf unserem Dasein als Geschöpf GOTTES und zweitens auf unserem anfanghaften Neugeschaffen-Worden-Sein in der Taufe, die Gott-Vertrauen voraussetzt. Da die allermeisten Männer und Frauen die Sehnsucht nach einer gelingenden und lebenslangen Bindung in der Ehe in sich tragen, braucht es wirklich eine sehr gute Ehevorbereitung, die in der nachfolgenden Ehe in Form einer vertiefenden Taufkatechese weitergeführt wird.

Was gehört nun thematisch in diesen weiteren Kontext der Ehevorbereitung?

– Die christliche Erziehung durch Eltern, Groß-
  eltern, vielleicht sogar Urgroßeltern und die
  weitere Familie (vgl. II. Vaticanum, Gaudium
  et Spes 49,3);

– die außerschulische, kirchliche Kinder- und
  Jugendarbeit sowie der Religionsunterricht in
  Schulen;

– die entferntere Ehevorbereitung und schließlich
  die unmittelbare Ehevorbereitung.

Sinn und Ziel dieser Vorbereitungen bestehen darin,
dass aus Eheleuten christlich-katholische Eheleute
werden! Wir sollten es nicht überhören, sondern ganz
aufmerksam wahrnehmen, dass das Ehesakrament
gleichsam eine Weihe ist!! In der Konstitution *Gaudium
et Spes* des II. Vaticanums heißt es, dass die Eheleute
„in den Pflichten und der Würde ihres Standes durch
ein eigenes Sakrament gestärkt und gleichsam geweiht"
werden (Gaudium et Spes, 48,2).

Daher ergibt sich aus dem Ehesakrament eine
damit besonders verbundene Verantwortung, eine
schwer überbietbare Wichtigkeit für Kirche und Gesellschaft, die noch viel klarer betont werden sollte!
Daher erfordert die Ehevorbereitung eine nacharbei-
tende, eine wahrscheinlich überhaupt oft erst bewusst
machende und vertiefende Taufkatechese, eine Art
von Erwachsenen-Katechumenat. In den heute oft
medial hochgespielten Freiheitsmöglichkeiten braucht
es im Rahmen einer sakramentalen Ehevorbereitung
im Besonderen:

ein Kennenlernen GOTTES/JESU sowie des Leibes CHRISTI, das heißt der konkreten Kirchengemeinschaft;

zudem das ganz wichtige Kennenlernen der eigenen Persönlichkeit;

das ebenso wichtige und natürliche Kennenlernen *des Ehepartners und der Familien,* die nun miteinander in Verbindung treten;

schließlich die Wahrnehmung der aktuellen gesellschaftlichen Situation in Bezug auf Ehe und Familie.

Dazu brauchen die Brautleute viel Zeit zum gegenseitigen Austausch, das heißt Verständnis und Interesse. Wie schwierig das Zusammenbringen passender Männer und Frauen für Gott ist, zeigt uns die rabbinische Geschichte.

Schwierig wie das Spalten des Meeres

Eine römische Dame fragte Rabbi Jossé ben Chalafta: „In wie viel Tagen hat Gott die Welt geschaffen?"

Er antwortete ihr: „In sechs Tagen, denn so heißt es (Ex 31,17): ,In sechs Tagen machte der HERR Himmel und Erde'."

„Und was hat Er seitdem gemacht?"

„Er verbindet die Paare und schließt Ehen. Er bestimmt, wessen Tochter wen heiraten soll."

„Ja!", antwortete die Dame. „Das kann ich ja auch tun. Ich besitze sehr viele Knechte und Mägde, und ganz leicht kann ich sie paaren."

Doch Rabbi Jossé sprach: „Du magst das leicht finden. Für Gott aber ist es so schwierig wie das Spalten des Schilfmeeres."

(Petuchowski J. J., Es lehrten unsere Meister. Rabbinische Geschichten, Herder Freiburg-Basel-Wien, 1992 (1979), S. 33)

Offensichtlich braucht es also das gute Zusammenarbeiten zwischen GOTT und den Eheleuten, damit eine Ehe dauerhaft und gut gelingen kann: das heißt JESUS CHRISTUS und die Eheleute gehören als Glieder am Leib CHRISTI engstens zusammen, ja sie bauen den Leib CHRISTI auf! Sie führen gleichsam eine Ehe zu dritt!

So gilt: Wir sind mit unserer Fachtagung eine Vorhut-Tagung und keine Nachhut-Protagonisten!! In diesem Sinne darf ich unserer Tagung GOTTES stärkenden Beistand und sehr viel Aufmerksamkeit wünschen!

Franz Scharl, Mag. Dr., Weihbischof der Erzdiözese Wien, Bischofsvikar für die Kategoriale Seelsorge und die Fremdsprachigen Gemeinden, in der Österreichischen Bischofskonferenz zuständig für Ausländerseelsorge, Mitglied der Familienkommission der Österreichischen Bischofskonferenz.

Verlobung und arrangierte Ehen im Alten Testament

Larry Hogan

Ursprünglich hatte ich einen anderen Titel für diesen Vortrag überlegt und zwar: „Plädoyer für eine arrangierte Heirat". Freilich habe ich mich nicht getraut, obwohl bekannt ist, dass die moderne Heiratsvermittlung über das Internet der arrangierten Heirat durchaus ähnlich ist, sogar im Trend der heutigen Zeit zu liegen scheint.

„Sportliche, schöne Frau sucht lustigen Lebenspartner", so lesen wir – und das nicht nur in Zeitungen oder im Internet. Zunehmend gibt es auch Partner-Börsen, die sich an christliche Singles auf der Suche nach einem gleichgesinnten Partner richten. Heutzutage wächst ebenfalls die Zahl virtueller Ehen, das Phänomen realer Scheidungen, verursacht durch virtuell geschlossene Ehen kommt ebenso wie bei traditionell gefundenen Ehepartnern vor.

Den Statistiken der UNICEF, dem Kinderhilfswerk der Vereinten Nationen, ist zu entnehmen, dass rund 55 Prozent der Ehen weltweit arrangiert sind. Und dass in Regionen oder Ländern, wo arrangierte Heiraten üblich sind, die Scheidungsrate zwischen nur zwischen einem und vier Prozent liegt. Dagegen betrug die Gesamtscheidungsrate in Österreich nach der Statistik Austria (aus dem Jahr 2011) rund 43 Prozent. Zu bedenken sind bei diesen Zahlen allerdings auch die kulturellen Gründe für hohe oder niedrige Scheidungsraten.

„Plädoyer für arrangierte Heirat" wäre ein spannendes Thema, das ich leider hier nicht ausführen kann. Stattdessen möchte ich über zwei Themen sprechen, die miteinander verbunden sind: Verlobung und arrangierte Ehen – oder arrangierte Heirat im Alten Testament. Der Hintergrund zu diesen Themen liegt im Alten Orient, in Mesopotamien. Bereits im 18. Jahrhundert vermittelt uns ein Text in akkadischer Sprache ein gutes Bild von Ehe und Familie in der damaligen Gesellschaft.

Besonders wertvoll sind die babylonischen Texte von Mari. In der Regel war es der Brautvater, der die Verantwortung hatte, die Bedingungen für die Ehe seines Kindes mit den Eltern des Bräutigams auszuhandeln. Wichtig war bei diesen Verhandlungen, dass beide Familien ungefähr aus derselben gesellschaftlichen Schicht stammten. Das heißt, dass ein bürgerlicher Brautvater nie zu reichen oder armen Eltern gegangen wäre, um eine Braut für seinen Sohn zu finden.

Bisher haben wir allerdings keinen vollständigen Ehevertrag in Mari auffinden können. Aus den Fragmenten lassen sich aber einige praktische Details herauslesen, so beispielsweise die Fragen: Wer bezahlt das Hochzeitsmahl? Wie sind die Rechte des Bräutigams und der Braut zu schützen? Über die Vorbereitung des Brautpaares lassen die Texte keine Details erkennen. Wir wissen nicht, ob die Brautleute bei der Vorstellung der Familien oder danach miteinander gesprochen haben.

Nach den Gesetzen von Eshnunna, einem anderen Dokument aus Mesopotamien (ca. 1960 v. Chr.), galt die Zustimmung des Brautvaters als erster Schritt. Der zukünftige Bräutigam schickte demnach seinen Vertreter zum Brautvater, um die Zustimmung zu erhalten – und zwar noch bevor sich die zwei Väter trafen, um die Bedingungen für die Heirat schriftlich zu vereinbaren.

An diesem Punkt der Eheanbahnung liegt wahrscheinlich der Ursprung für das Einheben des auch biblisch bezeugten Brautgeldes. Ein Unterschied zu der späteren israelitischen und jüdischen Praxis besteht darin, dass das Brautgeld (terbatum) nicht als Eigentum der Braut betrachtet wurde. Das Brautgeld in Mesopotamien beinhaltete nicht nur sehr wertvolle Objekte, wie etwa Schmuckstücke, sondern es schloss auch Konsumgüter, wie Essen, Bier und Öl mit ein.

Die Annahme dieser Geschenke wurde durch das gemeinsame Trinken eines alkoholischen Getränks symbolisch besiegelt. De jure war das Paar jetzt verheiratet, aber es durfte vor der Abholung der Braut von ihrem Elternhaus und vor dem Hochzeitsmahl nicht miteinander leben. Auf das eheliche Zusammenleben mussten die Brautleute unter Umständen noch Tage, Monate oder sogar Jahre warten. Der Inhalt der Mitgift der Brautfamilie wurde auf Tontafeln aufgeschrieben und erst dann übergeben, nachdem die Ehe tatsächlich vollzogen wurde.

Versehen mit dieser Hintergrundinformation schauen wir nun an, was im Alten Testament über die Eheanbahnung zu finden ist. Dabei ist zu beachten, dass sich in den zurückliegenden 2000 bis 3000 Jahren die Bräuche und Gesetze in den verschiedenen Kulturen verändert haben. Zudem lässt sich den vorhandenen Dokumenten nicht klar entnehmen, welche Art von Ehevorbereitung die Brautleute hatten.

Anzunehmen ist aber, dass es keine Vorbereitung in der Form gegeben hat, dass sich das Paar einige Male treffen konnte. Möglicherweise wurden Braut und Bräutigam jeweils in ihrer eigenen Familie vorbereitet. Unter den streng orthodoxen Juden (Ultra-Orthodoxe – Haredi) gibt es heute eine sehr genaue Vorbereitung der Braut und des Bräutigams, ausgeführt von solchen Personen, die für diese Aufgabe extra ausgebildet sind. Allerdings können wir nicht belegen, ob es diese Praxis auch in früheren Zeiten gegeben hat.

Was im Alten Testament zu lesen ist, beschreibt Bräuche und Traditionen, die 2000 Jahre und älter sind. Abgesehen von der hier nicht relevanten Frage, wann die Bücher geschrieben wurden, ist zu bedenken, dass Bräuche, die 1800 Jahre vor Christus gebräuchlich waren, nicht unbedingt auch 500 oder 1000 Jahre später praktiziert wurden. Beispielsweise lesen wir im Buch Genesis den für uns eher komischen Brauch, dass Abraham einen Sohn haben möchte. Gott hatte ihm ja einen Sohn versprochen.

In Genesis 16 heißt es: *„Sarai, Abrams Frau hatte ihm keine Kinder geboren. Sie hatte aber eine ägyptische Magd namens Hagar. Sarai sagte zu Abram: Der Herr* *hat mir Kinder versagt. Geh zu meiner Magd. Vielleicht komme ich durch sie zu einem Sohn."*

Zu bemerken ist, dass sie nicht sagt: *„Vielleicht kommst du durch sie zu einem Sohn."* Was allerdings wahr ist: *Sarai* bekommt einen Sohn durch ihre Magd! Wir kennen diesen Brauch auch aus anderer Literatur dieser Periode. Das Kind, geboren von Hagar, war tatsächlich der Sohn Abrams und Sarais. Fünfhundert Jahre später, zur Zeit des Mose, wäre so etwas nicht mehr möglich gewesen.

Wenn wir über *Verlobung und arrangierte Heirat* nachdenken, müssen wir auch anmerken, dass mit dem Wort *Familie* im Allgemeinen die Großfamilie gemeint ist. Alle Tanten und Onkel, Cousinen und Cousins, Nichten und Neffen waren eingeschlossen. All diese Personen galten als Mitglieder der *Mischpacha* und der noch kleineren Einheit, der *Bet'e ab*. Selbst des Vaters Haus (*Bet ab*) war eine Großfamilie. Dieser Begriff der Sippe – Bet ab – und das Bewusstsein der Zugehörigkeit zu einer Großfamilie, sind ein wichtiges jüdisches Charakteristikum der biblischen Zeit.

Ich bedauere es sehr, dass unser Bild der Heiligen Familie zu Nazareth ein Bild einer kleinen Kernfamilie ist, die allein in ihrer eigenen Wohnung lebt. Das war sicherlich nicht so. Nach zwei Jahrhunderten der Ausgrabungen im Heiligen Land können wir genauer feststellen, wie ein damaliges Haus ausgesehen hat. Auf jeden Fall ist es sehr wahrscheinlich, dass die Heilige Familie in einem *Bet ab* mit ungefähr zwölf bis fünfzehn anderen Menschen gelebt hat.

Wenn zwei Menschen heiraten wollten, war es daher notwendig, die Großfamilie zu involvieren, weil das Ehepaar nicht isoliert von dem *Bet ab* oder der *Mischpacha* gelebt hat. Alle Personen dieses Familienverbandes mussten nicht nur gut miteinander auskommen, sondern sich auch mit der Großfamilie gut verstehen. In der israelitischen Periode war es üblich, innerhalb des eigenen Clans (aber nicht unbedingt der eigenen Mischpacha) zu heiraten, was auch mit wirtschaftlichen Gegebenheiten des ganzen Verbandes zu tun hatte. Im Fall einer Heirat außerhalb des Clans konnte Eigentum verloren gehen, was naturgemäß vermieden werden sollte.

Die Clanstruktur ermöglicht der Ehefrau außerdem, ihre ursprüngliche Familie zu besuchen. In einem Heiratsvertrag aus einer späteren Zeit heißt es beispielsweise, dass der Mann verpflichtet ist, seiner Frau zu erlauben, ihre Eltern ein Mal im Monat zu besuchen. So genau waren einige Heiratsverträge ausformuliert.

Nirgendwo im Alten Testament sind arrangierte Heiraten durch den Vater oder die Eltern vorgeschrieben. In der Weisheitsliteratur, beispielsweise im Buch Jesus Sirach, lesen wir, dass der Vater, der sich um seine Tochter kümmert, gelobt wird. Nirgendwo wird aber er oder seine Frau dafür gelobt, dass sie einen guten Ehemann für ihre Tochter gefunden haben.

Einen Hinweis in dieser Hinsicht findet sich im Buch Deuteronomium (Dtn 7,3): *„Deine Tochter gib nicht seinem Sohn und nimm seine Tochter nicht für deinen Sohn."* Allerdings bezieht sich diese Passage nur auf die Heirat mit Nicht-Israeliten. Einige andere Beispiele aus der Heiligen Schrift zeigen, dass die Eltern bei der Brautsuche behilflich waren. In Genesis 24 will Abraham offenbar vermeiden, dass Isaak eine Kanaaniterin heiratet. Daher befiehlt er seinem Knecht, in seine Heimat zu gehen, um dort eine Braut zu finden.

Der Knecht ist realistisch und fragt: *„Vielleicht will aber die Frau mir gar nicht hierher in dieses Land folgen."* Interessant! Sie durfte Nein sagen und ihr eigener Vater konnte sie nicht zur Heirat zwingen. Der Knecht schlägt vor, dass wenn sich die Frau weigern würde, Isaak selbst dorthin kommen solle. Gerade dies will aber Abraham nicht. Er sagt, dass ein Engel vor dem Knecht hergehen und ihm helfen werde, die Frau zu finden. Dann reflektiert Abraham etwas über die Sache. Es könnte schon sein, dass keine geeignete Frau bereit ist, dem Knecht zu folgen, um Isaak zu heiraten.

Daher sagt Abraham: *„Wenn dir aber die Frau nicht folgen will, dann bist du von dem Eid, den du mir geleistet hast, entbunden."* Die auf diese Überlegungen folgende Geschichte ist tatsächlich sehr schön und zeigt Gottes gute Fügung. Der Vater Rebekkas und ihr Bruder Laban sind begeistert und glauben, so der Vater: *„Die Sache ist vom Herrn ausgegangen."* Trotzdem sagen diesmal die Mutter und der Bruder (und nicht der Vater): *„Wir wollen das Mädchen rufen und es selbst fragen. Sie riefen Rebekka und fragten sie: Willst du mit diesem Mann reisen? Ja, antwortete sie. Sie segneten Rebekka".* Diese Geschichte macht also offenbar den Eindruck, dass es keine lange Zeit der Verlobung gegeben hat.

Aus dem Buch Deuteronomium wissen wir allerdings, dass es zu einer vielleicht späteren Zeit durchaus eine Zeit der Verlobung gegeben hat, auch wenn wir nicht feststellen können, wie lange die Verlobung gedauert hat. Da berichtet wird, dass der Bräutigam während der Verlobungszeit vom Militärdienst befreit wurde, können wir annehmen, dass diese Zeitspanne mindestens ein paar Monate gedauert hat. Man hat während dieser Zeit alles gut vorbereiten können.

Interessant ist, dass es in dieser Verlobungszeit das Verbot des Beischlafs mit der Verlobten eines anderen gegeben hat, bewährt mit derselben Strafe wie bei Ehebruch. Dies zeigt, wie ernst die Verlobung gemeint und behandelt wurde. *„Wenn ein unberührtes Mädchen mit einem Mann verlobt ist und ein anderer Mann ihr in der Stadt begegnet und sich mit ihr hinlegt, dann sollt ihr beide zum Tor dieser Stadt führen. Ihr sollt sie steinigen ...“* (Dtn 22,23-24).

Und wie verhält es sich mit dem Fall des Beischlafs mit einer noch nicht Verlobten? *„Wenn ein Mann einem unberührten Mädchen, das noch nicht verlobt ist, begegnet, sie packt und sich mit ihr hinlegt und sie ertappt werden, soll der Mann, der bei ihr gelegen hat, dem Vater des Mädchens fünfzig Silberschekel zahlen und sie soll seine Frau werden, weil er sie sich gefügig gemacht hat. Er darf sie niemals entlassen.“* (Dtn 22,28-29). Demnach konnte sich der Mann also nie scheiden lassen und musste dazu dem Vater eine Summe bezahlen, die dem Lohn eines Arbeiters von etwa 200 Tagen entsprach.

In den Apokryphen ist das Werk *Joseph und Aseneth* überliefert, das zur Kategorie der hellenistischjüdischen Literatur gehört. Möglicherweise wurde es im 1. Jahrhundert nach Christus geschrieben, also zur gleichen Zeit wie das Neue Testament. In den Kapiteln 21 und 23 finden wir den uns bekannten Glauben, dass Ehen im Himmel von Gott ausgemacht sind. Wir könnten sozusagen formulieren, dass die Verlobung im Himmel stattfindet, denn Gott wählt die Menschen aus, die zueinander passen. *„Gott hat mir gesagt, ich solle sie heiraten."* Dies habe ich mehrmals von frommen Leuten gehört. Vielleicht stimmt es?

In der jüdischen Literatur aus dem 1. Jahrhundert finden sich relativ viele Berichte über die Verlobung, besonders in Josephus und der späteren rabbinischen Literatur, die die Traditionen dieser Periode widerspiegeln. Doch hier können wir nicht sicher sein, ob tatsächlich die Bräuche und Traditionen aus späterer Zeit gebräuchlich waren.

Da wir Katholiken deuteronomische Literatur akzeptieren, einschließlich der Bücher in griechischer Sprache, liegen hier Bücher vor, die in etwa zur gleichen Zeit wie das Neue Testament entstanden sind. Das Buch der Weisheit wurde möglicherweise ca. 50 Jahre nach Christus geschrieben, also etwas später als der Galaterbrief oder die zwei Briefe an die Thessalonicher. Über die Verlobungszeit findet sich leider nichts im Buch der Weisheit.

Dem Buch Tobit, geschrieben im 3. Jahrhundert vor Christus sind zumindest Voraussetzungen für eine Heirat zu entnehmen. Tobit sagt seinem Sohn: *„Vor allem: nimm eine Frau aus dem Stamm deiner Väter. Nimm keine fremde Frau, die nicht zum Volk deines*

Vaters gehört." (Tob 4,12). Der Heiratsvermittler ist aber in diesem Fall nicht der Vater, sondern der Engel, der Tobias begleitet. Er sagt zu Tobias: *„Bruder, heute werden wir bei Raguël sein. Er ist ein Verwandter von dir. Er hat nur ein einziges Kind, eine Tochter namens Sara. Ich will mit ihm reden, dass er sie dir zur Frau geben soll. Denn dir steht ihr Erbe zu, weil du ihr einziger Verwandter bist.*" (Tob 6,11-12)

Für den Fall, dass Tobias über diesen Vorschlag nicht begeistert sein sollte, fügt der Engel hinzu: *„Das Mädchen ist schön und klug.*" (Tob 6,12) Ich lasse den Teil der Geschichte über den Dämon aus und gehe direkt zur Trauung. *„Und er (Asarja, Vater von Sara) ließ seine Tochter Sara rufen, nahm sie bei der Hand und gab sie Tobias zur Frau; er sagte: Hier, sie ist dein nach dem Gesetz des Mose. Führ sie zu deinem Vater. Und er segnete sie. Dann rief er seine Frau Edna herbei, nahm ein Blatt Papier, schrieb den Ehevertrag und man setzte das Siegel darunter. Darauf begannen sie mit dem Mahl.*" (Tob 7,13-14).

Der älteste jüdische Verlobungsvertrag stammt meines Wissens aus dem Jahr 449 oder 459 vor Christus. Er wurde unter den Dokumenten der Garnison jüdischer Soldaten, die in persischer Zeit dort stationiert waren, auf einer Insel im Nil, in *Elephantine* in Ägypten aufgefunden. Die Gemeinde hatte einen eigenen Tempel, was sicher sehr ungewöhnlich war. Die Dokumente der Gemeinde sind zum Großteil in aramäischer Sprache verfasst. Aramäisch war die damalige internationale Verkehrssprache.

Aus diesen Eheverträgen (Ketubot) geht hervor, dass die Frauen in der Gemeinde anscheinend mehr Rechte hatten als in anderen Gegenden, wo Juden lebten. Sie hatten beispielsweise das Recht, die Scheidung auszusprechen. Aus den beiden Fragmenten ist eine Strafklausel zu entnehmen, die das Brautgeld betrifft. Sollte der Bräutigam aus irgendeinem Grund die Braut ablehnen und schon das Brautgeld – Mohar – bezahlt haben, erhält der Bräutigam den Brautpreis nicht zurück, wenn die Heirat nicht stattfinden sollte.

Das Brautgeld – Mohar – galt nicht, wie man es in manchen Kulturen versteht, als Bezahlung für die Braut. Das Brautgeld gehört der Braut und der späteren Ehefrau als eine Art Versicherung oder Absicherung im Falle der Scheidung, schlechter Versorgung oder des Todes ihres Mannes. Die Bezahlung des Brautgeldes symbolisiert das Übertragen des Verfügungsrechts vom Vater – oder im Fall des Todes des Vaters – als Haupt der Familie an den Bräutigam. Es symbolisiert, dass die Braut als Ehefrau vom Elternhaus zum Haus des Ehemanns geht.

Wie ist in der heutigen Zeit die Vorbereitungszeit unter Juden in Israel geregelt? Grundsätzlich erkennt der Staat nur Ehen an, die von orthodoxen Rabbinern approbiert und vom Rabbinat durchgeführt worden sind. Rein staatliche, säkulare Trauungen gibt es also nicht. Auch wenn zwei jüdische Agnostiker in Israel heiraten wollen, wird die Trauung als religiöse Zeremonie, zelebriert von einem orthodoxen Rabbiner, abgehalten. Einen Ausweg suchen und finden solche

Paare nur, wenn sie beispielsweise auf Zypern heiraten, was viele tun.

Nach internationalem Gesetz ist der Staat Israel eigentlich verpflichtet, die im Ausland geschlossenen Ehen anzuerkennen. In der Praxis könnte es allerdings doch einige Schwierigkeiten geben, beispielsweise im Fall unseres Finanzdirektors Sebastian Hoogewerf, der seine Frau Christine vor vier Jahren in Rio de Janeiro standesamtlich und kirchlich geheiratet hat. Da Christine auch die österreichische Staatsbürgerschaft und nicht nur die brasilianische besaß, erkannte die Republik Österreich ihre Ehe nicht an. Ab und zu sage ich zu ihnen im Scherz: „Ihr seid ein schlechtes Beispiel für unsere Studenten. Ihr lebt in Sünde."

Für Christen und Muslime in Israel gilt: Um zu heiraten, müssen sie den Reglements ihrer eigenen Religion oder Konfession folgen. Für eine gemischte Ehe gibt es keine Möglichkeit, wenn die Trauung in Israel stattfinden sollte. Dieses System hat Israel nicht erfunden. Es ist eine Fortsetzung der sogenannten Status quo-Vereinbarungen des Osmanischen Reiches, das die Briten als Kolonialmacht schon vor den Israelis übernommen hatten. Warum hat eine muslimische Familie den Schlüssel zur Grabeskirche? Das ist der Status quo. Warum hat die israelische Marineakademie in Haifa eine große Marienstatue vor dem Hauptgebäude? So ist der Status quo, weil das Gebäude einmal dem Kloster Stella Maris gehört hat.

In Punkto Ehevorbereitung hat der Status quo, wenigstens für die Juden, einige Vorteile. Eine schnelle Heirat ist nicht möglich, weil das Rabbinat überprüfen muss, ob die beiden tatsächlich Juden und ledig sind. Ein Rabbiner, oft derjenige, der auch für die Trauung zuständig ist, muss sich mehrmals mit dem Paar treffen. Er hat die Aufgabe, darauf zu achten, ob die Zwei wirklich über alle Aspekte der Ehe gesprochen haben.

Ich habe vor kurzem mit einer Jüdin in Jerusalem telefoniert, und sie hat mir erzählt, dass diese Treffen sehr gründlich sind. Mit mindestens drei Monaten müsse man schon rechnen, bevor man heiraten kann, berichtete sie. Natürlich könne das Paar in einem anderen Land auch ohne solch eine Vorbereitung heiraten. Aber Israelis sind sehr familienorientiert und wollen ihre Verwandten und Bekannten bei ihrer Hochzeit dabei haben. Für uns ist eine Hochzeit mit 250 Gästen groß, in Israel ist diese Zahl jedoch noch klein. Die Scheidungsrate ist in Israel wesentlich niedriger als in Österreich und die Geburtenrate viel höher. In Jerusalem, einer Stadt von 800.000 Einwohnern, lag die Geburtenrate im Jahr 2011 bei jüdischen Frauen (4,2) sogar höher als bei Palästinenserinnen (3,9).

In ultraorthodoxen Haredi-Kreisen läuft die Ehevorbereitung noch anders ab; am strengsten unter den Hassidim. Ein mit mir seit dreißig Jahren befreundeter Rabbiner aus dem Jerusalemer Stadtteil *Mea Schearim* erzählte mir vor ein paar Tagen am Telefon, dass er und seine Frau 9 Kinder und 43 oder 44 Enkelkinder haben. Acht Kinder sind verheiratet. Ein Sohn ist geistig-behindert und darf nicht heiraten. Alle Ehen wurden immer mit Hilfe eines Schadchen – eines Ehestifters oder einer Ehestifterin – arrangiert.

Es ist durchaus möglich, dass sich die zukünftigen Brautleute einander gesehen haben, besonders wenn sie aus dem gleichen Stadtviertel kommen. Zum Großteil werden sie aber nie miteinander gesprochen haben, bevor das Treffen der zwei Familien stattgefunden hat. Die Zustimmung oder die Ablehnung der beiden wird im Laufe des Treffens eingeholt.

Bei der jüngsten Tochter meines Rabbinerfreundes hat das Mädchen gesagt, dass sie mehr Zeit brauchte, um zu überlegen. Tatsächlich hat sie sich relativ viel Zeit genommen, bevor sie Ja gesagt hat. Ich war zusammen mit 400 anderen Gästen bei ihrer Hochzeit, die immer in meiner Erinnerung bleiben wird.

Zurück zur Verlobung selbst. Nachdem die Verlobung gefeiert wurde, beginnt eine Zeit des intensiven Unterrichts von Männern und Frauen, durchgeführt von Männern und Frauen, die für diese Aufgabe ausgebildet sind und das Vertrauen der Familien genießen. Wie lange dann die Verlobungszeit dauert, hängt unter anderem davon ab, ob sich ein geeigneter Hochzeitssaal findet. Bei weniger strengen Orthodoxen ist es üblich, dass das Paar sich auch trifft, um Dinge zu besprechen – aber nur in öffentlichen Gebäuden vor den Augen anderer.

Im letzten Sommer saß ich auf der Terrasse eines Hotels in Jerusalem und habe solche Paare beobachtet, die sich einander nicht berührten. Die Frauen trugen weder Kopfbedeckungen noch Perücken. Deshalb habe ich gewusst, dass sie nicht verheiratet waren. Zuerst habe ich gedacht, dass sie Brüder und Schwestern waren. Dann habe ich bemerkt: Eigentlich schauen Brüder und Schwestern einander nicht so an.

Larry Hogan, Msgr. Prof. Dr., Professor für Altes Testament am ITI in Trumau und Priester der Erzdiözese Wien.

DIE EHEVORBEREITUNG GEMÄSS DEN WEISUNGEN DER KIRCHE – MORAL- UND PASTORAL-THEOLOGISCHE ASPEKTE

Josef Spindelböck

1. Das Ziel der Ehevorbereitung

Große und wichtige Lebensentscheidungen bedürfen einer besonderen Vorbereitung und geduldigen Reifung. Nur so gelingt es, in den betroffenen Personen das nötige Verständnis dafür zu wecken und zu vertiefen sowie die tragfähigen Grundlagen für jenen so entscheidenden Vollzug der menschlichen Freiheit zu legen, der dann wie ein Flussbett die damit verbundenen alltäglichen Handlungen aufzunehmen und zu orientieren vermag.[1]

---

[1] Vgl. in grundlegender anthropologischer und ethischer Sicht: Johannes Paul II., Enzyklika „Veritatis splendor" (= vs) über einige grundlegende Fragen der kirchlichen Morallehre, 6.8.1993, Nr. 65: „Mit Recht unterstreicht man die herausragende Bedeutung einiger Entscheidungen, die dem ganzen sittlichen Leben eines Menschen dadurch ,Gestalt' verleihen, dass sie gleichsam zum Flussbett werden, in dem dann auch andere tägliche Einzelentscheidungen Platz und Entfaltung finden können." – Zur Problematik der Grundentscheidung und der damit verbundenen Lebensentscheidungen vgl. Josef Spindelböck, Grundentscheidung und konkrete sittliche Verhaltensweisen. Einheit und Dissoziierung von fundamentaler Option und konkreten sittlichen Entscheidungen in der moraltheolo-

Nur wenn das *Ziel der Ehevorbereitung* klar bestimmt ist, dann können auch die geeigneten *Wege* gefunden werden, diese verantwortungsbewusst zu gestalten. Genauer gesagt soll das Ziel der Ehevorbereitung auf die *sakramentale Ehe*, wie sie die Kirche versteht, ausdrücklich benannt werden, damit die darauf aufbauenden und davon abgeleiteten Einzelschritte der Ehevorbereitung besser nachvollzogen werden können.[2]

Im „Codex Iuris Canonici" von 1983 heißt es, was die Definition der Ehe betrifft:

> *„Der Ehebund, durch den Mann und Frau unter sich die Gemeinschaft des ganzen Lebens begründen, welche durch ihre natürliche Eigenart auf das Wohl der Ehegatten*

---

gischen Diskussion (Moraltheologische Studien, Neue Folge, Bd. 4), St. Ottilien 2003.

2   Universalkirchlich relevant im Hinblick auf eine qualifizierte Ehevorbereitung sind vor allem: Pius XI., Enzyklika „Casti connubii" (= CC) über die christliche Ehe im Hinblick auf die gegenwärtigen Lebensbedingungen und Bedürfnisse von Familie und Gesellschaft und auf die diesbezüglich bestehenden Irrtümer und Missbräuche, 31.12.1930; 2. Vatikanisches Konzil, Pastoralkonstitution über die Kirche in der Welt von heute „Gaudium et spes" (= GS), Nr. 52; Paul VI., Enzyklika „Humanae vitae" (= HV) über die rechte Ordnung der Weitergabe menschlichen Lebens, 25.07.1968; Johannes Paul II., Apostolisches Schreiben „Familiaris consortio" (= FC) über die Aufgaben der christlichen Familie in der Welt von heute, 22.11.1981, Nr. 66; Codex Iuris Canonici (= CIC), can. 1063-1072; Codex Canonum Ecclesiarum Orientalium (= CCEO), can. 783-789; Katechismus der Katholischen Kirche (= KKK), Nr. 1632; Heiliger Stuhl, Charta der Familienrechte, 22.10.1983; Johannes Paul II., Brief an die Familien „Gratissimam sane", 02.02.1994; Päpstlicher Rat für die Familie, Die Vorbereitung auf das Sakrament der Ehe (= VSE), 13.05.1996; sowie: Ehe, Familie und „faktische Lebensgemeinschaften", 26.07.2000. All diese Dokumente sind mehrsprachig aufrufbar über www.vatican.va.

und auf die Zeugung und die Erziehung von Nachkommenschaft hingeordnet ist, wurde zwischen Getauften von Christus dem Herrn zur Würde eines Sakramentes erhoben. – Deshalb kann es zwischen Getauften keinen gültigen Ehevertrag geben, ohne dass er zugleich Sakrament ist."[3]

1. *„Die Wesenseigenschaften der Ehe sind die Einheit und die Unauflöslichkeit, die in der christlichen Ehe im Hinblick auf das Sakrament eine besondere Festigkeit erlangen."*[4]

2. *„Die Ehe kommt durch den Konsens der Partner zu stande, der zwischen rechtlich dazu befähigten Personen in rechtmäßiger Weise kundgetan wird; der Konsens kann durch keine menschliche Macht ersetzt werden. – Der Ehekonsens ist der Willensakt, durch den Mann und Frau sich in einem unwiderruflichen Bund gegenseitig schenken und annehmen, um eine Ehe zu gründen."*[5]

Es handelt sich hier nicht bloß um eine kirchenrechtliche Feststellung oder Festlegung, sondern um den authentischen Ausdruck einer *sakramententheologi*

---

3   CIC 1983, can. 1055, §§ 1 und 2.

4   CIC 1983, can. 1056.

5   CIC 1983, can. 1057, §§ 1 und 2.

schen Wahrheit in Übereinstimmung mit der vom 2. Vatikanischen Konzil betonten personalen und bundestheologischen Sichtweise der Ehe.[6]

Die Festsetzung eines solchen Ziels kann nicht „von außen", d. h. gegen oder ohne den Willen der künftigen Ehepartner geschehen. Nur wenn sie selbst katholisch heiraten und eine sakramentale christliche Ehe führen wollen, ist eine kirchliche Ehevorbereitung sinnvoll. Gottes Gnade ist Angebot und Berufung an den Menschen. Wenn die *künftigen christlichen Eheleute in Freiheit mitwirken*, können sie als Ehepaar ihre spezifisch christliche Sendung verwirklichen: *„nämlich Zeichen der Liebe Gottes für alle Glieder der Menschheitsfamilie zu sein, insofern die Ehe Teilhabe am endgültigen Bund Christi mit der Kirche ist."*[7]

Die Vorbereitung auf die Ehe bezieht sich also nicht nur auf die Trauung als einmaligen Akt, sondern auf das ganze Ehe- und Familienleben, das als gemeinsame sittliche Aufgabe der Gatten aufgrund ihrer Befähigung zur ehelichen Liebe durch die sakramentale Gabe anzusehen ist.[8]

---

6 Vgl. 2. Vatikanisches Konzil, Dogmatische Konstitution über die Kirche „Lumen gentium" (= LG), Nr. 11; GS 47-52. Siehe dazu die Ausführungen von Benedetto Testa, Das Sakrament der Ehe. Die Heiligung der ehelichen Liebe, in: Ders., Die Sakramente der Kirche (Amateca: Lehrbücher zur katholischen Theologie IX), Paderborn 1998, 302-336.

7 VSE 16.

8 „Man sollte in der Tat daran erinnern, dass die wahre Vorbereitung auf eine bewusste und willentliche Feier des Ehesakramentes zielt.

Als Minimum der heiratswilligen Paare gilt die implizite Bereitschaft, sich auf einen *kirchlichen Glaubensweg* einzulassen, der durch die Vorbereitung und dann durch die sakramentale Ehe und Familie unterstützt werden soll: *„Wenn der Glaube nur schwach, ja fast gar nicht vorhanden ist, ist es notwendig, ihn wiederzubeleben, und man darf eine anspruchsvolle und geduldige Unterweisung nicht ausschließen, die einen eifrigen und lebendigen Glauben weckt und nährt."*[9] Auf diese Weise steht Ehevorbereitung im Zeichen der *Neuevangelisierung.*

Die *Pastoralpläne* der einzelnen Diözesen sollen ihren Schwerpunkt bei der Familienpastoral setzen.[10] Denn die Familie ist „das Herz der Neuevangelisierung". Es geht hier um Evangelisierung der Kultur an ihren Wurzeln, um auf diese Weise die christliche Gesinnung in das Denken und Verhalten, in die Gesetze und Strukturen der Gesellschaft einzuprägen, in der die Christen leben. Die christliche Ehe vermittelt nicht nur religiöse Werte, sondern auch für die *Gesellschaft* bedeutsame Güter und Werte, *„die die Solidarität, die*

Diese Feier ist aber Quelle und Ausdruck von anspruchsvollen und fortwährenden Verpflichtungen." – VSE 16.

9 VSE 2.

10 Vgl. VSE 18. Der von FC 66 und VSE 14 und 15 geforderte „Leitfaden für Familienpastoral" wurde in Österreich teilweise konkretisiert: Vgl. das Schreiben der Bischofskonferenz über „Pastorale Folgerungen aus den Gesetzesbestimmungen des neuen Kirchenrechtes über die Ehevorbereitung" (1984) sowie die „Standards der Eheseminare für Brautpaare" (2007), worauf am Ende dieses Beitrags ausführlich eingegangen wird.

Achtung, die Gerechtigkeit und die Vergebung in persönlichen und gemeinschaftlichen Beziehungen festigen."[11] So hat die Ehe als solche und insbesondere die christliche Ehe ein Recht, von Staat und Gesellschaft in ihrer Identität angenommen, geschützt und wirksam gefördert zu werden.

Sowohl die direkt betroffenen *Personen* (d. h. in diesem Fall die zukünftigen Ehegatten) wie auch all jene, die in einem Vertrauens- und Verantwortungsverhältnis zu ihnen stehen (Eltern, Erzieher, Schule, Kirche vor Ort, Teil- und Universalkirche, staatliche und öffentliche Einrichtungen, Freundes- und Bekanntenkreis, Interessensgruppen etc.) sind in die Ehevorbereitung faktisch einbezogen bzw. verwirklichen sogar spezielle Aufgaben in aktiver Verantwortlichkeit.

Gute Ehevorbereitung braucht besonders *geschulte Mitarbeiter*, die im Namen und Auftrag der Kirche wirken. Eine Ehevorbereitungsgruppe *„sollte vor allem aus christlichen Eheleuten – zu denen, wenn möglich, auch Fachleute aus Medizin, Recht, Psychologie gehören sollten – und aus einem Priester bestehen, damit die Helfer auf die zu erfüllenden Aufgaben vorbereitet werden."*[12] Gewisse Kriterien müssen dabei beachtet und eingehalten werden: An erster Stelle steht die Treue zur Kirche und ihrer Botschaft, die sie im Namen Jesu Christi verkündigen soll.[13] Erzieherische Kompetenz ist als

---

11 VSE 20.

12 VSE 42.

13 „Deshalb sollen die Mitarbeiter und Verantwortlichen fest in der Lehre stehen und Personen von unbestreitbarer Treue zum Lehramt

selbstverständlich vorauszusetzen. Unerlässlich ist das eigene Lebensbeispiel eines Zeugnisses aus dem Glauben. Ein kirchliches Ausbildungsprogramm für pastorale Mitarbeiter in der Vorbereitung und Begleitung von Ehe und Familie soll unter der Verantwortung des Bischofs in geeigneten pastoralen Instituten durchgeführt werden.[14]

Was die praktische Durchführung von Kursen der Ehevorbereitung (sog. *Eheseminare*) betrifft, so gilt als kirchliche Vorgabe, dass sie nicht nur reine Formsache sein dürfen und ausreichende Zeit in Anspruch nehmen können.[15] Je nach lokalen Voraussetzungen auf Pfarr-, Dekanats- oder Diözesanebene oder auch in Familienbewegungen und Apostolatsgruppen können sie unter Leitung eines zuständigen Priesters durchgeführt werden.

---

der Kirche sein, sodass sie durch eine ausreichende und eingehende Kenntnis sowie durch das Zeugnis des eigenen Lebens die Glaubenswahrheiten und die mit der Ehe verbundenen Verantwortlichkeiten weitergeben können." – vse 43.

14 Vgl. vse 44.

15 „Es wäre zum Beispiel dafür wenigstens eine Woche oder vier Wochenenden (vier volle Samstage und Sonntage) oder ein Jahr lang ein Nachmittag pro Monat notwendig." – vse 48, Anm. 3.

2. Wesentliche Inhalte der Vorbereitung auf die christliche Ehe

Dem Ziel der Vorbereitung gemäß ist es wesentlich, auf die *Sakramentalität der Ehe* Bezug zu nehmen. Im Sakrament werden die Eheleute mit der sich verschenkenden Liebe Christi, des Bräutigams der Kirche, verbunden, die sie durch ihren ehelichen Bund abbilden und woran sie partizipieren. Die christliche Familie, die durch das Sakrament geheiligt wird, ist „Hauskirche", „Grund- und Lebenszelle der Gesellschaft" sowie „Heiligtum des Lebens". All dies gilt es, in der Ehevorbereitung in besonderer Weise hervorzuheben.[16]

Ehevorbereitung bedeutet vor allem die Einleitung eines Sensibilisierungsprozesses für grundlegende Werte des Menschseins und der christlichen Ehe. So geht es entscheidend um eine *„Erziehung zur Achtung vor dem Leben und zum Schutz des Lebens"*[17], das gerade im Heiligtum der Familie geschützt werden muss. Die *Sexualerziehung*, die ihren primären Ort in der Familie hat, soll dem Profil der Menschenwürde entsprechen, die durch das Gesetz des Evangeliums neu

---

16 Vgl. VSE 9.

17 VSE 10. Vgl. Johannes Paul II., Enzyklika „Evangelium vitae" (= EV) über den Wert und die Unantastbarkeit des menschlichen Lebens, 25.03.1995; Österreichische Bischofskonferenz, Leben in Fülle. Leitlinien für katholische Einrichtungen im Dienst der Gesundheitsfürsorge, November 2005, www.bischofskonferenz.at.

begründet und durch die Gnade der Gotteskindschaft auf wunderbare Weise erhöht worden ist.[18]

In der Ehevorbereitung wird es auch darum gehen, dem offenen oder unterschwellig wirksamen Prozess der *Säkularisierung* entgegenzusteuern.[19] Gerade Kinder und junge Menschen befinden sich heute in einem geistigen Klima, in dem der Glaube an Gott – der Manipulation und dem Druck der Umwelt ausgesetzt – seine Bedeutung verliert, in Frage gestellt oder sogar bekämpft wird. Auch jene Institutionen, die in der Schöpfungsordnung gründen, wie Ehe und

---

18 Vgl. Päpstlicher Rat für die Familie, Menschliche Sexualität: Wahrheit und Bedeutung. Orientierungshilfen zur Erziehung in der Familie, 08.12.1995. Vgl. die kurze, aber wichtige Stellungnahme der Österreichischen Bischofskonferenz in: Leben in Fülle. Leitlinien für katholische Einrichtungen im Dienst der Gesundheitsfürsorge, November 2005, wo in Nr. 2.1.3 festgestellt wird: „Der primäre Ort einer verantwortlichen Sexualerziehung ist im Einklang mit dem Elternrecht in der Familie zu suchen. Die ergänzende Mitwirkung von Schule und medizinischen Fachkräften kann hilfreich sein, wenn die Kompetenz und Wertorientierung der Eltern gewahrt bleiben. Eine rein technische Aufklärung ohne wertbezogene Vermittlung dessen, was für Ehe und Familie wesentlich ist, wird weder dem Menschen in seiner leib-seelischen Einheit gerecht, noch entspricht sie dem christlichen Ideal. Es soll dabei um eine Erziehung zur standesgemäßen Keuschheit gehen, wobei auch der Wert der Enthaltsamkeit vor der Ehe sowie der ehelichen Treue hervorzuheben ist." Im „Leitbild christlicher Partnerschafts- und Sexualerziehung", verfasst von der Arbeitsgruppe der Familienkommission der Österreichischen Bischofskonferenz mit Datum vom 01.02.2006, werden Grundlagen, Ziele und Bewertungskriterien für die christliche Partnerschafts- und Sexualerziehung vorgelegt. In allem soll der „Vorrang der Eltern als Hauptverantwortliche für die Erziehung gewahrt" bleiben.

19 Vgl. VSE 11.

Familie, werden systematisch infrage gestellt und teilweise sogar in der Gesetzgebung diskriminiert, anstatt Förderung und Hilfe zu erfahren. Der Wille des Menschen wird als einzige Quelle von Werten angesehen[20], was das Wertefundament der Gesellschaft insgesamt erschüttert.[21] Diese *Wertekrise* erfasst auch viele Familien und *„wird nicht gerade wenig von den sozialen Kommunikationsmitteln geschürt, insofern diese entgegengesetzte Modelle vorgeben, als ob sie wahre Werte darstellten."*[22]

Die Folgen all dessen können sein: *„sexuelle Freizügigkeit, Rückgang der Eheschließungen oder das ständige Hinauszögern der Entscheidung, Anstieg der Ehescheidungen, Empfängnisverhütung, Anstieg willentlicher Abtreibungen, geistliche Leere und tiefe Unzufriedenheit, die zur Verbreitung von Drogen, Alkoholmissbrauch, Gewalt und Selbstmord unter den Jugendlichen und jungen Erwachsenen führen."*[23] Auch das Fehlen nötiger materieller

---

20 Vgl. Johannes Paul II., vs 32: „So ist man in manchen modernen Denkströmungen so weit gegangen, die Freiheit derart zu verherrlichen, dass man sie zu einem Absolutum machte, das die Quelle aller Werte wäre. In diese Richtung bewegen sich Lehren, die jeden Sinn für die Transzendenz verloren haben oder aber ausdrücklich atheistisch sind. Dem Gewissen des einzelnen werden die Vorrechte einer obersten Instanz des sittlichen Urteils zugeschrieben, die kategorisch und unfehlbar über Gut und Böse entscheidet."

21 Vgl. Josef Spindelböck, Ermutigungen für das Wertebewusstsein aus sozialethischer Sicht. Grundsätzliche Erwägungen und exemplarische Verdeutlichung, in: Verantwortete Freiheit. Beiträge zur theologischen Ethik, Kleinhain 2004, 133-148.

22 VSE 12; vgl. auch VSE 13.

23 VSE 12.

Bedingungen aufgrund von *Unterentwicklung, Armut und Elend* beeinträchtigt das Leben der Ehen und Familien sowie die Situation der Vorbereitung auf das Sakrament der Ehe.

Immer schon war der Prozess der Ehevorbereitung mühsam und schwierig; dennoch erleichterte eine durchgängig geprägte christliche Kultur den Ansatz und die Aufnahme dieser Vorbereitung.[24] Eben darum stellte Papst Johannes Paul II. in „Familiaris consortio" den Wert und die Bedeutung der Vorbereitung auf das Sakrament der Ehe in der *heutigen kulturellen Situation* heraus.[25]

---

24 Vgl. VSE 13.

25 „Notwendiger als je zuvor ist heute die Vorbereitung der jungen Menschen auf die Ehe und das Familienleben. In einigen Ländern sind es noch die Familien selbst, die es sich nach alter Sitte vorbehalten, den Jugendlichen durch eine fortschreitende Erziehung und Einführung die Werte des ehelichen und familiären Lebens zu vermitteln. Die inzwischen eingetretenen Veränderungen im sozialen Gefüge fast aller modernen Staaten erfordern jedoch, dass nicht nur die Familie, sondern auch die Gesellschaft und die Kirche daran mitwirken, die jungen Menschen auf die Verantwortung für ihre Zukunft richtig vorzubereiten. Viele negative Erscheinungen, die heute im Leben der Familien zu beklagen sind, haben ihre Wurzel darin, dass die Jugendlichen in den neuartigen Situationen nicht nur die rechte Wertordnung aus dem Auge verlieren, sondern auch nicht wissen, wie sie die neuen Schwierigkeiten anpacken und überwinden können, weil sie keine sicheren Verhaltensnormen mehr besitzen. Die Erfahrung zeigt jedoch, dass sich die jungen Leute, die auf das Familienleben gut vorbereitet sind, im Allgemeinen besser zurechtfinden als die übrigen. Das gilt noch mehr von der christlichen Ehe, die für so viele Männer und Frauen auf ihrem Weg zur Vollkommenheit von Bedeutung ist. Darum muss die Kirche bessere und intensivere Programme zur Ehevorbereitung entwickeln und fördern, um die Schwierigkeiten möglichst zu beseitigen, mit

Die Kirche nimmt die Herausforderungen an, die sich ihrer Verkündigung im Hinblick auf die Ehe- und Familienpastoral heute stellen. Zum Inhalt der Vorbereitung auf die Ehe gehört es, die *Identität der christlichen Ehe und Familie* herauszustellen, „damit die Familie wieder zu einer Gemeinschaft von Personen im Dienst am menschlichen Leben und am Glauben wird, zur ersten Lebenszelle der Gesellschaft, zu einer wirklich glaubenden und evangelisierenden Gemeinschaft"[26], zu einer „Hauskirche", die das „Evangelium vom Leben" verkündet, lebt und feiert.

Die Kirche bezieht sich in ihrer pastoralen Hinführung auf das Sakrament der Ehe auf die Stufen der entfernten, der näheren und der unmittelbaren Vorbereitung. Allerdings lassen sich diese einzelnen Phasen und Stufen nicht streng definieren, da sie je nach den Umständen variieren können, besonders im Hinblick auf das Alter der Adressaten sowie auch auf die Dauer. Sie können aber als Wege oder Arbeitsinstrumente der Vorbereitung bezüglich der vermittelnden Inhalte überaus hilfreich sein.[27] Im Folgenden sollen die jeder Vorbereitungsstufe eigenen Ziele und die damit verbundenen theologisch-liturgischen Inhalte

---

denen so viele Ehen zu ringen haben, vor allem aber auch, um die Bildung und das Heranreifen von geglückten Ehen positiv zu unterstützen." – FC 66.

26 VSE 14.

27 Vgl. VSE 21.

aufgezeigt werden, wie sie besonders für Paare im Stand der Verlobung von Bedeutung sind.[28]

3. Die entferntere Vorbereitung auf das Sakrament der Ehe

Diese beginnt in der *Kinder- und Jugendzeit*. In der eigenen Familie sollen die künftigen Eheleute bereits als Kinder die Achtung vor jedem wahrhaft menschlichen Wert vermittelt bekommen. Insbesondere geht es um die *Werterziehung* in all dem, was „für die Charakterbildung, die Selbstbeherrschung, die Selbstachtung, den rechten Umgang mit den eigenen Neigungen, den Respekt vor den Personen des anderen Geschlechts" nötig und hilfreich ist.[29] Insbesondere darf der Stellenwert einer angemessenen *Familienkatechese* nicht gering veranschlagt werden.

Vor allem zwei Wahrheiten sind es, die die Kinder existentiell erfahren und lernen sollen, wie Papst Johannes Paul II. in seinem „Brief an die Familien" betont: „Die erste ist, dass der Mensch zum *Leben in der Wahrheit und in der Liebe* berufen ist; die zweite Grundwahrheit besagt, dass sich jeder Mensch durch die *aufrichtige Hingabe seiner* selbst verwirklicht."[30] Nicht in abstrakter Belehrung, sondern in den konkreten Lebenssituationen, angeleitet durch das Beispiel

---

28 Vgl. VSE 19.

29 VSE 22.

30 Johannes Paul II., Brief an die Familien „Gratissimam sane", Nr. 16.

von Eltern und Geschwistern sowie durch eine Erziehung in Liebe und Festigkeit, sollen die Kinder dazu geführt werden, bestimmte Tugendhaltungen eines wahrhaft menschlichen und christlichen Lebens zu erwerben bzw. zur Entfaltung zu bringen. Eingebettet in diesen Erziehungsprozess muss auch die *Erziehung zur Keuschheit* als Voraussetzung echter Liebe als Selbsthingabe erfolgen. Hier liegt eine spezifische Aufgabe der Eltern, um die Kinder auf diese Weise zur Selbstbeherrschung hinzuführen.[31] Denn auch Werte wie Hingabe, Opfer, Verzicht und Abtötung gehören zu einer echt menschlichen und christlichen Liebe.[32]

Der Erziehungsprozess ist gleichsam ein *Beschenktwerden des Kindes mit Menschlichkeit*, ja *noch mehr mit der Liebe Gottes*, die durch die Eltern transparent werden soll und in ihnen gerade auch kraft des Ehesakramentes wirksam ist. So sollen sich die Kinder als Getaufte der Heilsgaben Gottes immer mehr bewusst werden und ihr Leben in wahrer Heiligkeit und Gerechtigkeit gestalten.

Vor allem ein Ziel gilt es, bereits in der entfernten Ehevorbereitung zu erreichen: „Jeder zur Ehe berufene Gläubige soll zutiefst verstehen, dass die *menschliche Liebe im Licht der Liebe Gottes* in der christlichen Ethik einen *zentralen Platz* einnimmt."[33] Sowohl der Wert der christlichen Ehe wie auch der einer ausschließlichen

---

31 Vgl. VSE 23.

32 Vgl. VSE 26.

33 VSE 25.

Ganzhingabe an Gott im Priester- und Ordensleben sollen aufgezeigt werden.[34] Letztlich gibt es nur *eine* christliche Berufung: die zur Vollkommenheit in der Liebe.

Es sind aber verschiedene, von Gott geschenkte Weisen ihrer Verwirklichung möglich: im Ehestand oder im ehelosen Leben, das entweder als besondere Berufung erkannt und angenommen wird oder doch als gottgeschickte Fügung oder auch als möglicherweise selbstverschuldetes Los, das es zu tragen gilt. Objektiv steht die gottgeweihte Ehelosigkeit sittlich höher als die Ehe[35]; was die Berufung des einzelnen ausmacht, soll ein jeder den für ihn von Gott vorgesehenen Stand wählen und darin sein Heil wirken. Eben darauf soll sich die christliche Erziehung richten, die

---

34 Vgl. FC 66.

35 Vgl. Konzil von Trient, 24. Sitzung vom 11.11.1563, Kan. 10 über das Sakrament der Ehe: „Si quis dixerit, statum coniugalem anteponendum esse statui virginitatis vel caelibatus, et non esse melius ac beatius, manere in virginate aut caelibatu, quam iungi matrimonio: anathema sit." („Wenn jemand sagt, der Ehestand sei dem Stand der Jungfräulichkeit oder des Zölibats vorzuziehen und es sei nicht besser und seliger, in der Jungfräulichkeit oder im Zölibat zu bleiben als zu heiraten, so sei er im Bann.") – Denzinger-Hünermann, Nr. 1810. Johannes Paul II. formuliert dies in FC 16 so: „Indem sie das Herz des Menschen auf besondere Art freimacht und ‚es so zu größerer Liebe zu Gott und zu allen Menschen entzündet', bezeugt die Jungfräulichkeit, dass das Reich Gottes und seine Gerechtigkeit die kostbare Perle ist, welche verdient, jedem anderen, selbst hohen Wert vorgezogen, ja als einziger endgültiger Wert gesucht zu werden. Deshalb hat die Kirche im Lauf ihrer Geschichte immer die Erhabenheit dieses Charismas über das der Ehe verteidigt, eben aufgrund seiner ganz einzigartigen Verbindung mit dem Reich Gottes."

immer *Erziehung zur Liebe* sein muss. In der menschlichen Liebe zwischen Mann und Frau, wie sie gerade im Sakrament der Ehe verwirklicht werden soll, geht es um die „Teilhabe an der Liebe zwischen Christus und seiner Kirche"[36]. Die Erlöserliebe Gottes wird hier auf spezifische Weise gegenwärtig und wirksam. Wenn junge Menschen dahin geführt werden, ihr Glaubensleben zu vertiefen, dann werden sie auch den spezifischen Reichtum der ehelichen Liebe als mögliche Berufung entdecken.

Es geht in der Zeit der Vorbereitung um die Heranbildung und Reifung einer echt *christlichen Unterscheidungsfähigkeit* gemäß dem Apostelwort: *„Prüfet alles, und behaltet das Gute!"*[37] Zur Erkenntnis der Hierarchie der Werte braucht es Kriterien, die auch durch einen christlichen Lebensstil der Eltern und anderer Bezugspersonen vermittelt werden sollen. Nur ein gleichsam alternatives christliches Bewusstsein zum Lebensstil dieser Welt kann helfen, in der nötigen Verbindung von Offenheit und kritischer Unterscheidung zu leben. Als Christen sollen wir *in* der Welt leben, ohne *von* dieser Welt zu sein.[38]

Nicht zu übersehen ist der vielfach anzutreffende soziale Druck, der besonders auf Kinder und Jugendliche wirkt; hier werden oft Werthaltungen vermittelt,

---

36 VSE 25.

37 1 Thess 5,21.

38 Vgl. Joh 17,16: „Sie sind nicht von der Welt, wie auch ich nicht von der Welt bin."

die im Widerspruch zum Geist des Evangeliums und zu den Geboten Gottes stehen. Viel hängt vom „sozialen Klima" ab, in dem junge Menschen aufwachsen. Daher ergibt sich als Ziel für die Ehevorbereitung, *„eine Mentalität und Persönlichkeit [zu] schaffen, die in der Lage ist, sich nicht von der Einheit und Unauflöslichkeit der Ehe widersprechenden Auffassungen mitreißen zu lassen, sondern vielmehr den Strukturen der sogenannten sozialen Sünde entgegenzuwirken."*[39]

Die künftigen Ehegatten und Eltern werden bereits als Kinder und Jugendliche in ihre spätere *erzieherische Sendung eingeführt,* und zwar in der Weise, wie sie ihre eigene Erziehung erleben und erfahren. Positives und Negatives wirkt sich aus, mitunter freilich auch mit umgekehrtem Vorzeichen, je nachdem, wie man zur eigenen Erziehungsvorgabe Stellung nimmt und die eigene Prägung bejaht oder ausdrücklich verneint. Mitunter geschehen gerade im Bestreben, echte oder vermeintliche Erziehungsfehler der Eltern zu vermeiden und zu korrigieren, noch schwerere eigene Fehler, deren man sich oft erst zu spät bewusst wird. In der Meinung, für das Kind „nur das Beste" zu wollen, wird häufig eine eigene Vorstellung von Glück in das Kind hineinprojiziert, ohne dessen wirklichen Fragen und Erwartungen Rechnung zu tragen.

Allerdings müssen Eltern auch zu einem verantwortlichen eigenen Weg in Glaube und Liebe ermutigt werden, denn sonst stehen sie in der Gefahr, von

---

[39] VSE 27.

außen her manipuliert zu werden durch bestimmte gesellschaftliche Vorgaben, die ihren eigenen Werten und Überzeugungen widersprechen. „Die *Eltern* sind die *ersten und hauptsächlichen Erzieher* der eigenen Kinder und haben auch in diesem Bereich *grundlegende Zuständigkeit*: sie sind *Erzieher, weil sie die Eltern sind.*"[40] In der Familie als „Hauskirche" geschieht auch die Erstevangelisierung der Kinder. Dadurch sollen sie befähigt werden, ihrer eigenen Berufung zu folgen. Besonders zu ermutigen sind Zusammenschlüsse von Familien, die „ein soziales Umfeld für verantwortliche Liebe in Reinheit"[41] schaffen können. In diesem Sinn geschieht ein Beitrag zur Humanökologie.

Neben der Familie ist auch die *Pfarre* als katechetischer und sozialer Lernort in die entferntere Vorbereitung auf Ehe und Familie einbezogen, ebenso „die Schule, die anderen Bildungseinrichtungen, die Bewegungen, Gruppen, katholischen Verbände".[42] Vor allem muss der Erziehungsprozess den *Katecheten* und den Verantwortlichen in der Jugend- und Berufungspastoral am Herzen liegen. Unersetzbar ist die Verantwortung der Bischöfe und Priester als *Hirten*.[43]

---

40 Johannes Paul II., Brief an die Familien „Gratissimam sane", Nr. 16.

41 VSE 31.

42 VSE 29.

43 Vgl. VSE 30.

4. Die nähere Vorbereitung auf die christliche Ehe

Diese geschieht in der *Verlobungszeit*, unabhängig davon, ob diese nun ausdrücklich als solche gekennzeichnet oder von der Sache her als solche anzusehen ist. Es besteht bereits eine tiefe Freundschaft und Liebe zwischen Mann und Frau, die den einander in feierlicher oder privater Form bekundeten festen Vorsatz einschließt, zu gegebener Zeit miteinander den Bund der Ehe zu schließen. Von daher liegt eine spezifische Vorbereitung des Brautpaares auf das Sakrament der Ehe nahe. Zweifellos ergeben sich dadurch besondere Akzente und Schwerpunkte für die Pastoral der Kirche. In der Verlobungszeit liegen, wenn diese bewusst als solche gestaltet wird, eine Chance und zugleich eine sittliche Aufgabe.[44] Die künftigen Ehepartner sollen in der gegenseitigen Liebe reifen und auch im Glaubensleben, da diese Zeit mit einer besonderen Gnade verbunden ist, was durch den Segen über die Verlobten verdeutlicht wird.[45]

---

[44] Vgl. Josef Spindelböck, Die Verlobungszeit als Chance zur Vorbereitung auf die Ehe. Anmerkungen aus moraltheologischer Sicht, in: Michael Wladika / Günter Danhel (Hrsg.), Kirchliche Verlobung. Reflexionen und Impulse, Heiligenkreuz 2012, 41-50.

[45] Vgl. Benediktionale. Studienausgabe für die katholischen Bistümer des deutschen Sprachgebietes. Erarbeitet von der internationalen Arbeitsgemeinschaft der liturgischen Kommissionen im deutschen Sprachgebiet. Freiburg-Basel-Wien 1989, Nr. 55. Einleitend dazu heißt es (S. 245): „Die Verlobung ist der Ausdruck des festen Willens zweier Menschen, miteinander die Ehe einzugehen. Die Bekundung

Schwierigkeiten und Belastungen können sich aus einer übermäßig langen Verlobungszeit ergeben, sowie wenn die eheliche sexuelle Begegnung gleichsam vorweggenommen wird, was auch bei subjektiv ehrlicher Motivation doch eine Verfälschung des objektiven Wesens vorehelicher und ehelicher Liebe darstellt. Die jeweiligen Familien sowie die ganze Kirche sind aufgerufen, für die Verlobten in besonderer Weise zu beten.

Die Verlobungspastoral steht in einem engen Zusammenhang mit der *Jugendpastoral* insgesamt, die immer in Verbindung mit der Familienpastoral gesehen werden muss. Junge Menschen, die heiraten wollen, sind noch in ihrer eigenen Familie beheimatet, richten ihre Hoffnung aber schon aus auf jene Familie, die sie gründen werden. Ein besonderes Problem ergibt sich aus der im heutigen soziokulturellen Kontext längeren Jugendzeit, wodurch man länger in der Familie bleibt bzw. vom „Single-Dasein" lange nicht wegkommt.

Jungen Menschen gegenüber, die heiraten wollen, wird sich die Kirche um besondere Sensibilität für ihre spezifischen Nöte und Erfahrungen zu bemühen haben. Vieles an dem, was Älteren noch selbstverständlich war, wird man bei Jüngeren nicht einfach voraussetzen können. Es können trotz besten Willens objektive Hindernisse bestehen, die es nicht leicht machen, das Wesen von Ehe und Familie zu erfassen und als Ideal für die eigene Lebensberufung

---

dieser Absicht ist so bedeutsam, dass eine religiöse Gestaltung der Verlobungsfeier sinnvoll ist."

zu bejahen. Stufen des Wachstums und der Reifung werden hier in Rechnung zu stellen sein. Nur ein geduldiger, oft mühsamer Weg der pastoralen Begleitung auch in schwierigen Situationen wird den jungen Menschen die Sicherheit vermitteln können, nicht alleine zu stehen, sondern in christlicher Solidarität von der kirchlichen Gemeinschaft und ihren Hirten mitgetragen zu werden. Gerade hier leisten Gemeinschaften von Familien einen wichtigen Dienst, wenn sie katechetisierend und evangelisierend auf die Jugendlichen wirken.

Besondere Schwerpunkte sind in dieser Zeit der näheren Vorbereitung zu setzen in der *Unterweisung über das Wesen und die Ziele der Ehe,* wie sie nach dem Plan Gottes für die interpersonale Beziehung zwischen Mann und Frau für Ehe und Familie vorgesehen sind. Dazu gehören *„das Wissen um die freie Zustimmung als Grundlage ihrer Verbindung, die Einheit und Unauflöslichkeit der Ehe, das rechte Verständnis von verantwortungsvoller Vater- und Mutterschaft, die menschlichen Gesichtspunkte der ehelichen Geschlechtlichkeit, den ehelichen Vollzug mit seinen Forderungen und Zielen, die richtige Kindererziehung.“*[46] Nicht nur die Vermittlung von *Wissen* ist hier angesagt, sondern die Bildung des *Gewissens* im Hinblick auf die Erkenntnis der sittlichen Wahrheit und das Leben danach.

Bei aller Wichtigkeit der Beachtung der nötigen „psychologischen, pädagogischen, rechtlichen

---

[46] VSE 35.

und medizinischen Voraussetzungen für Ehe und Familie"[47] muss der Schwerpunkt der Vorbereitung auf die *Unterweisung und Fortbildung in Glaube und sittlicher Lebenspraxis* ausgerichtet sein, da sich hier das eigentlich Menschliche zeigt und vollendet und die Verantwortungsdimension der Brautleute unmittelbar betroffen ist.

Wesentliche Aspekte des ehelichen Lebens sind von daher zu erhellen, wie *Ganzhingabe und verantwortliche Elternschaft.* Eheliche Liebe ist ganzheitlich, ausschließlich und treu sowie fruchtbar (wenigstens im Hinblick auf die grundsätzliche Offenheit für das Kind auch in jedem Akt ehelich-sexueller Begegnung). Natürliche Empfängnisregelung ist nicht eine Methode neben anderen, eine bloße Technik[48], sondern vielmehr

---

47   VSE 35. Die Gnade baut auf die Natur auf. Darum muss man den jungen Menschen helfen, „mögliche psychologische und/oder affektive Mängel zu erkennen, insbesondere die Unfähigkeit, sich auf andere hin zu öffnen, sowie die Formen von Egoismus, die ihre Fähigkeit zur Ganzhingabe zunichte machen können." – VSE 36. Die Antwort auf diese Defizite muss in einer positiven Weiterführung auf die Werte einer echt menschlichen und christlichen Liebe hin erfolgen, was schon in der entfernten Ehevorbereitung seinen Anfang nimmt. Vgl. Josef Spindelböck, Bindungswunsch und Bindungsangst. Aspekte der theologischen und pastoralen Antwort der Kirche zur Situation unverheiratet zusammenlebender Partner, in: Anthropotes 21 (2005) 133-151, http://stjosef.at/artikel/bindungswunsch_bindungsangst.htm.

48   Wie FC 32 betont, besteht zwischen der Empfängnisverhütung und dem Rückgriff auf die Zeitwahl ein anthropologischer und gleichzeitig moralischer Unterschied. Es geht letztlich um zwei verschiedene Konzeptionen des Menschseins, des Verständnisses von menschlicher Geschöpflichkeit überhaupt und ihrer Verantwortung gegenüber Gott und den Menschen.

die von innen her motivierte Form eines schöpfungsgemäßen Umgangs mit der eigenen Fruchtbarkeit,
was Zeiten der vorbehaltlosen sexuellen Hingabe wie
auch der periodischen Enthaltsamkeit einschließt. *„Die
wissenschaftliche Grundlage der natürlichen Methoden
der Fruchtbarkeitsregelung ist heute weithin anerkannt.“*[49]

Ausdrücklich empfohlen werden von der Kirche für
diese Zeit der näheren Vorbereitung *„regelmäßige Treffen* in einer Atmosphäre des Dialogs, der Freundschaft,
des Gebets und unter Teilnahme von Hirten und
Katecheten“.[50] Hier kann menschlicher und geistlicher
Austausch erfolgen; katholische Brautpaare werden
im Guten bestärkt und darauf vorbereitet, auch das
spätere Leben in der eigenen Familie durch das Gebet
zu heiligen. Gemeinsam ermutigt man sich dazu, die
voreheliche *Keuschheit* zu leben.[51]

In der Ehevorbereitung soll der Blick dafür ge-
schärft werden, dass die christliche Familie keine in
sich abgeschlossene Einheit darstellt, sondern offen

---

49   VSE 35.

50   VSE 37.

51   „Diese Zeit wird deshalb nicht nur eine theoretische Vertiefung
darstellen, sondern auch einen Ausbildungsweg, auf dem sich die
Verlobten mit Hilfe der Gnade und unter Meidung jeder Form von
Sünde vorbereiten, sich als Ehepaar Christus zu schenken, der
die Verlobung und das Eheleben trägt, reinigt und veredelt. So
erhält die voreheliche Keuschheit ihren vollen Sinn und schließt
das Zusammenleben vor der Ehe aus, wie auch den vorehelichen
Geschlechtsverkehr und andere Formen wie den/der *mariage cou-
tumier* [d. h. der sog. „Gewohnheitsehe“] im Reifungsprozess der
Liebe.“ – VSE 37.

sein muss für ihre *kirchliche und gesellschaftliche Sendung.* Nur in der Zusammenschau der Rechte und Pflichten der Familie kann sie ihre Berufung leben. Diese Haltung der Mitwirkung an gesellschaftlichen und kirchlichen Aufgaben soll bereits in der Vorbereitung auf die Ehe grundgelegt werden.[52]

Zentrale Bedeutung kommt der Vermittlung des *Wertes der ehelichen Treue* zu, der schon in der Verlobungszeit auf bräutliche Weise gelebt werden soll. Vorbild dafür ist die Treue Christi zu seiner Kirche. Kraft erhalten gläubige Braut- und Eheleute aus der geistlichen und sakramentalen Verbundenheit mit dem Geheimnis Christi und seiner Kirche. Hingabe der Person bedeutet aber auch Beständigkeit und Unwiderruflichkeit, worin die *Unauflöslichkeit der Ehe* gründet: „Die Unauflöslichkeit der Ehe entspringt hauptsächlich aus dem Wesen solcher Hingabe: *Hingabe der Person an die Person.* In diesem gegenseitigen Sich-Hingeben kommt der *bräutliche Charakter der Liebe* zum Ausdruck."[53]

Wesentlich ist die *Stärkung des sakramentalen Lebens* der Brautleute. Insbesondere sind es das Sakrament der Buße und die Teilnahme an der Heiligen Eucharistie, die zu einer Vertiefung der bräutlich-ehelichen Liebe führen. Gerade *„die Eucharistie als Feier des Gedächtnisses der Hingabe Jesu an seine Kirche entfaltet die der Ehe eigentümliche affektive und in der täglichen*

---

52 Vgl. VSE 38.

53 Johannes Paul II., Brief an die Familien „Gratissimam sane", Nr. 11.

Hingabe an den Ehepartner und die Kinder vollzogene Liebe."[54]

Auch das Bußsakrament gilt es neu zu entdecken: *„Das Sakrament der Versöhnung macht die göttliche Barmherzigkeit gegenüber dem menschlichen Elend deutlich und bringt die Lebenskraft der Taufe und die Tatkraft der Firmung zur Reife."*[55] Es wird von der jeweiligen Offenheit der Brautleute abhängen, ob eine Verlebendigung der Sakramentenpastoral möglich ist. Vom sachlichen Zusammenhang der Sakramente ist dies jedoch gefordert.

Was soll nun die *spezifische Frucht oder das Endergebnis der näheren Vorbereitung* auf das Sakrament der Ehe sein?

„Das Endergebnis dieser Zeit der näheren Vorbereitung wird deshalb in der klaren Erkenntnis der Wesensmerkmale der christlichen Ehe bestehen: Einheit, Treue, Unauflöslichkeit, Fruchtbarkeit; das Bewusstsein des Glaubens vom Vorrang der Sakramentsgnade, die die Brautleute als Subjekte und Spender des Sakraments mit der Liebe Christi, des Bräutigams der Kirche, verbindet; die Bereitschaft, die den Familien eigene Sendung im Bereich der Erziehung in Gesellschaft und Kirche zu verwirklichen."[56]

Mit wenigen Worten werden hier die skizzierten, überaus anspruchsvollen Inhalte charakterisiert, die

---

54 VSE 41.

55 Ebd.

56 VSE 45. Vgl. auch die in FC 66 aufgezählten inhaltlichen Vorgaben der Ehevorbereitung.

als Zielvorgabe niemals aufgegeben werden dürfen und die auch unter schwierigen Umständen leitend sein müssen. Besser als nachher in verfahrenen Situationen eine *Krisenintervention* zu betreiben ist es, in der Ehevorbereitung eine Einübung in Strategien des respektvollen und versöhnungsbereiten Umgangs mit Konflikten zu suchen. In diesem Zusammenhang ist von *Krisenprävention* zu sprechen: Die Ehevorbereitung soll den künftigen Eheleuten helfen, dass sie später in der Lage sind, die eheliche Liebe, das persönliche Gespräch in der Familie und die Tugenden zu pflegen. Auf diese Weise soll wirksam dazu beigetragen werden, Schwierigkeiten des Ehelebens zu überwinden und den an sich unvermeidlichen „Ehekrisen" gläubig und beherzt zu begegnen.[57]

Ausdrücklich wird in der Handreichung zur Vorbereitung auf das Sakrament der Ehe des Päpstlichen Rates für die Familien vom 13. Mai 1996 als *Mittelpunkt der Vorbereitung* „die Glaubensüberlegung über das *Sakrament der Ehe* anhand des Wortes Gottes und unter der Führung des Lehramtes" bezeichnet. Die Liebe der Eheleute wird durch das Ehesakrament konkreter Ausdruck der Liebe Christi zu seiner Kirche. Somit sind alle ehelichen Vollzüge im Licht der Sakramentalität der Ehe zu betrachten. Für die Vorbereitung gilt: „*Christus trägt und begleitet, wenn auch in noch nicht sakramentaler Weise, den Weg der Gnade und des*

---

[57] Vgl. VSE 46.

Heranreifens der Verlobten zur Teilhabe am Geheimnis seiner Verbindung zur Kirche."[58]

Wenn die künftigen Ehen und Familien gut vorbereitet sind, werden sie zu einem glaubwürdigen *christlichen Zeugnis für eine Kultur des Lebens* im Stande sein. So bezeugen die christlichen Ehegatten in der Familie als dem Heiligtum der Liebe und des Lebens die Achtung vor jedem Menschenleben.

5. Die unmittelbare Vorbereitung auf das Sakrament der Ehe

In dieser Zeit finden spezielle und intensive Treffen statt, die folgende Ziele zur Verwirklichung bringen sollen[59]:

Zusammenfassung und Ergänzung des in der entfernten und näheren Vorbereitung zurückgelegten Weges hinsichtlich der wesentlichen Inhalte des Ehesakramentes;

Erneuerung der bereits gemachten *Gebetserfahrung;*

Durchführung einer angemessenen *liturgischen Vorbereitung der Feier der Trauung,* wobei auch für das Sakrament der Buße Sorge zu tragen ist[60];

---

58 VSE 47.

59 Vgl. VSE 50.

60 In FC 66 heißt es, es gehe in dieser Phase auch um „die Vorbereitung darauf, aktiv und bewusst an der Feier der Trauungsliturgie teilzunehmen."

Gespräche der Brautleute mit dem zuständigen Priester.

Die *Befreiung von den eigentlichen Vorbereitungskursen* der näheren und unmittelbaren Vorbereitung ist *nur aus schwerwiegenden Gründen* möglich. Der zuständige Priester und seine Mitarbeiter müssen in diesem Fall andere Möglichkeiten anbieten, „*um das entsprechende Wissen der theologischen, moralischen und sakramentalen Gesichtspunkte nachzuholen, wie sie als der näheren Vorbereitung eigentümlich dargelegt wurden*".[61] Es dürfen auch nicht jene, die bereits angemessen im Glauben auf das Sakrament vorbereitet wurden, nur deshalb abgewiesen werden, weil ihnen womöglich noch einige Stufen der Vorbereitung fehlen.

Gezielt soll eine *liturgische Vorbereitung* auf die Feier der Trauung erfolgen, damit sie diese bewusst und aktiv mitfeiern können und „auch die Bedeutung der Zeichen und der liturgischen Texte verstehen".[62] Nicht nur unmittelbar praktische Fragen der Gestaltung werden dabei besprochen, sondern gerade der theologische Sinngehalt der einzelnen liturgischen Vollzüge.[63] Den künftigen Ehepartnern wird dabei eröffnet, wie sie ihre eigene Trauung möglichst bewusst

---

61 VSE 51.

62 VSE 52.

63 Vgl. Die Feier der Trauung in den katholischen Bistümern des deutschen Sprachgebietes („Ordo celebrandi matrimonium"). Zweite Auflage. Herausgegeben im Auftrag der Bischofskonferenzen Deutschlands, Österreichs und der Schweiz sowie der (Erz-)Bischöfe von Bozen-Brixen, Lüttich, Luxemburg und Straßburg, Freiburg 1998, Nachdruck 2005.

mitvollziehen können. Zeichen und Riten werden in einer Weise erschlossen werden, die dem Verständnishorizont der Brautleute entspricht.

Ein besonderes Anliegen muss es darstellen, dass sich „die künftigen Eheleute durch den *Empfang des Bußsakramentes* auf die Feier der Trauung vorbereiten, damit diese gültig, würdig und fruchtbar vollzogen wird".[64] Sinnvoll ist es im Normalfall, dass die Feier der Trauung im Rahmen einer *Eucharistiefeier* stattfindet: Das Ehesakrament hat in besonderer Weise Anteil am Bund Christi mit seiner Kirche, wie dieser bei der Heiligen Messe in der sakramentalen Feier des Ostergeheimnisses gegenwärtig und wirksam gemacht wird. Es kann freilich Gründe geben, die es ratsam erscheinen lassen, die Trauung nicht innerhalb einer Eucharistiefeier, sondern im Rahmen eines Wortgottesdienstes abzuhalten: z. B. Priestermangel in Missionsgebieten, Konfessionsverschiedenheit, derzeit nicht zu überbrückende Distanz der Brautleute zu Glaube und Kirche etc.[65]

Das *Pfarrprinzip* soll grundsätzlich auch auf die Feier der Trauung angewandt werden. Darum heißt es im Vorbereitungsdokument:

„Da die Kirche in der Diözese sichtbar wird und diese sich in Pfarreien gliedert, versteht man, warum die kirchenrechtlich-pastorale Vorbereitung auf die Ehe im Bereich der Pfarrei und der Diözese beginnt. Daher ent-

---

64 VSE 53.

65 Vgl. VSE 64.

*spricht es eher dem kirchlichen Sinn des Sakraments, wenn die Trauung normalerweise (*CIC *can. 1115) in der Kirche der Pfarrgemeinde, zu der das Brautpaar gehört, gefeiert wird.*"[66]

Ausnahmen von der Trauung in der eigenen Pfarrkirche sind freilich möglich und sollten nicht in einer Haltung zu großer Enge willkürlich verweigert werden. So mag es dem Brautpaar sinnvoll erscheinen, die Hochzeit an einem Wallfahrtsort abzuhalten oder in einer eigens dafür ausgewählten Kirche. Es muss sich jedenfalls – von absoluten Ausnahmen abgesehen – um einen *liturgischen Ort* handeln, an dem die Trauung stattfindet. Die jeweilige Pfarrgemeinde wird sich bemühen, die Braut- und Eheleute im Gebet zu begleiten, da gerade in der pastoralen Sorge für die christlichen Ehen und Familien ein unverzichtbares und wesentliches Prinzip der Gemeindepastoral und wahrer kirchlicher Erneuerung liegt. Wenn es auch wünschenswert ist, dass die ganze Pfarrgemeinde zusammen mit den Familien und Freunden des Brautpaares an der Feier teilnimmt[67], so darf aus dieser Überlegung doch kein diesbezüglicher Druck auf das Brautpaar abgeleitet und gerechtfertigt werden. Im Einzelfall mag es gute Gründe geben, die Hochzeit einfacher und unter Einbeziehung eines nur kleinen Personenkreises zu feiern.

---

66 VSE 54.

67 Vgl. VSE 54.

Es ist wünschenswert, dass die *Trauzeugen* auf die liturgische Feier vorbereitet sind und daran in lebendigem Vollzug und nicht nur als Statisten teilnehmen. Sie sind ja *„nicht nur Bürgen eines juristischen Aktes, sondern auch Vertreter der christlichen Gemeinde ..., die durch sie an einem sakramentalen Geschehen teilnimmt, das sie betrifft, da jede neue Familie eine Zelle der Kirche ist."*[68] Der kirchlich-soziale Charakter der Trauung kommt durch die Beteiligung der Zeugen wirksam zum Ausdruck, was die Kirche positiv-rechtlich in der sog. „Formpflicht" festgeschrieben hat.[69]

Schon in der Vorbereitung muss man dem *Gebet der Brautleute* große Bedeutung beimessen. Es soll seine Fortsetzung als *Gebet in der Ehe und der Familie* finden und ist dann eine hervorragende Weise der Bekundung und des Vollzugs der Sakramentalität der Ehe. In der Familie können die Eltern auch gewisse *Sa-*

---

68 VSE 55.

69 Die Formpflicht wurde von der Kirche auf dem Konzil von Trient mit dem Dekret „Tametsi" eingeführt und zwar in der Weise, dass in Zukunft alle getauften Ehewilligen zu einer geheimen (klandestinen) Eheschließung unfähig („inhabiles") seien: vgl. Dekret „Tametsi", Sessio XXIV vom 11.11.1563, in: Denzinger-Hünermann 1813-1816. Mit dem CIC 1917 wurde das Hindernis der Klandestinität fallengelassen und dafür eine irritierende Formvorschrift eingeführt. Diese besteht auch gemäß geltendem Recht, wonach „nur jene Ehen ... gültig [sind], die geschlossen werden unter Assistenz des Ortsordinarius oder des Ortspfarrers oder eines von einem der beiden delegierten Priesters oder Diakons sowie vor zwei Zeugen ..." – CIC 1983, can. 1108 § 1; vgl. CCEO, can. 828.

kramentalien spenden, etwa wenn sie sich gegenseitig mit dem Kreuz bezeichnen oder die Kinder segnen.[70]

Möglicherweise kann bereits in der Vorbereitung der Brautleute auf das Sakrament der Ehe die *Grundlage für eine fortwährende Ehe- und Familienpastoral* gelegt werden.[71] Dies soll als Angebot der geistlichen Begleitung und des Austauschs von Familien untereinander verstanden werden, nicht als von außen aufgedrängte Option. Den Familienbewegungen, im Rahmen neuer geistlicher Bewegungen („Movimenti") kommt hier eine wichtige Rolle zu.

Die Heilige Gottesmutter *Maria als Königin der Familien* soll die Brautpaare in der Vorbereitung auf die Ehe durch ihre Fürsprache begleiten und ihnen als Vorbild voranleuchten. Das Beispiel der Heiligen Familie lässt die ideale Verwirklichungsform des familiären Lebens erkennen und hilft allen Familienmitgliedern auf dem Weg zur Heiligkeit.[72]

6. Standards für die Ehevorbereitung in Österreich

Nach einer längeren Zeit der Vorbereitung durch Experten in der von Bischof DDr. Klaus Küng präsidierten Familienkommission der Österreichischen Bischofskonferenz und des Ringens um inhaltliche

---

70 Vgl. VSE 56.

71 Vgl. VSE 57.

72 Vgl. VSE 58.

und formale Aspekte eines gesamtösterreichischen normativen Bezugstextes für die Ehevorbereitung wurden am 9. November 2007 bei der Tagung der Österreichischen Bischofskonferenz im Heiligen Land die „Standards der Eheseminare für Brautpaare" approbiert und in der Folge im Amtsblatt der Österreichischen Bischofskonferenz sowie in verschiedenen anderen kirchlichen Organen publiziert.[73]

Eine Mindestlänge für die *Eheseminare* wird vorgeschrieben (ein ganzer Tag); längere Angebote sollen etabliert und empfohlen werden.[74]

Die Standards sehen sowohl eine Stärkung der *Beziehungsebene*[75] als auch der *Glaubensebene*[76] vor. Sie legen Wert auf eine gründliche Schulung der *Referenten* (Laien, besonders verheiratete Paare, aber auch Priester und Diakone)[77], damit diese, im Glauben der Kirche und der Wertschätzung des Ehesakramentes verankert, die Teilnehmer der Eheseminare inhaltlich und methodisch kompetent begleiten können, und

---

73 Vgl. Österreichische Bischofskonferenz, Standards der Eheseminare für Brautpaare (= SEB), 9.11.2007, in: Amtsblatt der Österreichischen Bischofskonferenz, Nr. 45, 1.5.2008, 11-18, www.bischofskonferenz.at.

74 Vgl. SEB 1: „Deshalb sind die Verantwortlichen in den Diözesen aufgerufen, alle Rahmenbedingungen zu schaffen, die eine Teilnahme aller Brautpaare bei den Seminaren im Ausmaß von wenigstens einem Tag bzw. 8 Einheiten (zu mindestens 45 Minuten je Einheit) ermöglichen. Begrüßenswert sind Angebote mit 12 und mehr Einheiten, um eine noch intensivere Auseinandersetzung zu ermöglichen."

75 Vgl. SEB 2.

76 Vgl. SEB 3.

77 Vgl. SEB 7.

zwar auf eine dialogische Weise, sodass die Teilnehmer auch ihre persönlichen Erfahrungen mit einbringen können.[78]

Inhaltlich soll auf das *Wesen der Ehe* im Hinblick auf ihren schöpfungsgemäßen Ursprung[79], aber auch auf die sakramentale Teilnahme am Bund Christi mit seiner Kirche[80] eingegangen werden. Treue und Unauflöslichkeit sowie Offenheit für Kinder sollen als positive Werte und Wesenseigenschaften der Ehe vermittelt werden[81], was im Trauungsritus zum Ausdruck kommt.[82]

Eingegangen wird speziell auf die *Sexualität* in der Ehe[83], die als kostbare Gabe des Schöpfers in menschenwürdiger Weise vollzogen werden soll. Dabei ist im Hinblick auf eine verantwortete Elternschaft[84] die Zahl der Kinder von den Eltern selbst, aber in Verantwortung gegenüber Gott, der Kirche und der Gesellschaft im Gewissen zu erkennen und zu bestimmen. Die Kirche akzeptiert bei Vorliegen gerechter Gründe die natürliche Empfängnisregelung. Alle Methoden der *Empfängnisverhütung* hingegen werden abgelehnt, besonders jene, *„die die Möglichkeit der Frühabtreibung*

---

78 Vgl. SEB 5 und 6.

79 Vgl. SEB 8 und 9.

80 Vgl. SEB 10.

81 Vgl. SEB 11 und 12.

82 Vgl. SEB 13.

83 Vgl. SEB 14.

84 Vgl. SEB 15.

einschließen (Nidationshemmer) oder die Gesundheit der Frau oder des Mannes beeinträchtigen können"[85].

Der umfassende *Schutz des geborenen und ungeborenen Lebens*[86] ist den Gatten, die Eltern werden können oder es schon sind, besonders aufgetragen. Die christliche Gestaltung des Ehe- und Familienlebens im Alltag (einschließlich der Mitfeier der Sonntagsmesse[87]) sowie die Mitverantwortung des Ehepaares in Gesellschaft und Kirche[88] werden betont.

Partnerschaftliche *Kommunikation*[89] soll ihnen helfen, den Alltag zu bestehen und auch Wege der Konfliktbewältigung und der Versöhnung zu beschreiten. Mehrmals wird in den Standards auf das Sakrament der Buße hingewiesen.[90] Das eheliche Leben wird als spannender Prozess mit verschiedenen Phasen aufgezeigt, in denen sich die eheliche Liebe vertiefen soll und die Personen in der Heiligkeit reifen.[91]

Im Hinblick auf eine kritische *Würdigung* der „Standards der Eheseminare" ist positiv hervorzuheben, dass sie ein klares Bekenntnis zur Lehre der Kirche in Bezug auf Ehe, Familie und Sexualität enthalten. Die vorgesehene zeitliche Ausdehnung der Ehevorberei-

---

85 SEB 16. In diesem Zusammenhang werden zwar FC 32 und die Mariatroster Erklärung zitiert, nicht jedoch HV.

86 Vgl. SEB 17.

87 Vgl. SEB 18.

88 Vgl. SEB 20.

89 Vgl. SEB 19.

90 Vgl. SEB 6, 10 und 19.

91 Vgl. SEB 21.

tung ist zu begrüßen, auch wenn damit den Vorgaben der Weltkirche erst ansatzweise entsprochen ist;[92]in den Kursen können somit die relevanten Aspekte ausführlicher und gründlicher zur Sprache kommen. Ein formales Defizit stellt das Fehlen eines Verweises auf die Enzyklika Pauls VI. „Humanae vitae" dar, während auf die sog. „Mariatroster Erklärung" der österreichischen Bischöfe Bezug genommen wird.

Dieses Faktum zeigt zugleich eine *Problemanzeige* an: In der kirchlichen Ehevorbereitung Österreichs fehlt teilweise immer noch ein klares Bekenntnis zu der in „Humanae vitae" und „Familiaris consortio" ausgedrückten Lehre. Christoph Kardinal Schönborn hat in seiner Jerusalemer Predigt vom 27.3.2008 dieses Defizit klar benannt und sogar eine Mitschuld der Bischöfe eingestanden.[93]

---

92 Vgl. vse 48, Anm. 3.

93 „Vor einigen Tagen habe ich im österreichischen Fernsehen auf die Frage eines Journalisten geantwortet: ‚Europa hat dreimal Nein zu seiner eigenen Zukunft gesagt'. Das erste Mal im Jahre 1968, wir feiern jetzt 40 Jahre, durch das Ablehnen von Humanae Vitae. Das zweite Mal im Jahre 1975, als die Abtreibungsgesetze Europa überschwemmt haben. Das dritte Mal zur Zukunft und zum Leben. ... Wir haben Nein gesagt zu Humanae Vitae. Wir waren nicht Bischöfe, aber es waren unsere Mitbrüder. Wir haben nicht den Mut gehabt, ein klares Ja zu Humanae Vitae zu sagen. ... Aber wir Bischöfe, verschlossen hinter den Türen wegen der Angst, nicht wegen der Angst vor den Hebräern, sondern wegen der Presse, und auch wegen des Unverständnisses unserer Gläubigen. Wir hatten nicht den Mut! In Österreich hatten wir ‚Die Mariatroster Erklärung' – wie in Deutschland ‚Die Königsteiner Erklärung'. Das hat den Sinn des Lebens im Volke Gottes geschwächt, dies hat entmutigt, sich für das Leben zu öffnen. Wie dann die Welle der Abtreibung gekommen ist, war die Kirche geschwächt, da sie nicht gelernt hatte, diesen Mut des

In der „Mariatroster Erklärung" wurde die Enzyklika *Humanae vitae* zwar positiv gewürdigt, doch räumten die Bischöfe ein, es müsse dem einzelnen Gläubigen möglich sein, bei einer vom Lehramt der Kirche abweichenden Gewissensüberzeugung dieser „zunächst" zu folgen, sofern die Bereitschaft zur weiteren Auseinandersetzung mit der in Frage stehenden Norm gegeben sei. In einer Erklärung der Österreichischen Bischofskonferenz vom 29. März 1988 vor dem Papstbesuch im Juni 1988 bedauerten die Bischöfe die „Missverständnisse", denen die Mariatroster Erklärung von 1968 ausgesetzt war, und stellten fest: „Es konnte nicht die Absicht dieser Erklärung sein, den damals beschriebenen Fall einer von ‚Humanae vitae' abweichenden Überzeugung (vgl. BE II) als eine allgemeine Erlaubnis zur Anwendung aller empfängnisverhütenden Mittel deuten zu lassen."⁹⁴

Widerstands, den wir in Krakau gesehen haben, den Papst Johannes Paul II. während seines ganzen Pontifikates gezeigt hat, diesen Mut, JA zu sagen zu Gott, zu Jesus, auch um den Preis der Verachtung. Wir waren hinter den verschlossenen Türen, aus Angst. Ich denke, auch wenn wir damals nicht Bischöfe waren, so müssen wir diese Sünde des europäischen Episkopats bereuen, des Episkopats, der nicht den Mut hatte, Paul VI. mit Kraft zu unterstützen, denn heute tragen wir alle in unseren Kirchen und in unseren Diözesen die Last der Konsequenzen dieser Sünde." – Christoph Kardinal Schönborn, Predigt am 27. März 2008 im Abendmahlssaal in Jerusalem bei der Gemeinschaftstagung „Domus Galilaeae" (24. – 29. März 2008), http://www.kathpress.at/site/dokumente/ansprachen/article/371.html.

94 Vgl. Zwei wichtige Erklärungen der österreichischen Bischöfe zur Enzyklika „Humanae vitae" vom 22.09.1968 und vom 29.03.1988,

7. Aktuelle Herausforderungen der Ehevorbereitung

Als besondere Herausforderung der Ehevorbereitung stellt sich in Österreich, aber auch andernorts, die Situation von getauften *Ehepaaren ohne religiöse Praxis oder gar ohne Glauben,* die dennoch kirchlich heiraten wollen. Wie Papst Johannes Paul II. in „Familiaris consortio" betont hat,[95] ist es unerlässlich, dass diese Paare die Wesenseigenschaften der Ehe bejahen und die Sakramentalität der Ehe nicht positiv ausschließen.

Wünschenswert ist es überdies, dass sie sich auf einen Weg des Glaubens einlassen, der mit katechetischen Unterweisungen und Elementen religiöser Praxis verbunden ist. Insofern diese Paare zu einem grundlegenden Gehorsam gegenüber der Ordnung des Schöpfers bereit sind, befinden sie sich schon auf einem wirklichen Heilsweg. Die kirchliche Ehevorbereitung bietet die Chance, jene Paare, die guten Willens sind, näher an das sakramentale Verständnis der Ehe heranzuführen und ihren Glauben zu verlebendigen.

In der Vermittlung der christlichen Ehe als *Sakrament* ist es unerlässlich, die Unauflöslichkeit der Ehe als positiven Wert darzustellen, da sich in ihr die Bun-

---

http://stjosef.at/dokumente/oesterreichische_bischofserklaerungen_humanae_vitae.htm.

[95] Vgl. Johannes Paul II., FC 68: „Trauungsfeier und Verkündigung für Getaufte ohne Glauben".

destreue Gottes ausdrückt und verwirklicht.[96] Die von Johannes Paul II. und Benedikt XVI. fortentwickelte *„Theologie des Leibes"* ist dabei hilfreich, auch wenn sie der inhaltlich getreuen und didaktisch kompetenten Übersetzung in die lebensweltlichen Kontexte der Paare bedarf.[97] So kann auf positive Weise der speziellen Herausforderung einer die geschlechtlichen Unterschiede von Mann und Frau nivellierenden Gender-Ideologie[98] durch die Darstellung der *Kom-*

---

96 Vgl. Josef Spindelböck, Aktuelle Herausforderungen für Ehe und Familie. Moraltheologische Anmerkungen, in: Forum Katholische Theologie 26 (2010) 179-190, http://stjosef.at/artikel/aktuelle_herausforderungen_ehe_familie.htm.

97 Vgl. Karol Wojtyła (Johannes Paul II.), Liebe und Verantwortung. Eine ethische Studie. Auf der Grundlage des polnischen Textes neu übersetzt und herausgegeben von Josef Spindelböck, Verlag St. Josef, Kleinhain 2007/2010²; Norbert und Renate Martin (Hrsg.), Johannes Paul II.: Die menschliche Liebe im göttlichen Heilsplan. Eine Theologie des Leibes, Kissleg 2008 (2., überarbeitete Auflage). Siehe auch: Josef Spindelböck, „Liebe und Verantwortung". Kontext, Anliegen und Inhalt des Buches von Karol Wojtyła, in: Josef Kreiml, Thomas H. Stark, Michael Stickelbroeck (Hrsg.), Weg, Wahrheit, Leben. Im Dienst der Verkündigung (Festschrift für Bischof Klaus Küng), Regensburg 2010, 395-420; Ders., Als Mann und Frau berufen zur Liebe. Wesentliche Aspekte der „Theologie des Leibes" Johannes Pauls II., in: Theologisches 41 (2011) 277-286. Eine praktische Umsetzung findet sich in: Augusto Sarmiento / Mario Iceta / Thomas Mertz, Wir heiraten! Ein Ehevorbereitungskurs, http://stjosef.at/dokumente/sarmiento_iceta_mertz_ehevorbereitung.pdf.

98 „Das Geschlecht ist nach dieser Philosophie nicht mehr eine Vorgabe der Natur, die der Mensch annehmen und persönlich mit Sinn erfüllen muss, sondern es ist eine soziale Rolle, über die man selbst entscheidet, während bisher die Gesellschaft darüber entschieden habe. Die tiefe Unwahrheit dieser Theorie und der in ihr liegenden anthropologischen Revolution ist offenkundig. Der Mensch bestreitet, dass er eine von seiner Leibhaftigkeit vorgegebene Natur hat, die für

plementarität von Mann und Frau und ihres jeweiligen personalen Reichtums in Anerkennung der gleichen Würde begegnet werden.

Die *Offenheit für Kinder* gilt es, neu zu wecken und dabei konkrete Hilfestellungen anzubieten.[99] Kinder sind den Eltern vom Schöpfer als Frucht der Liebe anvertraut; es gibt aber kein Recht auf Kinder. Die kirchliche Ehevorbereitung wird auf die Angebote der In-vitro-Fertilisation in kritischer Weise eingehen müssen.[100] Unfreiwillige Kinderlosigkeit kann für ein Ehepaar zum Segen werden.

Die Ehe als solche hat jedenfalls Zukunft, weil sie der in der Schöpfung grundgelegten zweigeschlechtlichen Natur des Menschen entspricht. Gerade im Leben eines Paares aus dem Ehesakrament verwirklicht sich die *christliche Berufung zur Liebe* auf exemplarische

---

das Wesen Mensch kennzeichnend ist. Er leugnet seine Natur und entscheidet, dass sie ihm nicht vorgegeben ist, sondern dass er selber sie macht." – Benedikt XVI., Ansprache beim Weihnachtsempfang für das Kardinalskollegium, die Mitglieder der römischen Kurie und der päpstlichen Familie, 21.12.2012. Vgl. Susanne Kummer, Das Unbehagen in der Gleichheit. Auswege aus der Gender-Sackgasse, in: Manfred Balkenohl / Roland Rösler (Hrsg.), Handbuch für Lebensschutz und Lebensrecht, Paderborn 2010, 617-642.

99 Vgl. Klaus Küng, Der gute Weg. Ehe, Sexualität und das Geschenk des Lebens, St. Pölten 2012, www.derguteweg.at: Zu denken ist vor allem auch an Angebote der „Natürlichen Empfängnisregelung", vgl. www.ief.at und www.iner.org.

100 Vgl. Kongregation für die Glaubenslehre, Instruktion „Donum vitae" über die Achtung vor dem beginnenden menschlichen Leben und die Würde der Fortpflanzung, 22.02.1987, sowie Instruktion „Dignitas personae" über einige Fragen der Bioethik, 08.12.2008.

Weise. Eine gute Ehevorbereitung entspricht in hohem Maß den Bedürfnissen der Zeit und ist ein Dienst an den künftigen Ehepaaren, aber auch an Kirche und Gesellschaft insgesamt.[101] Wenn die kirchliche Ehevorbereitung nach der Trauung in das Angebot einer qualifizierten Ehebegleitung übergeht, dann sind christliche Familien für die Zukunft mit Gottes Hilfe wohl gerüstet!

Josef Spindelböck, Dr. theol. habil., ist Professor für Moraltheologie an der Phil.-Theol. Hochschule St. Pölten und Gastprofessor am ITI in Trumau. Er ist Priester der Diözese St. Pölten und Mitglied der Gemeinschaft vom Heiligen Josef.

---

[101] Vgl. Thomas Mertz, Ehevorbereitung, in: Päpstlicher Rat für die Familie (Hrsg.), Lexikon Familie. Mehrdeutige und umstrittene Begriffe zu Familie, Leben und ethischen Fragen, Paderborn 2007, 121-133; Peter Pitzinger, Die Ehevorbereitung in kirchlichen Dokumenten und ihre praktische Umsetzung in der Erzdiözese Wien, http://stjosef.at/dokumente/ehevorbereitung_pitzinger.htm; Helmut Prader, Damit Ehe heute gelingen kann. Ein Beitrag zur Ehevorbereitung der Katholischen Kirche, in: Josef Kreiml / Michael Stickelbroeck / Ildefons Manfred Fux / Josef Spindelböck (Hrsg.), Der Wahrheit verpflichtet. Festschrift für em. Diözesanbischof Prof. Dr. Kurt Krenn zum 70. Geburtstag, Graz 2006, 388-402.

Das Gute der Ehe –
philosophische und
systematisch-theologische
Überlegungen

Michael Wladika

A*ristoteles* hat eine sehr, sehr haltbare οἶκος-Theorie, eine Theorie des Hauses. Sie hat ihre Grundlage einerseits in seiner Lehre vom Menschen als gemeinschaftsbezogenem Lebewesen, andererseits in einigen Aspekten seiner Lehre über Vernunft und Wille. Man kann hier lernen: Solange die Menschen vernunftbegabte Lebewesen sind, werden sie auf die Ehe nicht verzichten.

St. Augustinus hat eine Schwierigkeit, eine Schwierigkeit, die jedenfalls alle Christen haben. Die Heiden, sie haben leicht reden, denn sie wissen nicht, dass der Mensch gefallen ist. Wir wissen das. Dann scheint es schwieriger, die menschliche Natur zu verstehen, weil diese selbst durcheinander geraten ist. Wir wissen, jedenfalls alle Katholiken wissen, dass die menschliche Natur verwundet, aber nicht zerstört ist. Daher muss sie zum einen geheilt werden, zum anderen müssen in ihr jene Aspekte betont werden, die geheilt werden sollen. Das ist, ehebezüglich ausbuchstabiert, die Lehre von den Ehezwecken: *proles, fides et sacramentum.*

St. Thomas von Aquin ist Subsidiaritätstheoretiker. Alles Geschaffene ist zuerst einmal etwas. Und dann hat es auch Bezüge auf das Transzendierende. Weil die Menschen Geschöpfe sind, können wir in ihrer Natur, die in sie gelegt wurde, in der sie grundgelegt wurden, die auf ihr Ziel ausgerichteten Neigungen lesen. Was sie sind und was sie als Zeichen und Abbild sein sollen, fällt nicht total auseinander, wenngleich die Einheit von Ursprung und Ziel in uns gestört ist. St. Thomas von Aquin entwickelt, das wiederum themenbezüglich formuliert, die Ehe als natürliche Ordnung und die Ehe als Sakrament.

Ich beschreibe diese Dinge nur ein wenig. Sie sind ohnehin in sich klar und richtig.

a) Οἶκος und Γέννησις, Haus und Nachkommenschaft (Aristoteles)

Der Mensch ist gemeinschaftsbezogen, er ist ζῷον πολιτικόν[1], *animal sociale, ein soziales Lebewesen oder Tier.* Es ist nämlich so, dass der Mensch auf bestimmte Ziele, Verwirklichungsformen seines Wesens, angelegt und nicht etwa ein sogenanntes. wertfreies Datum ist. Er kann aber sein Wesen nicht vollständig gemeinschaftsfrei aktualisieren. Das zeigt sich schon ganz anfänglich.

Es ist nämlich im Unterschied zu anderen Lebewesen dem Menschen eigentümlich, dass er allein

---

[1] Siehe Aristoteles: Politik A 2 & Γ 6.

die Wahrnehmung des Guten und des Schlechten, des Gerechten und des Ungerechten etc. besitzt. Die Gemeinschaft in diesen Dingen schafft das Haus und den Staat. – τοῦτο γὰρ πρὸς τὰ ἄλλα ζῷα τοῖς ἀνθρώποις ἴδιον, τὸ μόνον ἀγαθοῦ καὶ κακοῦ καὶ δικαίου καὶ ἀδίκου καὶ τῶν ἄλλων αἴσθησιν ἔχειν· ἡ δὲ τούτων κοινωνία ποιεῖ οἰκίαν καὶ πόλιν.[2]

Vernünftige Lebewesen, die nicht rein theoretisch sind, sondern handeln, müssen auf gut und schlecht, gerecht und ungerecht rational bezogen sein, weil ansonsten das Handeln ziellos, also nicht vernünftig wäre. Sind diese Lebewesen nicht autark, so müssen sie daher Teil von Gemeinschaften sein, die eben genau durch die Übereinstimmung hinsichtlich dieser Zielvorstellungen konstituiert werden.

Notwendig aber ist zunächst, dass sich jene verbinden, die ohne einander nicht sein können, wie das Weibliche und das Männliche, der Zeugung wegen. – ἀνάγκη δὴ πρῶτον συνδυάζεσθαι τοὺς ἄνευ ἀλλήλων μὴ δυναμένους εἶναι, οἷον θῆλυ μὲν καὶ ἄρρεν τῆς γενέσεως ἕνεκεν.[3]

Was aber ist γέννησις, *generatio*, Zeugung? Sie wird nach Aristoteles als *„origo viventis a principio vivente coniuncto in similitudinem naturae"* definiert, also als „Ursprung oder Anfang eines Lebendigen aus einem

---

2 Aristoteles: Politik A 2.

3 Ebd.

Lebendigen, welche beide in der Gleichartigkeit der Natur verbunden sind".[4]

Die Bestimmung *generatio*, Zeugen und Gezeugtsein, macht uns u. a. einmal darauf aufmerksam, dass wir als Lebewesen, als Menschen *nicht autark*, selbsthervorbringend, oder autonom sind – also all diese kleinkarierten Sachen würden hier hereingehören: in eine virtuelle Welt eingeschlossen sein, um sich selbst kreisen, sich selbst ausdrücken.

Warum Zeugung, γέννησις? Nochmals Aristoteles: Dieses ist ja das der Natur Entsprechendste für alles Lebende ..., nämlich ein anderes, sich gleiches Wesen zu erzeugen. – φυσικώτατον γὰρ τῶν ἔργων τοῖς ζῶσιν ..., τὸ ποιῆσαι ἕτερον οἷον αὐτό.[5]

Generatio ist schon *physisch* das der Natur Entsprechendste, deswegen, weil Selbst- und Arterhaltung so eng zusammengehören. Man muss das so sehen: Das einzelne Lebewesen ist nur aufgrund von Zeugung überhaupt ein Lebewesen; wendet es sich also gegen die Arterhaltung, so wendet es sich gegen sich. Aber Aristoteles sagt noch mehr:

[Die Lebewesen streben also danach, ein anderes, sich gleiches Wesen zu erzeugen,] damit sie am Ewigen und Göttlichen nach Kräften teilhaben; denn alles

---

4   Man muss da in der Tat auch Texte verbinden: Aristoteles: De anima B 4 und Metaphysik Z 7 und 8. Siehe dann Petrus Lombardus: Sententiae lib. I d. 4 q. 1 a. 1, sowie St. Thomas von Aquin ad und ST I q. 27, 4 ad 2, und St. Bonaventura: Commentarius in Quatuor Libros Sententiarum q. I, a. 1.

5   Aristoteles: De anima B 4.

strebt nach jenem, und um jenes Zweckes willen wirkt alles, was von Natur wirkt. ... Weil nun die Lebewesen am Ewigen und Göttlichen nicht kontinuierlich teilzuhaben vermögen, so ... besteht ein jedes nicht als Individuum, also nicht als der Zahl nach, sondern als der Art nach eines fort. – ἵνα τοῦ ἀεὶ καὶ τοῦ θείου μετέχωσιν ᾗ δύνανται·πάντα γὰρ ἐκείνου ὀρέγεται, καὶ ἐκείνου ἕνεκα πράττει ὅσα πράττει κατὰ φύσιν. ... ἐπεὶ οὖν κοινωνεῖν ἀδυνατεῖ τοῦ ἀεὶ καὶ τοῦ θείου τῇ συνεχείᾳ, ... καὶ διαμένει οὐκ αὐτὸ ἀλλ᾽ οἷον αὐτό, ἀριθμῷ μὲν οὐχ ἕν, εἴδει δ᾽ ἕν.[6]

Das ist *metaphysisch* das der Natur Entsprechendste. *Kein Sein ohne Aktualisierungstendenz.* Es gibt überhaupt nichts, das nicht sein soll. Was ist, soll das aktualisieren, was es ist, dem entsprechen, was es ist.

Von daher ist diese Struktur der Teilhabe am Ewigen und Göttlichen doch einigermaßen deutlich: nichts ist so gut wie das Gute. Je vollkommener etwas ist, umso vollkommener ähnelt es dem, welches vollkommener als es ist. Das sucht alles, das ist ohnehin alles: Inklination, Neigung, Streben zu vollständiger Aktualität.[7]

Man stellt also fest, dass die Generationenfolge weder physisch noch metaphysisch, also *überhaupt nicht zufällig* ist.

Nun ist das Streben, das ich nannte, keine unproblematische Angelegenheit. Beim Menschen nämlich

---

6   Ebd.

7   Siehe dazu den schönen Kommentar St. Thomas von Aquin: Commentaria in tres libros Aristotelis De anima § 315.

nicht. Das ist, wenn man so will: *das anthropologische Fundament des Ethischen*: Streben, das ist wichtig, in allen Tieren, in allen Menschen. Dann aber ist im Menschen eine Komplikation da.[8] Warum?

Das hat mit dem zu tun, was den Menschen ausmacht: Denken. Der Gegenstand des Denkens – im Unterschied zu dem der Sinneswahrnehmung – ist das Allgemeine. „Mensch" ist ein Allgemeines, gleichgültig ob einer heute lebt oder vor 1000 Jahren. Damit ist mit dem Denken die *Zeitfreiheit* verknüpft, mit dem Denken, wie es im Menschen ist, *eine gewisse Zeitfreiheit*.

Für rationale Wesen gilt also: Neben dem animalischen Begehren nach dem unmittelbaren, offensichtlichen „Gut", das durch sinnliches Vorstellungsvermögen aufgefasst wird, ist da der rationale Wille, der das höchste, zumindest ein rational verantwortbares „Gut" sucht, das vom Intellekt aufgefasst wird. Also neben dem Leben das Gut-Leben (das Gute und das Gerechte als gemeinsames Ziel, siehe oben), die Aktualisierung menschlichen Lebens auf bestmöglichem Niveau. Das erstere ohne das letztere ist die Reduktion des Willens auf das bloße Begehren. In der Aktualisierung menschlichen Lebens ist sowohl *die beständige Ordnung des Hauses wie auch die Erziehung der Kinder* enthalten. Ansonsten wäre auch die menschliche Generationenfolge nicht von der tierischen unterschieden, was widersprüchlich wäre.

---

8 Siehe Aristoteles: De anima Γ 9.

All dies zusammennehmend: Denn der Mensch ist von Natur noch mehr zum Beisammensein zu zweien angelegt als zur staatlichen Gemeinschaft, sofern das Haus ursprünglicher und notwendiger ist als der Staat und das Kinderzeugen allen Lebewesen gemeinsam ist. Die anderen freilich beschränken ihre Gemeinschaft darauf, bei den Menschen besteht sie aber nicht nur um der Kinderzeugung willen, sondern wegen der Lebensgemeinschaft. Denn die Aufgaben sind von vornherein verschieden zwischen Mann und Frau. Also helfen sie einander, indem jeder das Seinige zum Gemeinsamen beiträgt. – ἄνθρωπος γὰρ τῇ φύσει συνδυαστικὸν μᾶλλον ἢ πολιτικόν, ὅσῳ πρότερον καὶ ἀναγκαιότερον οἰκία πόλεως, καὶ τεκνοποιία κοινότερον τοῖς ζῴοις. τοῖς μὲν οὖν ἄλλοις ἐπὶ τοσοῦτον ἡ κοινωνία ἐστίν, οἱ δ᾽ ἄνθρωποι οὐ μόνον τῆς τεκνοποιίας χάριν συνοικοῦσιν, ἀλλὰ καὶ τῶν εἰς τὸν βίον: εὐθὺς γὰρ διῄρηται τὰ ἔργα, καὶ ἔστιν ἕτερα ἀνδρὸς καὶ γυναικός: ἐπαρκοῦσιν οὖν ἀλλήλοις, εἰς τὸ κοινὸν τιθέντες τὰ ἴδια.[9]

Das ist die Gerechtigkeit, das richtige vernünftige Leben nach Aristoteles und seine Aussagen zur Generationenfolge und zum Haus.

---

[9]   Aristoteles: Nikomachische Ethik Θ 14.

b) Wir wollen weder Manichäer noch Pelagianer sein – wie und warum die Ehe gut ist (St. Augustinus)

St. Augustinus entwickelt eine Lehre, *die* Lehre von den Ehezwecken, von *proles*: Nachkommenschaft bzw. Zeugung und Erziehung der Kinder, von *fides*: Treue, *sacramentum*: Unauflöslichkeit sowie alles, was die Ehe zum Zeichen und Abbild der Verbundenheit Christi mit der Kirche macht.[10]

Die sakramentale Bedeutung *verbindet* die Ehe augustinisch mit heilsgeschichtlichen Themen. Sie verhindert, dass die beiden folgenden Dinge völlig – relationslos und daher irrational – auseinanderfallen: Wir sollen in der Weise gut sein, wie wir das in dieser Welt sein können. Und diese Welt, sie ist nicht nichts. Sie ist nämlich Schöpfung. Die Ehe gehört zur Schöpfungsordnung. Daher gehört sie einmal zu dem Gutsein, wie es uns in dieser Welt möglich ist. Aber ebenso gilt, dass wir in dieser Welt nicht so gut sein können, wie wir sein können. Unsere Glückseligkeit liegt letztlich in Gott selbst, nicht in irgendetwas, dass wir hier und jetzt besitzen können. Also benötigen wir Lebensformen, die uns deiform, also gottförmig, machen. Zu ihnen gehört die Ehe, insofern sie Zeichen und Abbild ist. *Beides fällt nicht auseinander.*

St. Augustinus kämpft ehebezüglich immer an zwei Fronten. Ich beschreibe das ein wenig. Zunächst

---

10 Siehe etwa St. Augustinus: De bono coniugali 24, 32, oder De sancta virginitate 12, 12.

ist hier einmal die Jovinianische Auseinandersetzung (400-410) wichtig. St. Augustinus wird, am Ende seines Lebens zurückblickend, sagen,[11] dass er *De bono coniugali* und *De sancta virginitate*,[12] zwei hinsichtlich seiner Ehelehre – und der Ehelehre der Heiligen Kirche – entscheidende Schriften, als Antwort auf die Häresie des Jovinian geschrieben hat.

In der Kürze natürlich plakativ und der Differenziertheit nicht gerecht werden könnend blicken wir in diese Diskussion hinein:

Die Manichäer als strikte Dualisten verwerfen die Ehe – wir sind nicht von dieser Welt und sollen auch nicht in dieser Welt sein. Jovinian, in den 390er Jahren verurteilt, argumentiert, dass weder zölibatäres Leben noch asketisches Fasten besonders verdienstlich seien. Des St. Hieronymus Antwort auf ihn scheint manichäisch. Hier setzt St. Augustinus ein. Die Ehe muss gut sein, auch ganz einfach schon aus Schriftgründen; das zölibatäre Leben aber steht höher. Die Pelagianer, so vom Blickpunkt des heiligen Augustinus, aus, sollten das Gute der Ehe nicht verwenden, um den Sündenfall zu leugnen.

Wie so oft bei St. Augustinus: Es ist schwierig, weder Manichäer noch Pelagianer zu sein, also weder (gegen den manichäischen Dualismus) das Gute der geschaffenen Wirklichkeit noch (gegen den pelagianischen relativen Naturalismus) das nur durch Gnade

---

[11] Siehe St. Augustinus: Retractationes II 22, 48.

[12] Beide um 401 geschrieben.

überwindbare Böse der gefallenen Wirklichkeit zu leugnen.[13]

Man kann sehen: Diese Schwierigkeit ist augustinisch nur lösbar, wenn die Ehe der Natur- und Gnadenordnung angehört. Die Lehre von den Ehezwecken fasst Augustinus wie folgt kurz zusammen:

Die Ehen haben ihr Gut, nicht weil sie einfachhin Kinder hervorbringen, sondern weil sie diese in ehrbarer, erlaubter, züchtiger, wirklich gemeinschaftsbezogener Weise hervorbringen und die Kinder gemeinsam, ausdauernd, heilbringend erziehen, weil in ihnen die gegenseitige Treue bewahrt wird, weil die Zeichenhaftigkeit / das Geheimnis der Ehe nicht verletzt wird. – *Habeant coniugia bonum suum, non quia filios procreant, sed quia honeste, quia licite, quia pudice, quia socialiter procreant et procreatos pariter, salubriter, instanter educant, quia tori fidem invicem servant, quia sacramentum conubii non violant.*[14]

Man kann zumindest negativ so formulieren: Weder manichäisch noch pelagianisch kann das Gute der Ehe gefasst werden. Das aber heißt, dass die Ehe zur

---

13 Das zieht sich durch die Jahre und die Jahrzehnte. 419 wird St. Augustinus gegen die Pelagianer *De nuptiis et concupiscentia* schreiben, nämlich um direkt zu zeigen, dass er nicht, wie die Pelagianer es ihm vorgeworfen hatten, die Ehe verdamme. Julian von Eclanum, einer der prominentesten und bedeutendsten Pelagianer, schreibt dann wiederum gegen dieses Werk, argumentierend, dass vor allem die Auffassung von St. Augustinus von *concupiscentia* nach dem Fall manichäisch sei.

14 St. Augustinus: De sancta virginitate 12, 12.

Natur- und Gnadenordnung gehört. Damit sind wir bei St. Thomas von Aquin.

c) Die Ehe als natürliche Ordnung, die Ehe als Sakrament (St. Thomas von Aquin)

Nach Thomas von Aquin ist die Ehe eine natürliche Ordnung und ein Sakrament: Die Gnade setzt die Natur voraus und vervollkommnet sie. *Proles* und *fides* sind die natürlichen Ehewerte. Wobei die Nachkommenschaft das Hauptziel ist, wobei die eheliche Treue als ein weiteres Ziel eingeschlossen ist. Beide sind dem dritten Ehegut vorausgesetzt. Die beiden natürlichen Ehewerte gelten als Voraussetzung für die sakramentale Ehe und die übernatürliche Zeichenhaftigkeit.

Aus den wenigen Kapiteln der *Summa contra Gentiles, propter brevitatem,* ergänzt durch *Summa Theologiae,* geht Folgendes hervor: „die Ehe ist natürlich – *quod matrimonium sit naturale.*"[15] Dies ist sie aufgrund der natürlichen Zuordnung von Mann und Frau aufeinander hin – wegen der Zeugung (*generatio*) und der Erziehung (*educatio*).

Die Ehe ist also für den Menschen natürlich. – *Est igitur matrimonium homini naturale.*[16] Weiter muss die Ehe unauflöslich sein – „*matrimonium debet esse indivisibile.*"[17] Dies ist schon aufgrund der Gleichheit

---

15 St. Thomas von Aquin: Summa contra gentiles III, c. 122.

16 Ebd.

17 St. Thomas von Aquin: Summa contra gentiles III, c. 123.

von Mann und Frau natürlicherweise so, auch wegen der Beständigkeit der Gemeinschaft und der Ausrichtung auf Kinder.

Dabei muss noch festgehalten werden, dass die Natur nicht nur das Sein im Kind intendiert, sondern das vollkommene Sein. Dazu aber ist die Ehe notwendig. – *Dicendum quod natura non tantum intendit esse in prole, sed esse perfectum. Ad quod exigitur matrimonium.*[18] Schön finalistisch und unbedingt schlüssig gedacht: *generatio* und *educatio* gehören zusammen.[19]

Die schon natürlicherweise vorhandene Unauflöslichkeit der Ehe aber wird übernatürlich ergänzt: Da es also in der menschlichen Gattung den natürlichen Antrieb dazu gibt, dass die Verbindung von Mann und Frau ungeteilt und eine einzige sei, ist dies notwendig durch ein menschliches Gesetz geordnet worden.

Das göttliche Gesetz aber fügt eine gewissermaßen übernatürliche Begründung durch die Sinnbildlichkeit der untrennbaren Einheit Christi und der Kirche hinzu, die eine einzige ist (Eph 5,32). – *Cum igitur instinctus naturalis sit in specie humana ad hoc quod coniunctio maris et feminae sit individua, et quod sit unius, oportuit hoc lege humana ordinatum esse. Lex autem divina super-*

---

18 St. Thomas von Aquin: Summa Theologiae III, supplementum q. 41, a. 1.

19 St. Thomas von Aquin bezieht sich hier auch sehr schön auf die Aristotelische Trias in Nikomachische Ethik Θ 14: „Gemäß dem Philosophen sind es drei Dinge, die wir von den Eltern haben, nämlich das Sein, die Nahrung und die Erziehung. – secundum Philosophum, tria a parentibus habemus: scilicet esse, nutrimentum et disciplinam." (Summa Theologiae III, supplementum q. 41, a. 1).

naturalem quandum rationem apponit ex significatione inseparabilis coniunctionis Christi et Ecclesiae, quae est una unius (Eph 5,32).[20]

Schließlich kann die Ehe nur eine zwischen einem einzigen Mann und einer einzigen Frau sein. Sonst bestünde keine freiheitliche Freundschaft der Frau zum Mann, sondern gleichsam eine sklavische – *non esset liberalis amicitia uxoris ad virum, sed quasi servilis.*[21]

Das sind Beispiele, aber eminente Beispiele, dafür, dass und wie die Natur durch die Gnade überformt und vervollkommnet wird, in wirklicher gedanklicher Harmonie. Man kann auch leicht erkennen, wie aristotelisch die christliche Ehe wirklich ist und bleibt.[22] Dies alles funktioniert aber nur, insofern und weil die Ehe als Sakrament gnadenwirksam ist, Gnaden vermittelt.[23]

Michael Wladika, Prof. Mag. Dr. habil., ist Professor für Philosophie am ITI *in Trumau und Universitätsdozent am Institut für Philosophie an der Universität Wien.*

---

20 St. Thomas von Aquin: Summa contra gentiles III, c. 123.

21 St. Thomas von Aquin: Summa contra gentiles III, c. 124.

22 St. Thomas zieht ehebezüglich vor allem heran: Nikomachische Ethik Θ 12 & 14 und Politik A 2.

23 Siehe St. Thomas von Aquin: Summa Theologiae III, supplementum q. 42, a. 3.

Arbeiten an der Beziehungsfähigkeit

Raphael Bonelli

Eigentlich bin ich hier der falsche Referent. Denn, wenn die Leute zu mir kommen, ist es zu spät, weil sie schon verheiratet sind. Die Leute kommen zu mir mit massiven Problemen. Deswegen ist mein Blick ein retrospektiver, was bedeutet: Welche Probleme sehe ich, und was bedeutet das für das Vorfeld? Sie sehen also, dass ich eine sehr pathologische Sicht besitze. Die Leute, die alles super machen, kommen erst gar nicht zu mir als Psychiater. Ich arbeite immer mit Problemen.

Der Stellenwert der Emotionen zwischen Herz, Kopf und Bauch

Das erste Problem, mit dem ich beginne, ist der Stellenwert der Emotionen zwischen Mann und Frau: in der Entwicklung vom Kennenlernen bis zur Heirat und danach. Emotionen sind sowieso mein Thema, also vielleicht bin ich fixiert auf das, aber der Stellenwert der Emotionen erscheint mir als etwas, was der junge Mensch nicht mehr so einordnen kann; die eigenen Emotionen, die eigene Emotionalität, dazu gehört die gesamte Leiblichkeit, die Sexualität. Was ist, was bedeutet das für mich?

Beispielsweise sitze ich oft vor einem Ehepaar, wo einer von beiden, etwa Sie, sagt: „Ich empfinde nichts mehr, ich spüre nichts mehr." Dann wäre der Grund, diese Beziehung zu beenden, das Gefühl. Weil vieles im Kennenlernen zwischen Mann und Frau eben logischerweise sehr gefühlsbetont ist, erscheint das normal und gut so – vielleicht ist das ein Trick vom lieben Gott, damit wir überhaupt heiraten, denke ich manchmal. Aber dann ist die Frage: Wie macht man es richtig?

Wenn wir uns die Scheidungsstatistiken richtig ansehen, dann kommt es in den ersten Jahren, genau nach 2,3 Jahren, zu massiven Scheidungen. Das ist ungefähr der Zeitpunkt, an dem diese intensive Sexualität abflaut. Ich glaube, dass die katholische Kirche eine Botschaft, eine wichtige Botschaft hat. Sie kommt, wie mir scheint, noch nicht einmal bei den eigenen Leuten an.

Bei der Sexualmoral der Kirche geht es letztlich darum, dass die Sexualität in der ehelichen Beziehung nicht alles ist. Je länger ich Psychiater bin, umso besser verstehe ich, warum die Sexualmoral der Kirche so ist, wie sie ist. Dass sie aneckt, ist überhaupt keine Frage, aber ich verstehe als Psychiater täglich besser, warum sie so ist. Und mir scheint darüber hinaus, dass die Sexualmoral in der katholischen Ehevorbereitung nicht von allen verstanden wird.

Gut wäre es auch für die Paare, die auf die Ehe vorbereitet werden, wenn sie den Sinn der kirchlichen Sexualmoral verstehen würden. Ich beobachte immer wieder, dass die Paare in der Verlobungszeit sexuell sehr fixiert sind und eben nicht bis zur Ehe warten. Dadurch können sie aber viele andere Themengebiete, die später in der Ehe viel wichtiger werden, nicht abdecken. Irgendwann wachen sie dann von diesem Hype auf, vielleicht nach einem, zwei oder drei Jahren, vielleicht auch im verflixten siebten Jahr und merken: Eigentlich haben wir nicht viel gemeinsam.

Gestern war eine Frau bei mir, die sagte: „Wissen Sie, ich habe vor kurzem erkannt: Ich hab den falschen Mann geheiratet." Da kann ich dann auch nicht mehr viel beitragen. Zwar wollen sie sich auch nicht gleich scheiden lassen, aber man sitzt dann drinnen und muss bekennen: „Das ist ein echt großes Problem." Genau an diesem Punkt haben wir, glaube ich, eine Baustelle bezüglich des Stellenwertes der Emotionalität.

Emotionen sind die Begleitmusik des Lebens. Viele haben aber die Emotionen zum Kompass des Lebens gemacht, das scheint mir als eine wichtige Beobachtung aus meiner psychiatrischen Praxis; ähnlich wie beim Wind geht man dann halt in die eine und dann in die andere Richtung.

Ich habe ein großes Spektrum an Patienten, auch einige „Ehebrecher", also verheiratete Männer, die sich in eine andere Frau verlieben. Diesen inneren Konflikt kann sich wohl jeder gut ausmalen. Dann sage ich: „Ich kann jetzt nicht anders, weil ich liebe jetzt die andere Frau, und alles, was vorher war, diese Pflichten, die gemeinsamen Kinder usw., das ist plötzlich so weit weg.".

Das scheint mir als ein Typikum dieser Zeit. Dabei kann ich auch nicht genau sagen, ob es, beispielsweise im Mittelalter, anders war. Ich lebe in dieser Zeit und sehe, dass wir Menschen große Schwierigkeiten mit diesen, meinen Emotionen haben. Wie gehe ich jetzt mit meiner Emotion richtig um? Das ist die Frage.

Bei der Arbeit mit Patienten wird mir oft gesagt: „Es ist mein Herz". Dann frage ich: „Ist es wirklich Ihr Herz, oder ist es Ihr Bauchgefühl?" Weil im Bauch ist die Emotionalität beheimatet; da ist das Gefühl, das einmal dahin und einmal dorthin geht. Das ist nicht schlecht. Der Bauch ist etwas sehr wichtiges für den Menschen, das so genannte Bauchgefühl. Aber das Bauchgefühl allein ist eben kein Kompass. Mit dem Bauchgefühl allein kann man nicht gut leben, weswegen man ja den Kopf besitzt.

Wer allein nach dem Bauchgefühl entscheidet, lebt nach dem Lustprinzip. Frei nach Sigmund Freud: will es Unlust vermeiden und Lust maximieren. Das ist gut so und in Ordnung; das ist nicht schlecht und sündhaft, sondern unsere anthropologische Realität. Aber da wir nicht nur Säugetiere sind sondern auch eine Vernunft besitzen, ist der Kopf derjenige, der alles zu beurteilen hat. Das heißt: Ich verliebe mich in die Nachbarin und dann sagt der Kopf: „Ist das gescheit? Ist das jetzt wirklich gescheit?" Der Kopf tickt nach dem Nützlichkeitsprinzip: „Ist das jetzt nützlich? Ich meine, der Nachbar ist 2 Meter groß, ein Bodybuilder und wahnsinnig stark. Ist das jetzt wirklich nützlich, wenn ich mich in ihn verliebe?"

Schließlich gibt es noch das Herz. Das Herz ist für die Patienten, die zu mir kommen, meist gleichbedeutend mit „Das muss ich jetzt tun". „Folge Deinem Herzen" sagen alle esoterischen Psychotherapeuten. Das sage ich auch, aber ich ergänze, dass das Herz nicht nur die heiße Emotion ist, die uns mal dahin, mal dorthin treibt, sondern das Herz ist die Entscheidungsmitte des Menschen. Das Herz wägt ab, es kann dann auch eine Willensentscheidung treffen, die wehtun kann.

Das kann der Bauch nicht. Der Bauch kann nicht verzichten, der Bauch kann sich nicht entschuldigen, der Bauch kann sich nicht zurücknehmen, der Bauch kann nicht verzeihen, das alles kann er nicht. Das muss er auch nicht können, denn dafür ist der Kopf da; wo man wirklich verzeiht, da ist das Herz im Spiel.

Genau dort, scheint mir, müssen wir neu anfangen zu arbeiten: Bei der *Herzensbildung*! Hier gilt es, eine richtige Einordnung der Emotionen zu schaffen; nicht eine Unterdrückung der Emotionen nach dem Motto: „Katholiken dürfen keine Gefühle haben" – das ist Blödsinn, das geht gar nicht! Sondern es geht um die richtige Wahrnehmung der Gefühle. Dann muss man aber ja nicht notwendigerweise nach den Gefühlen quasi zwanghaft handeln. Es gibt eben diese Unterscheidung: Der Kopf entscheidet „Ist es wahr oder falsch?" und das Herz entscheidet „Ist es gut oder böse?"

Die Unterscheidung zwischen Gut und Böse ist eine Herzensentscheidung. Das steht schön im Katechismus der Katholischen Kirche: „Mit dem Herzen betet man". Man betet nicht mit dem Kopf – oder hoffentlich betet man nicht mit dem Kopf allein – und man betet auch nicht mit dem Bauch oder mit dem Bauch allein. *Das haltet nicht,* sagen wir in Österreich, wenn man nur schöne Lieder singt und Handerl haltet. Das ist alles super und muss dann irgendwann einmal auch tiefer in den Menschen hineingehen, sonst haltet das nicht.

In der Heiligen Schrift steht auch, dass die Sünde im Herzen stattfindet. Genau dort, im Grunde des Herzens ist es, wo die Sünde beginnt. Im Herzen sage ich, weil der Bauch meint. „Die Nachbarin gefällt mir". Aber das Herz kann auch ausdrücken: „Gehen wir in die Richtung oder lassen wir das, weil ich eine Frau und 3 Kinder habe, und die andere ist auch verheiratet". Dann sagt der Kopf: „Ja, aber die hat noch dazu einen großen Mann" und vielleicht noch: „Eine Scheidung würde Dir zu teuer kommen." Das sind alles noch Nützlichkeitsargumente, die hinzukommen, aber letztlich geht es um das Herz.

Aufgrund dieser Emotionalisierung fällt es vielen Menschen in den letzten Jahrzehnten so schwer, die Treue zu halten. Treue ist nicht immer schön. Machen wir uns nichts vor. Treue ist manchmal fürchterlich, zumindest kurzfristig fürchterlich. Man muss unterscheiden – und das ist in der Psychotherapie ein ganz wichtiger Punkt – zwischen kurzfristigem und langfristigem Glück.

Mit der Lust alleine kommen wir nicht weiter

Ich arbeite mit Suchtpatienten, besonders mit Sex-
süchtigen; da bin ich wieder ganz nahe beim Thema
der Ehepastoral. Heutzutage haben viele ein Problem
mit der Pornosucht; durch das Internet ein ganz hei-
ßes Thema. Hier erleben Menschen diese kurzfristige Befriedigung im Gegensatz zum langfristigen
Glück. Manchmal ist es dem Menschen einfach nicht
mehr möglich, auf solche kurzfristige Befriedigung
zu verzichten.

Hier müssen wir schon in der Kindheit beginnen:
wie wir unsere Kinder erziehen, damit sie lernen,
über ihren kurzfristigen Befriedigungen zu stehen.
Es gibt eine sehr unglückliche Entwicklung, wenn
man sagt, das Wichtigste sei, die eigenen Bedürfnisse
wahrzunehmen und zu befriedigen, denn die eigenen
Bedürfnisse sind nicht das Höchste.

Die eigenen Bedürfnisse wahrzunehmen, das ist
gut. Das ist das Bauchgefühl: „Mama, ich mag jetzt
den Kuchen essen." Aber das heißt jetzt nicht, dass
man den Kuchen augenblicklich essen muss. Wenn
man das Kind bittet: „Jetzt räumst Du bitte auf" und
es sagt: „Ich habe keine Lust", dann wäre eine gute
Antwort: „Sehr schön, dann mach es halt ohne Lust!"

Wir alle haben oft „keine Lust". Wenn wir immer
nur das machen, worauf wir Lust haben, dann sind wir
verloren. Mit „nur Lust" hätte ich nicht einmal Medizin
studiert, geschweige denn die Matura geschafft, wobei
meine Matura eher eine Leistung meiner Eltern war;

aber Medizin habe ich dann schon alleine studiert und zwar hauptsächlich ohne Lust.

Menschen gehen in die Ehe hinein und sagen: „Das wird jetzt lustig, da werde ich noch ganz viel Lust erleben." Dann kommen sie irgendwann darauf, dass jemand anderes vielleicht noch viel lustiger oder lustvoller wäre. Lust allein hält nicht! Ich habe diese gescheiterten Menschen dann von Beziehung zu Beziehung stolpern sehen; sie konnten meist immer kurzfristiger „lieben".

Vor kurzem war ein 35-jähriger Mann bei mir, der von einer Beziehung in die andere schlitterte, immer sehr sexuell und überhaupt nicht religiös motiviert. Er sagte: „Und jetzt passiert was Blödes. Die Frau, mit der ich gerade zusammen bin, beginnt sich in mich zu verlieben. Das ist schlecht." „Wieso ist das schlecht", fragte ich? „Ich dachte, das ist irgendwie gut?" „Ja, das ist dann so verbindlich und Sie wissen doch...".

Ja, eigentlich weiß ich doch, dass der Mann auch von einer lebenslangen Beziehung träumt. Er träumt davon. Aber er sagt dann immer: „Das ist Liebe wie im Kino". Diese Liebe gibt es seiner Meinung nach nur im Kino, in der Realität nicht mehr. Viele, besonders junge Menschen träumen zwar noch von dieser lebenslangen Liebe, sie können nicht mehr daran glauben, weil sie es nicht erleben.

Im Kino sieht man ja nicht, wie schwer das Eheleben fällt – normalerweise. Im Kino hört der Film oft genug mit der Hochzeit auf. Etwas anders ist es beim Film *Beautyful Mind*, wo die beiden heiraten und der Mann schizophren wird. Dann sieht man, wie die

Frau treu bleibt, obwohl es ihr wirklich schwer fällt. Schließlich kommt es zum Höhepunkt, als der Freund des Kranken, inzwischen ein berühmter Professor, zu der Frau kommt und sagt: „Du bist toll." Und er: „Wie schaffst Du das überhaupt?" Und sie: „Weißt Du, manchmal erinnert er mich an den Mann, den ich geheiratet habe."

Das ist schön, oder? Ich meine, da ist sie wirklich da, diese Treue in guten wie in schlechten Tagen. Die schlechten Tage kommen meist nicht mehr vor im Traum der jungen Menschen, die heiraten. „Es wird so schön zwischen uns, es wird so schön", heißt es immer wieder; doch dann ist die Enttäuschung schon vorprogrammiert. Dafür gibt es viele Gründe.

Die richtige Hierarchie der Liebe

Ein Grund ist, von dem Partner zu viel zu erwarten. Ich sehe bei mir in der Praxis relativ häufig eine Verdrehung der Prioritäten, der Hierarchie der Liebe. Da bekommt oftmals die Ehe die Funktion, dass „sie mich jetzt ganz glücklich machen muss". Besonders am Anfang der Beziehung, wenn die Glückshormone noch ganz stark ausgestoßen werden, ist der Partner die Nummer eins, sogar noch vor dem lieben Gott.

Das ist immer ein Fehler. Wenn es über dem Ehepartner nichts mehr gibt, ist das ein Fehler, weil wir damit den anderen überfordern. So erklärt sich auch die Panik mancher Männer in der letzten Sekunde vor der Hochzeit; sie merken, dass sie überfordert sind mit dem, was sie da alles zu leisten haben. Da müssen sie praktisch den lieben Gott spielen. Aber auch „der darf dann keinen Fehler haben", heißt es. Dazu kommt der hormonelle Zustand des Verliebt-Seins, bei dem sich der Partner alles erlauben kann, weil er immer super ist.

Nun, diese Hormone vergehen, der Partner verhält sich aber immer noch wie vorher und ist plötzlich überhaupt nicht mehr super. Wenn es da keinen mehr über dem Partner gibt, hat man ein Riesenproblem. Umgekehrt hilft die sehr spannende Hierarchisierung der Liebe, wie es in der Psychotherapie heißt, ungemein. Denn das häufigste Problem in der Ehe, das ich sehe, ist die falsche Hierarchisierung.

Dazu kommt es beispielsweise, wenn eine Frau ihren Sohn über ihren Mann stellt. Ich sage jetzt bewusst *Sohn*, obwohl auch Kinder oft von sich aus eine solche Dynamik entwickeln, die dann katastrophale Auswirkungen zeigt. Plötzlich ist der Mann Außenseiter in der eigenen Familie; er vereinsamt und sucht sich woanders sein Glück. Wissen Sie, wie viele Männer länger in der Arbeit bleiben, weil sie nicht wissen, was sie zu Hause zu tun haben oder weil sie nicht willkommen sind? Das ist unglaublich, das ist wirklich traurig.

Dann *passiert* scheinbar aus heiterem Himmel Internetpornographie oder alle möglichen anderen Sachen, eben weil sie nur mehr ein *Beiwagerl* sind, wie es in Österreich heißt. Und umgekehrt, die gleiche große Katastrophe passiert, wenn ein Mann seine eigene Mutter wichtiger findet als seine Frau. Hier hat das zu enge Mutter-Sohn-Verhältnis etwas Gefährliches in sich. Die Tochter-Vater-Beziehung ist aus meiner Sicht bei weitem nicht so problematisch.

Das zeigt schon der berühmte Schwiegermutter-Schwiegertochter-Konflikt, wo es zu regelrechtem Hass kommen kann. Hier geht es um das irgendwie auch verständliche Duell um einen Sohn, um einen Mann. Und meistens ist dieser Mann eben sehr schwach. Er ist nicht stark genug und solche Männer kommen zu mir und sagen: „Ich weiß nicht, meine Frau und meine Mutter, schrecklich..., diese zwei Frauen, wie soll ich das nur aushalten?" Dann sage ich: „Das ist Ihr Problem, weil Sie zu schwach sind." Dann wachen solche Männer zuweilen auf. Wenn die Mutter dann kapiert, dass der Sohn nicht mehr durch sie manipulierbar ist, dann kapiert die Mutter gleichzeitig, dass sie auch ihre Konkurrenz, nämlich die Ehefrau, nicht mehr manipulieren kann.

Deshalb halte ich es für gut, wenn junge Leute in der Ehevorbereitung bereits lernen und wissen, wie die richtigen Hierarchien sind, wie sie sein sollten, und was gut ist. Dabei ist die Einsicht wichtig, dass Hierarchien nichts mit Emotionen zu tun haben. Natürlich, wenn die ersten Kinder kommen, ist das Butzi so süß und macht immer alles richtig. Dann beginnt die Frau von ihrem Mann enttäuscht zu sein. Sie macht sich den perfekten neuen Mann in ihrem Sohn. So einen Fall sehe ich fast wöchentlich in meiner Praxis.

Das ist eine Katastrophe. Dem Kind wird immer gesagt: Dass Du bloß nicht so wirst wie Dein Vater". Solche Sätze lernen die Kinder. Sie werden dann natürlich massiv narzisstisch. Sie kennen keine Grenze nach oben; sie haben keine Familienkonstellation erlebt, wo der Sohn den Vater erzogen hat: „Wie isst Du bitte? Also bitte, das sind ja keine Tischmanieren!" Die Mutter sitzt daneben und nickt und der Vater weiß überhaupt nicht mehr, was er sagen soll. Das ist eine Katastrophe.

An diesem Punkt sind wir wieder bei der Emotionalität, weil eben die Emotionen so sind, wie sie sind. Natürlich ist die Frau „enttäuscht" von dem Mann; der Sohn dagegen enttäuscht einen nicht und wird dann hochgehoben. Das ist mütterlicher Narzissmus, bei dem man das eigene Ich im Kind sucht und zu viel Ich da ist.

Der Kernpunkt der Eheproblematik liegt aus meiner Sicht darin, dass es für jeden Menschen schwierig ist, sich selbst zurückzunehmen. Aber Liebe besteht ganz genau daraus, dass man sich zurücknimmt und eben nicht konsumiert. Das zu lernen fällt den Menschen heutzutage sehr schwer. Wenn sie von den Medien und dem Zeitgeist unterrichtet werden, dann werden sie das nicht lernen. Diesen Verzicht können sie dann nicht– daher können sie auch nicht lieben.

Herzensbildung ist das A und O in der Ehevorbereitung

Lieben heißt verzichten, heißt sich zurücknehmen, heißt auch an-sich-arbeiten. Und da sind wir wieder bei der *Herzensbildung*, die ich anfangs erwähnt habe. Das Herz muss darin gebildet werden, das *Du* wahrzunehmen. Ich habe einen anderen Patienten, der möchte ein Leben lang verliebt sein, deshalb wechselt er alle zwei Jahre die Partnerschaft und das schon ziemlich lange. Er wünscht sich einfach den Himmel auf Erden.

Das ist der einfachste Zustand. Da wird man sozusagen automatisch durch die Hormone befriedigt. In diesem Zustand braucht man eigentlich keine Selbstlosigkeit. Verliebte Menschen können sich sogar sehr schnell und sehr stark verändern. Ich habe früher in einem Jugendklub mit jungen Burschen gearbeitet. Wenn sie das erste Mal verliebt waren, haben wir Leiter das daran gemerkt, dass sie auf einmal nicht mehr gestunken haben; sie haben begonnen, sich zu frisieren und vielleicht sogar zu rasieren. Verliebtheit ist schon etwas sehr Praktisches, da werden Bären zu Menschen – aber das ist kein Dauerzustand.

In der wirklichen und dauerhaften Liebe geht es aber immer um die Kunst des Sich-Selbst-Zurücknehmens. *Fritz Künkel*, ein Psychiater und Psychotherapeut aus Deutschland, sagte sinngemäß schon vor über 80 Jahren: Es gibt das Phänomen der Ichhaftigkeit, wo der Mensch in sich selbst gefangen ist – er sagte nicht Egozentrik, weil solche Begriffe für uns in der Psychotherapie zu moralisch klingen und nicht interessieren.

Was sind nach Künkel die Ursachen der Neurosen, was ist ein ichhafter Mensch? Er erklärt das anhand eines Beispiels: Ein Mann geht eine Straße entlang und sieht eine alte Frau, die über die Straße gehen möchte. Er nimmt sie am Arm, ganz galant, und führt sie in dieser Zeit, wo es noch keine Zebrastreifen gegeben hat, hinüber. Der sachlich orientierte Mensch denkt sich nachher nicht viel bei diesem Vorgang. Er denkt vielleicht: Diese Frau musste über die Straße; ich habe ihr geholfen und jetzt ist sie über die Straße gelangt. Super. Erledigt.

Doch es geht weiter, denn der ichhafte Mensch sagt nach derselben Hilfestellung: „ICH habe geholfen. Hoffentlich hat man MICH gesehen, was bin ICH doch für ein guter Mensch, ein anderer hätte das nicht einmal gesehen!" Allein durch dieses Beispiel wird die Unterscheidung klar.

Ichhaftigkeit ist eine Gefangenschaft! Wer sich von solchen Leuten helfen lässt, fühlt sich hinterher irgendwie unangenehm berührt. Demjenigen muss man irgendwie ein Leben lang dankbar sein. Das wird immer wieder erwähnt und in einer Partnerschaft ist solch eine Haltung Gift. Doch das ist der menschliche Normalzustand, wenn ein Mensch nicht an sich arbeitet. Wenn man sehr an sich arbeitet, kommt man in die Sachlichkeit hinein.

Ein klassisches Beispiel aus der Therapie: Ein Mann kommt in die Praxis und sagt: „Herr Doktor, ich bin hier, ich bin völlig fertig. Sie können sich das nicht vorstellen, wie meine Frau mit mir umgeht, das ist wirklich seelische Grausamkeit und wissen Sie, was die gestern wieder zu mir gesagt hat?" So geht das eine ganze Stunde. Der Psychiater versucht immer wieder zu Wort zu kommen, aber es ist unmöglich. So geht das zwei, drei oder sogar vier Wochen lang; der Psychiater kommt nicht zu Wort.

Dann versucht der Psychiater einen Anlauf, um ins Gespräch zu kommen und sagt: „Also, Sie müssen mit einem Monster verheiratet sein!" Er: „Ja genau, Sie verstehen mich! Endlich versteht mich wer!" Dann versucht der Psychiater langsam, so die Situation beweglich zu machen und fragt: „Wenn Ihre Frau so ist, warum haben Sie sie dann geheiratet?" Dann kurzes Schweigen. „Vielleicht versteht mich der Therapeut doch nicht, denkt der Patient? Dann sagt er jedoch: „Die hat das alles so versteckt, so boshaft versteckt, das war alles so verborgen; außerdem bin ich der Ärmste und wissen Sie, was sie gestern wieder zu mir gesagt hat...?"

Offensichtlich ist dieser Patient völlig blockiert. Irgendwann einmal wagt der Psychiater dann etwas und sagt: „Okay, jetzt haben Sie mir fünf Stunden lang erzählt, wie dramatisch Ihre Situation ist. Wir haben gut erarbeitet, was Ihre Frau alles besser machen könnte, damit Ihre Ehe wieder funktioniert, leider sind Sie nicht Ihre Frau; die jetzt auch nicht hier ist. Was wäre denn Ihr Anteil an diesem Konflikt?"

Dann kommt es in der Regel zu einer massiven Aggression gegenüber dem Psychiater, zu einer Entrüstung, und der Patient sagt: „Ja glauben Sie denn, ich bin selbst schuld?" Der Psychiater: „Fehler haben Sie also dann nicht?" Er: „Wer?" „Sie jetzt." „Natürlich habe ich Fehler, jeder Mensch hat Fehler." „Welchen?", fragt der Psychiater. Dann ist wirklich manchmal fünf Minuten Stille, Schweißperlen, angestrengtes Nachdenken. In der Regel erhellt sich dann die Miene des Patienten: „Ja, ich habe doch einen Fehler", betroffene

Augen, die mich anschauen und sagen: „Ich bin zu gutmütig und lasse mir zu viel gefallen."

Sie verstehen jetzt: Es ist die Hölle, mit so einem verheiratet zu sein. Und wenn zwei solche Typen miteinander verheiratet sind, dann kann das gar nicht gut gehen. Ich habe manchmal Paartherapien, wo ich mir denke: „Das sind zwei Opfer, die nebeneinander sitzen, die gegenseitig mit dem Finger auf den anderen zeigen. Hauptsächlich sind aber beide wahnsinnig arm, die wissen ganz genau, was der andere anders machen muss. Aber selbst haben sie gar, gar keinen Fehler.

Warum wir alle Fehler machen und Beichte super ist

Das ist der Zeitgeist. Wir leben im Perfektionismuszwang, daher dürfen wir keine Fehler mehr machen, genauer gesagt: Wir dürfen keine Fehler mehr zugeben. Und subjektiv haben wir den Eindruck, dass wir keine Fehler mehr machen. Schuld wird heutzutage größtenteils verdrängt. Früher wurde vielleicht Sexualität beiseitegeschoben, aber heute wird Schuld verdrängt. Die Leute kommen als unschuldige Opfer in die Praxis, und alle anderen sind böse. Am schlimmsten sind die Lehrer; sie sind schuld, außer man ist selbst Lehrer, dann geht das natürlich nicht; auch die Eltern sind sehr, sehr schuld und auch die Kirche, die ist total schuld. Aber, wer nie schuld ist, ist man selbst!

In dieser Psychodynamik bewegen wir uns. Solcherlei Unschuldslämmer haben Schwierigkeiten in der Ehe, und sie wissen noch nicht einmal genau, warum. Dabei ist eigentlich vollkommen klar, warum die Schuld verdrängt wird. Schuldig geworden zu sein ist ein Schmerz. Der Bauch will dieses Gefühl nicht, diese Selbsterkenntnis will er nicht. Und deswegen wird diese Selbsterkenntnis verdrängt.

Das Herz gibt zudem die Devise aus: *„Ich bin niemals schuld!"* Das ist eine Entscheidung des Herzens, das umgekehrt aber auch sagen kann: *„Vielleicht habe ich was falsch gemacht?"* Im Bereich des Religiösen nennt man das den Beginn der *Gewissenserforschung.*

Im Alltagsleben erfährt man den Anfang dieses Prozesses als schreckliches Chaos. Ich habe mich mit meiner Frau fürchterlich gestritten und beginne jetzt einmal zu überlegen: Ich sehe nichts, aber vielleicht habe ich etwas falsch gemacht? Ich habe ja total Recht – ja, natürlich, wie immer –, aber vielleicht habe ich etwas falsch gemacht?" Das ist der Beginn jeder Gewissenserforschung. Wenn das nicht stattfindet, sondern stattdessen das Herz sagt: „Ich habe sicher nichts falsch gemacht", dann erklärt der Kopf sehr logisch, warum die Frau alles falsch macht.

Wenn das Herz sagt, mein Auftrag an den Kopf ist jetzt: Suche heraus, was *ich* falsch gemacht habe, und wenn es nur eine Kleinigkeit ist. Mit diesem Auftrag des Herzens an den Kopf findet der eine Ehepartner vielleicht eine Kleinigkeit; diese Kleinigkeit ist für den anderen Ehepartner aber riesig, denn endlich gibt er etwas zu! So kommt Dynamik in die Ehe, weil er dann sagt: „Ich glaube, ich habe Dich verletzt, weil ich das und das gesagt habe."

Dann sagt sie: „Okay und wenn Du das zugibst, dann, okay vielleicht habe ich dann auch ein bisschen überreagiert." Also diese Fähigkeit, zuzugeben, dass man etwas falsch macht – das auch wahrzunehmen und sich zu entschuldigen – ist grundlegend für eine dauerhafte Ehe. Ja, entschuldigen muss man lernen. In der Verlobungszeit entschuldigt man sich relativ selten, weil es nicht notwendig ist, weil eh alles meist so schön ist, auf alle Fälle schöner als in der Ehe.

Die Schuld bei sich zu suchen, heißt übrigens nicht, immer selbst schuld zu sein. Hier geht es um die Offenheit für diese Frage. Oftmals kommen diese *Mister Perfects* oder *Misses Perfects* und sagen: *„Wie soll ich das meinem Ehepartner je verzeihen, wo ich doch keine Fehler mache?"* Menschen, die selbst keine Fehler machen, können nicht verzeihen, weil sie ja keine Fehler machen. Daher haben sie auch überhaupt kein Verständnis dafür, warum der Trottel ständig Fehler macht, wo sie doch nie welche machen.

Das Schlimme daran ist, dass wir es hier mit keiner Karikatur zu tun haben. Ich sehe diese Menschen in der Realität und frage: „Welche Fehler haben Sie?" Und die Antwort lautet: „Keine Ahnung." „Und welche Fehler hat Ihr Mann?" Und da hören sie nicht mehr auf zu reden. Es gibt Studien über die Fähigkeit zu verzeihen, *forgiveness* auf Englisch, eine psychische Fähigkeit, die umso höher ist, umso ausgeprägter, je mehr Einsicht man in die eigenen Fehler hat.

Wenn zwei Fehlerlose heiraten, sage ich voraus, dass sie sich scheiden lassen werden. Aber wenn zwei Menschen, die immer wieder Fehler machen, sich dafür entschuldigen, den Weg begradigen und wieder neu anfangen, und das auch benennen, dann hat die Ehe Zukunft und Dauer. Deswegen ist die katholische Kirche so gut aufgestellt, weil sie die Heilige Beichte kennt und anbietet.

Die Beichte ist super. In der Beichte geht man rein, kniet sich hin, und sagt nicht: „Mein Mann ist ein Trottel", sondern: „Ich habe gesündigt, ich habe das und das und das gemacht." Und falls man anfängt zu erklären, warum mein Mann ein Trottel ist, dann unterbricht hoffentlich der Priester und sagt: „Entschuldigung, Sie sind aber nicht Ihr Mann, Sie sind jetzt bei der Beichte, sagen Sie mir Ihre Sünden."

Ich hatte einmal eine Kollegin, die eine notorische Lügnerin war, was das ganze Krankenhaus wusste, nur einer wusste das nicht in diesem Krankenhaus, das war sie selbst. Diese Kollegin ist irgendwann zu mir gekommen und hat gesagt: „Jetzt habe ich gehört, Du bist katholisch, das ist doch irgendwie ganz herzig. Weißt Du, was ich nicht verstehe? Das ist die Beichte. Ich würde gerne beichten gehen, aber ich habe keine Sünden."

Ich hätte gerne gesagt: „Mir würden schon welche einfallen." Aber das habe ich dann nicht getan. „Beichte?? Was soll ich denn beichten?", so fragen heute viele, auch viele Katholiken. Wenn die Leute wüssten, dass das schon eine Diagnose ist, dann würden sie nicht so laut sagen: Ja, was soll ich beichten?" Hinter diesem Satz, hinter dieser Aussage verbirgt sich ein massives Defizit.

In der Ehevorbereitung sollte daher wieder intensiv auf die Beichte hingewiesen werden; die Leute müssen das Beichten erst wieder lernen. Sie müssen erst einmal wissen, was sie aus ihrem Leben beichten könnten. Denn, wenn sie alles richtig machen würden und niemals was beichten müssten, dann kracht es irgendwann und unweigerlich ganz gewaltig in der Ehe. Wir sollten lernen, dazu zu stehen, was falsch war, was man gemacht hat.

Das alles hat sehr viel mit Demut zu tun, dieser großen christlichen Tugend. Ein Leben lang gilt es nämlich anzukämpfen gegen unseren eigenen Stolz, der uns selbst erhöht und den anderen erniedrigt, genau das passiert eben auch in der Ehe. Demut heißt, den anderen höher achten als sich selbst.

Ich frage in meiner Praxis jede Frau: *„Bewundern Sie Ihren Mann?"* Männer sind einfache Wesen, sie brauchen Bewunderung. Leider höre ich viel zu häufig ein Nein. Das ist schlecht, weil diese Tendenz – bei Frauen mehr vorhanden als bei Männern –, den eigenen Mann abzuwerten, eine Ehe-Katastrophe auslösen kann. Dagegen hält die gegenseitige Bewunderung eine Ehe frisch.

Auch die gegenseitige Bewunderung ist eine Tugend, die man heute nicht mehr lernt, die nicht mehr so hoch im Kurs ist: Demut und Bewunderung des anderen sind wie die beiden Seiten derselben Medaille. Ja, das tut dem Menschen gut. Es tut auch einer Frau gut, wenn sie einen Mann hat, zu dem sie aufblicken kann; wenn sie ihn aber abmontiert und kastriert hat, dann liegt er darnieder. Da kann sie nur mehr hinunterschauen auf die Leichenteile. Das ist mehr als schade.

Diese gegenseitige Hochachtung, wie man sie an und für sich kennt, bedarf einer Arbeit. Wir haben das nicht im Bauchgefühl. Das ist eine Leistung des Herzens, das ist etwas, woran wir mühsam arbeiten müssen. Ich spreche jetzt nicht von Verliebten, sondern von Leuten, die 15, 20 oder 25 Jahre verheiratet sind. Auch hier passieren noch schwere Unglücke, weil man nachlässig wird, weil man nicht mehr wahrnimmt, was man für einen tollen Menschen geheiratet hat.

Denn normalerweise hat man einen tollen Menschen geheiratet, nur ist man sich dessen nicht mehr bewusst; man denkt immerzu an die Fehler des anderen; sie stoßen einem jeden Tag auf; sie quälen einen. Das Schöne und Gute wird so schnell selbstverständlich. Diese Haltung ist etwas sehr Menschliches, weswegen ich damit ende, dass man in einer Ehe sehr viel Dankbarkeit lernen muss.

Für ein glückliches Leben muss man Dankbarkeit lernen, dankbar sein für alle Personen und Dinge, die man hat. Dankbar dafür, dass der Partner so ist, wie er ist; dass er das kann, was er kann; dass man die Kinder hat, die man hat, auch wenn sie jetzt nicht genau das geworden sind, was man wollte.

Mir fällt auf, wie diese Tugend der Dankbarkeit in unserer Konsumgesellschaft immer mehr abhandenkommt. Wenn junge Ehepaare oder verlobte Paare in der Ehevorbereitung diese Dankbarkeit wieder neu einlernen könnten, das Sich-Selbst-Zurücknehmen und Fehler eingestehen, den anderen bewundern, dann glaube ich, können Ehen gut gehen.

Raphael Bonelli, Univ.-Doz., Dr., Dr., Neurowissenschaftler und Leiter der Forschungsgruppe Neuropsychiatrie an der Sigmund Freud Privatuniversität Wien sowie Psychiater und systemischer Psychotherapeut in eigener Praxis; zudem Leiter des Instituts für Religiosität in Psychiatrie & Psychotherapie.

Predigt bei der Fachtagung über umfassende Ehevorbereitung am 26. Jänner 2013 in Trumau

Bischof Klaus Küng

Liebe Brüder und Schwestern! Welches könnte die Botschaft sein, die Gott uns geben will, wenn wir uns heute, am Gedenktag der heiligen Apostelschüler Timotheus und Titus, mit dem wichtigen Thema einer umfassenden Ehevorbereitung auseinandersetzen?

Im Tagesgebet wurde die Bitte ausgesprochen: *„Höre auf ihre Fürsprache und hilf uns, dass wir gerecht und fromm in der Welt leben und so zur Gemeinschaft mit deinen Heiligen gelangen."* Vielleicht werden Sie sagen, das klingt ein wenig hausbacken und zu einfach, auch wenn es selbstverständlich wahr ist. Aber es hat schon seinen Sinn!

Der Lesung aus dem 2. Brief des heiligen Paulus an Timotheus (2 Tim 1,5) entnehmen wir, dass Paulus offenbar die Familie seines Schülers gut gekannt hat und mit ihm selbst sehr herzlich verbunden war. Er schreibt: *„Wenn ich mich an deine Tränen erinnere, habe ich Sehnsucht, dich zu sehen, um mich wieder von Herzen freuen zu können; denn ich denke an deinen aufrichtigen Glauben, der schon in deiner Großmutter Loïs und in*

*deiner Mutter Eunike lebendig war und der nun, wie ich
weiß, auch in dir lebt."*

Diesen Zusammenhang kennen wir alle. Damals
wirkte Paulus in einer heidnischen Welt; einzelne
bekehrten sich. Heute ist unser Umfeld neuheidnisch.
Es geht oft quer durch die Familien: Jemand oder
mehrere sind wirklich gläubig, leben gläubig und
unter den Kindern und Kindeskindern finden sich
auch solche, die den Weg zum Glauben entdecken.
Es betrifft nicht nur die, die einen geistlichen Beruf
haben, wie das bei Timotheus der Fall war: Nach ur-
alter Überlieferung war Timotheus der erste Bischof
von Ephesos und Titus der erste Bischof von Kreta.

Im Evangelium der Messe zum Gedächtnis an die
beiden Apostelschüler lesen wir von der Aussendung
der 72 anderen Jünger: *„Er sandte sie zu zweit voraus
in alle Städte und Ortschaften, in die er selbst gehen
wollte..."* (vgl. Lk 10,1-9). Für diese Stelle gibt es verschiedene Deutungen. Das II. Vatikanische Konzil hat
bewusst gemacht, dass für die Sendung der Kirche
das Bischofs- und Priesteramt unbedingt notwendig
sind, aber gleichwohl alle Getauften und Gefirmten
an der Sendung der Kirche aktiv teilnehmen sollen.
Daher kommt der Ehe und Familie bei der Mission
eine ganz besonders wichtige Rolle zu. In der letzten
Bischofssynode über die Neuevangelisierung wurde
dies von mehreren Synodenvätern und auch von Papst
Benedikt selbst stark betont.

Sicher ist es weiters wichtig, wenn wir den Auftrag
Jesu im Zusammenhang mit der Größe der Ernte und
der geringen Zahl an Arbeitern hören. Jesus ruft auch

uns zu: „*Bittet also den Herrn der Ernte, Arbeiter in seine Ernte zu senden!*" Wir brauchen dringend eine ausreichend große Anzahl geistlicher Berufe, insbesondere Priester; wir brauchen aber auch viele Getaufte und Gefirmte, die ihre Berufung wahrnehmen; ganz besonders dringend benötigen wir christliche Familien, die sich ihrer Aufgaben bewusst sind.

„*Die Entwicklung der Gesellschaft geht über die Familie*", hat Papst Johannes Paul II. häufig betont. Das gilt fast genauso für die Kirche; und wir wissen es. Was will Gott von uns? Es braucht Priester, die ein Herz für die Familie haben, besser gesagt, die der Familie mit ganzem Herzen beistehen und zwar konkret mit dem Herzen des Guten Hirten, der jeden und jede zu verstehen vermag, der heilen kann, versöhnen, der bestärkt, aufbaut und ermutigt!

Es braucht aber auch Familien, die mittun. Familien, in denen der Glaube lebendig ist. Sie sind für eine Pfarrgemeinde eine große Stütze. Und die Kinder stellen selbst dann, wenn die Familie von der Kirche distanziert lebt, eine Chance dar; durch die Kinder gelangt man zu den Eltern.

Soll das alles der Priester tun? Das war eigentlich nie so. Ein Cornelius hat die ganze Verwandtschaft versammelt und Petrus gerufen. Sie empfingen den Heiligen Geist. Aquila und Priszilla kümmerten sich um Apollo, einen begabten jungen Mann, der aber nicht ausgereift war. Sie brachten ihn zu Paulus, damit er ihm die Hände auflegt. Nur durch das sehr aktive Mittun der Christen erklärt sich die rasche Ausbreitung des Christentums in allen Schichten des Römischen

Reiches. In der heutigen Welt ist ohne die Familie nur wenig zu erreichen.

Deshalb hat das II. Vatikanum gelehrt, dass die Familie nicht nur Objekt, das heißt, Empfängerin der Verkündigung, sondern auch Subjekt, Trägerin der Mission, ist: Zunächst und an erster Stelle für die Weitergabe des Glaubens in der eigenen Familie, unter Verwandten und Bekannten, dann aber auch noch in einem anderen Sinn.

Die Familien werden oft zu sehr wichtigen Kommunikatoren für andere Ehepaare und deren Kinder. Daher ist von größter Bedeutung, jene Ehepaare auszubilden, die zur Übernahme bestimmter Aufgaben fähig und bereit sind, z. B. in der Ehevorbereitung. Christliche Ehepaare tragen oft die Hauptlast der Arbeit und wirken durch ihr Beispiel und ihre Erfahrung überzeugender als Spezialisten.

Christliche Familien und Ehepaare sind aber nicht nur für die Ehevorbereitung wichtig. Sie können auch vieles in der Begleitung von Ehepaaren und Familien leisten, in der Sakramentenpastoral bei der Erstkommunion-, Erstbeicht- und auch Firmvorbereitung. Manche werden zu hervorragenden Meistern des Gebetes, zu tragenden Säulen in der Jugendarbeit und in der wichtigen Aufgabe der Sexualerziehung, aber auch in der Altenbetreuung.

Das setzt freilich voraus, dass sie selbst den Weg des Glaubens erkannt, die Lehre der Kirche verstanden, Erfahrungen gewonnen haben, *wissen*, welch große Hilfe der Glaube, die Sakramente, das Wort Gottes, Christus selbst bedeuten.

Der Priester ist in all diesen pastoralen Bereichen immer auch mit seinem priesterlichen Dienst erforderlich, weil in gewissen Zusammenhängen nur er in *Persona Christi* handeln kann; so bei der Eucharistiefeier oder bei der Spendung des Bußsakramentes. Der Priester ist der gute Hirte.

Notwendige Voraussetzung für ihre Wirksamkeit bei allen Beteiligten, Priestern und Laien, ist ihr aufrichtiges Bemühen um das Christsein, ihre Verwurzelung in der Kirche und ihre Treue zur kirchlichen Lehre. Nur so können sie das Evangelium so vermitteln, wie es die Kirche vermitteln soll. Die Ausbildung solcher Eheleute und anderer geeigneter Personen, auch der Priester, gehört zu den dringendsten Aufgaben, die wir derzeit haben.

Wahr ist auch: Der Einsatz für die Familie ist, so wie er hier beschrieben wird und gemeint ist, eine Arbeit, die Mut braucht. Da sind die Worte passend, die der heilige Paulus an Timotheus geschrieben hat: *„Darum rufe ich dir ins Gedächtnis: entfache die Gnade Gottes wieder, die dir durch die Auflegung meiner Hände zuteil geworden ist. Denn Gott hat uns nicht einen Geist der Verzagtheit gegeben, sondern den Geist der Kraft, der Liebe und der Besonnenheit."* Und er fügt hinzu, auch das ist wichtig: *„Schäme dich also nicht, dich zu unserem Herrn zu bekennen; schäme dich auch meiner nicht, der ich seinetwegen im Gefängnis bin".*

Paulus hat Timotheus an die empfangene Priester- bzw. Bischofsweihe erinnert; Eheleute würde er an das Ehesakrament erinnern. Der Einsatz, die Treue und Konsequenz lohnen sich! Paulus sagt: „*Gott gibt dazu die Kraft*".

Setzen wir nun die Eucharistiefeier fort. Sagen wir Jesus Dank dafür, dass er uns berufen hat, und bitten wir seine Mutter und den heiligen Josef, sie mögen uns beistehen, damit wir Jesus im Herzen tragen und unsere Aufgaben in Treue wahrnehmen.

Klaus Küng, DDr., Diözesanbischof von St. Pölten, zuvor Diözesanbischof von Feldkirch (1989-2004), in der Österreichischen Bischofskonferenz zuständig für Familie sowie Entfaltung und Schutz des menschlichen Lebens, Vorsitzender der Familienkommission der Österreichischen Bischofskonferenz.

Partnerschafts- und Sexualerziehung

Richard Büchsenmeister

Heute gibt es im Bereich Sexualität in der Gesellschaft kaum mehr Tabus – meint man zumindest. Gleichzeitig erleben wir, dass vielen Paaren gerade in diesem Bereich eine angemessene Sprache fehlt; sie sind buchstäblich sprachlos, wenn es um die konkrete eigene Situation geht.

Was können wir tun? In Salzburg machen wir sehr gute Erfahrungen, indem wir Paare gleichsam auf einem Umweg sensibilisieren: Durch die Hinlenkung ihres Blickes auf die eigenen Kinder und durch konkrete Hilfestellungen für eine gute Sexualerziehung. So gelingt nicht nur die entferntere Ehevorbereitung für die nächste Generation, sondern gleichzeitig erlernen die Eltern dabei auch eine Sprache, um in der eigenen Ehe offener miteinander sprechen zu können.

Die folgenden Überlegungen im Hinblick auf die Ehevorbereitung scheinen zunächst von der Kindererziehung zu handeln. Das liegt daran, dass diese erste Erziehung so grundlegend ist, dass ihr Fehlen später nur schwer nachzuholen ist.

Wie vermitteln wir nun z. B. den Brautpaaren die Wichtigkeit einer ausgewogenen Erziehung zur Liebe? Wie können wir das in unseren unmittelbaren Ehevorbereitungskursen schmackhaft und einleuchtend weitergeben? Wohl nur, indem die Verantwortlichen oder Referenten eines Ehevorbereitungskurses davon erzählen, wie sie ihren Kindern mit Erfolg etwas weitergegeben haben – oder zumindest anregen, sich mit diesem Thema ausführlich auseinander zu setzen.

Hierbei handelt es sich also um keine „Aufklärung" für Brautpaare, sondern um eine Hilfe und Anregung, wie sie es ihren eigenen Kindern weitergeben könnten. Wenn Brautpaare erst einmal erkennen, welch großartiges Geschenk die Sexualität ist – in all ihrer Zerbrechlichkeit und Gefährdung –, dann werden sie offener und neugieriger auf die tatsächlichen Inhalte der katholischen Lehre über Ehe und Familie werden.

Viele zukünftige Ehepaare könnten durch den mutigen Auftritt und eine kluge Begründung, beispielsweise durch die doch so logischen Zusammenhänge der „Theologie des Leibes", in der katholischen Kirche Österreichs auf diese grundlegenden Geheimnisse der Sexualität hingewiesen werden. Diese Paare hätten dann zumindest die Option, sich für diesen Weg zu entscheiden. Niemand kann dazu gezwungen werden, aber wer, wenn nicht wir, wird davon sprechen?

Die Verantwortlichen der Ehevorbereitung in den Diözesen sollten diese Gelegenheit nicht vorübergehen lassen, von Liebe, Sexualität und den Tugenden im Sinne der katholischen Lehre Zeugnis abzulegen. Dazu bedarf es natürlich einer umfassenden und immer wiederkehrenden Bildung, die sich zu *allen* Punkten der katholischen Lehre verpflichtet weiß.

Das sind Lehraussagen, wie sie etwa in den Enzykliken *Humanae vitae* oder *Familiaris consortio* stehen, oder in der *Theologie des Leibes* nach dem Papst Johannes Paul II. zu finden sind. Leider haben die *Mariatroster* oder die Königsteiner Erklärung der österreichischen bzw. deutschen Bischöfe zum Thema der verantwortlich gelebten Elternschaft im deutschsprachigen Raum viel Platz für grundlegende Missverständnisse gelassen.

Wie können nun ganz praktisch die Grundlagen des christlich-katholischen Menschenbildes in der Partnerschafts- und Sexualerziehung an möglichst viele Suchende und Menschen guten Willens vermittelt werden?

Sexualerziehung in der Familie ist eingebettet in Gesamterziehung

a) Grundlagen
Eine wichtige Grundlage der Erziehung in der Familie ist die Einheit und Liebe der Eltern. Die Liebe der Eltern ist Quelle, Seele und Norm der Erziehung[1]. Der Wert der ungetrübten Beziehung zwischen den Eheleuten[2] ist von solcher Bedeutung, das daraus resultierende erzieherische Wirken so entscheidend, dass es dort, wo es fehlt, kaum zu ersetzen ist.[3]

---

1   Vgl. Apostolisches Schreiben: Familiaris consortio (FC) Nr. 36, 1981, Johannes Paul II.

2   Vgl. Menschliche Sexualität – Wahrheit und Bedeutung (MS) Nr. 50, 1996, Päpstlicher Rat für die Familie.

3   FC Nr. 36.

Die Eltern sind die ersten Erzieher. Sie schenken ihren Kindern nicht nur das Leben, sondern haben darüber hinaus auch eine große und schwere Verpflichtung zur Kindererziehung. Daher müssen sie als die ersten und bevorzugten Erzieher ihrer Kinder anerkannt werden. Den Eltern obliegt es, die Familie derart zu einer Heimstätte der Frömmigkeit und Liebe zu Gott und den Menschen zu gestalten, dass die gesamte Erziehung der Kinder davon getragen wird.

So ist die Familie die erste Schule der sozialen Tugenden, die kein sonstiges staatliches oder gesellschaftliches Gebilde ersetzen kann. In der christlichen Familie, die mit der Gnade und dem Auftrag des Ehesakramentes ausgestattet ist, können die Kinder, beginnend mit den ersten Lebensjahren, angeleitet werden, gemäß dem in der Taufe empfangenen Glauben, Gott zu erkennen, zu verehren und den Nächsten zu lieben.

Was eine gesunde menschliche Gemeinschaft, und was die Heilige Kirche ist, erfahren die Kinder zum ersten Mal in einer christlichen Familie; durch sie werden sie auch allmählich in die weltliche Gemeinschaft und in das Volk Gottes eingeführt. Daher sollten die Eltern wohl bedenken, wie entscheidend eine echte christliche Familie für das Leben und das Wachstum des Gottesvolkes ist.

Wenn die Erziehungsaufgabe in erster Linie auch der Familie zufällt, so stehen neben den Rechten der Eltern auch die Rechte und Pflichten des Staates, soweit dieser zu ordnen hat, was das zeitliche Allgemeinwohl erfordert. Zu dessen Aufgaben gehört es, die

Erziehung der Jugend in vielfacher Weise zu fördern, die Pflichten und Rechte der Eltern und all derer, die an der Erziehungsaufgabe teilhaben, zu schützen und ihnen Hilfe zu leisten. Können die Initiativen der Eltern und anderer Gemeinschaften ihre Aufgaben nicht ausreichend ausführen, kommt dem Subsidiaritätsprinzip entsprechend dem Staat die Pflicht zu, die Erziehung in die Hand zu nehmen – allerdings immer unter Beachtung des elterlichen Willens.

Schließlich gehört es zu den Aufgaben der Kirche, eigene Schulen und Institute zu gründen, soweit dies das Allgemeinwohl erfordert. Hier übernimmt die Kirche einen ganz besonderen Erziehungsauftrag, weil sie die Aufgabe hat, allen Menschen den Heilsweg zu verkünden, den Gläubigen das Leben Christi mitzuteilen und ihnen mit unablässiger Sorge zu helfen, dass sie zur Fülle dieses Lebens gelangen können.

Gleichsam als ihre Mutter hat daher die Kirche den Menschen jene Erziehung zu schenken, die ihr ganzes Leben mit dem Geiste Christi erfüllt; zugleich aber bietet sie allen Völkern ihre wirksame Hilfe zur Vervollkommnung der menschlichen Persönlichkeit an, zum Wohl der irdischen Gesellschaft und zum Aufbau einer Welt, die menschlicher gestaltet werden muss.[4]

Ausgesprochen gute Voraussetzungen dafür bieten in der Regel Eltern, die in einer festen Beziehung leben, die durch ein ausdrückliches Versprechen

---

4   Vat. II, Erklärung Gravissimum Educationis: „Über die christliche Erziehung", Nr. 3.

(Ehesakrament, Standesamt) bekundet wurde. Eine freie Entscheidung für ein *Du* und das Versprechen für *alle Tage meines Lebens ... bis der Tod uns scheidet*[5] kann tatsächlich durch gute und böse Tage des Lebens tragen. Einfach gesagt: Je besser die Beziehung der Eltern, desto leichter und wirksamer die Erziehung.

b) Hierarchie der Liebe

An erster Stelle in den zwischenmenschlichen Beziehungen sollte in einer Familie immer der Ehepartner stehen. Die Kinder sind angewiesen auf diese Beziehung, sie leben sozusagen aus der guten Beziehung ihrer Eltern. Erst nach der Beziehung der beiden Ehepartner kommen in der Hierarchie der Liebe die Kinder, denn sie *sind Gäste, die nach dem Weg fragen*[6], aber von der intakten Beziehung ihrer Eltern einhundertfach profitieren.

Notwendig und schön ist es, wenn die Eltern möglichst viel Zeit finden, um mit ihren Kindern zusammen zu sein, sich ihnen im Gespräch und allen Belangen zu widmen. Wichtiger als der Beruf, das eigene Vergnügen oder die gesellschaftliche Stellung sind Kinder als Geschenk und Verpflichtung Gottes.[7]

---

5   Die Feier der Trauung, Verlag F. Pustet, S. 62f.

6   Kinder sind Gäste – ein Elternhandbuch, Irina Prekop, Verlag Kösel, 20. Aufl. 2008.

7   MS Nr. 51.

c) Partnerschaft in schwierigen Situationen

Alleinerziehende schätzen den Wert einer guten Beziehung, gerade weil sie hautnah die schmerzliche Erfahrung der Trennung und den daraus folgenden Mangel erlebt haben. Aus diesem Grund gilt es zu überlegen, welches Vater- oder Mutterbild beide Elternteile ihren Kindern vermitteln.

Nicht alleine der Verlust eines Elternteils macht die Wunde im Herzen eines Kindes so schmerzlich, sondern auch das Bild, das dem Kind in der relativ kurzen Zeit der Erziehung für sein ganzes Leben eingezeichnet wird. Viele positive Beispiele könnte ich dazu aus dem eigenen Bekanntenkreis berichten, wo die gut verarbeiteten Folgen einer Trennung oder Scheidung sich zum Wohl der Kinder ausgewirkt haben. Schließlich hat doch jedes Kind ein Recht auf einen Vater und eine Mutter, zumindest auf ein positives Bild von beiden, trotz vieler Verletzungen.

d) Der Beitrag der Eltern zu einer Atmosphäre der Liebe in der Familie

Der gute Umgang miteinander in einer Familie ist kein einfaches Feld. Der eine sendet bewusst oder unbewusst Signale, die beim anderen oft verletzend ankommen. Hier in der Reaktion nicht immer auf die Gefühle zu hören, sondern auf die Vernunft, hat schon vielen geholfen, negative Dynamiken zu durchbrechen. So entstand oftmals eine neue, schönere Atmosphäre in der Familie.

* Yuriy
   Kolasa, P. Liz., Protosyncellus, Generalvikar für die Gläubigen des byzantinischen Ritus in Österreich, Dozent am ITI in Trumau.

Ein guter Umgang miteinander in einer Familie bedeutet nicht, dass es dort keine Probleme mehr gibt; vielmehr deutet dies auf eine harte Arbeit im Miteinander hin. Dabei kann sicher auch eine Hilfe sein, die großen Dinge nicht aus den Augen zu verlieren und die kleinen nicht allzu wichtig zu nehmen. Oder – und das steht mit dem Vorhergesagten nicht im Widerspruch – die kleinen Dinge so gut zu machen, dass man der großen würdig wird. Ganz praktisch drückt sich der gute Umgang darin aus, wie wir über- und miteinander sprechen. All das kann nicht an einem Tag gelernt werden, es ist Aufgabe für das ganze Leben.

Wer oder was wird als Miterzieher von den Eltern zugelassen? In der heutigen Medienlandschaft, wo Internet oder Fernsehen zu Miterziehern werden, eine ganz wichtige Frage. Wird der Fernseher aus Bequemlichkeit als Kindermädchen eingesetzt? Zwar können verschiedene Medien wie Bücher oder Videos bei klugem und gezieltem Einsatz als Miterzieher eine große Hilfe in der Erziehung sein, leider werden sie aber oftmals bei ungeordneter Verwendung schleichend zu großen Feinden der Eltern.

Durch zu frühem und unkontrolliertem Konsum von Filmen, Fernsehen und Internet können Kinder vielleicht nicht mehr die Realität von der virtuellen Scheinwelt unterscheiden. Gewalt, Sexualität und die allzu schnelle Abfolge von Bildern und Eindrücken wird von kleinen Kindern nur schlecht bis falsch verarbeitet. Die Folgen daraus kennen wir zur Genüge. Ein Grazer Kinderpsychiater kritisiert die negativen Folgen übermäßigen Fernsehkonsums in seinem Buch

die „Beta-Kinder" wie folgt: *Die Gesetzmäßigkeiten,
die die Kinder in der „Beta-Welt" des Fernsehens lernen,
können sie nicht auf die Alpha-Welt unserer Wirklichkeit
übertragen.*[8]

All diese Erzieher, die wir bewusst oder unbewusst
in unser Haus lassen, üben Einfluss auf unsere Kinder
aus und beeinflussen das Klima und die Atmosphäre
unserer Familien. In dieser Konkurrenzsituation ist
die positive Sicht der eigenen Familie ein wesentlicher
Faktor. Was ist erfrischender als eine Familie mit ge-
sundem Selbstverständnis? Einem stolzen „Wir sind
wir!" kann wohl niemand etwas entgegensetzen. Es
führt im Gegenteil zu einer Dynamik, die die eigene
Familie als etwas Schönes erleben lässt, was dann
auch in der Erinnerung bleibt.

Warum sollten Eltern die Erziehung zur Liebe lieber selbst machen?

a) Ziel der Erziehung
Das wichtigste Ziel der Erziehung muss darin bestehen, die Kinder zu einer tragfähigen Liebesfähigkeit
zu führen. Lieben heißt, wie Henri Caffarel gesagt
hat, sein eigenes Glück darin zu finden, das Glück

---

8 Das Beta-Kind, Michael Millner, Verlag Huber, Bern 2002.

des anderen zu suchen.[9] Anders gesagt: Die wahre Selbstverwirklichung geschieht durch die Hingabe des Lebens an eine Person oder Sache.[10]

Wer erfahren hat, wie wichtig er ist, wird sich wahrscheinlich leichter tun, sich selbst nicht allzu wichtig zu nehmen. Kinder lernen zuerst in der Familie, von sich wegzuschauen. Sie erleben, dass es Freude bereitet, zu teilen oder anderen Menschen Aufmerksamkeiten zu bereiten und auch selbst zu erhalten. Das macht Freude ohne schlechten Nachgeschmack.

Bevor all dieses „Miteinander-Teilen" geschieht, bedarf es der Hinführung, Ermunterung und Ausführung einiger Mühen. Diese Erfahrungen sollten niemandem vorenthalten werden. Sie dienen ungemein dem Prozess der Persönlichkeitsreifung. Dabei hilft es den Kindern und natürlich uns allen, die Höflichkeitsformen zu kennen – ein guter Rahmen für die aufrichtige Liebe zum Nächsten.

Dieser Rahmen der Höflichkeitsformen ist sozusagen die Sprache der Wertschätzung, der Liebe, die wir dem Nächsten zeigen. Diese Sprache wird in der Regel auch von anderen verstanden. Diese Sprache nicht oder nur schlecht gelernt zu haben, hat viele Auswirkungen, die auf Miss- oder Unverständnis stoßen können. Wer will schon nicht verstanden werden, wenn es um die Liebe oder später um die Liebe zwischen den Geschlechtern geht?

---

[9] An Scheidewegen der Liebe, Henri Caffarel, Johannes Verlag, 1981.

[10] Nach Viktor Frankl.

Auf diese Weise lernen Kinder, im Alltag der Familie all das Schöne der Welt wahrzunehmen und zu genießen. In der Natur, in der Musik, in der Literatur, ohne schlechtes Gewissen mit dem eigenen Taschengeld Süßes zu kaufen, sich die Zeit zu nehmen, um ein gutes Buch zu lesen. Sie lernen, Lob anzunehmen und sich darüber zu freuen; sie lernen, wer man ist und was man kann. Jedes Kind muss um seinen eigenen Wert wissen und Mittel und Wege kennen, um diesen zu verteidigen.

b) Tugend der Keuschheit (Reinheit)
Diese bisher besprochenen Bereiche im Miteinander der Familie sind kaum zu trennen, ja, sie stehen in unmittelbarem Zusammenhang mit den Tugenden, die im Bereich der Sexualität gelebt werden wollen: *Die Tugend der Keuschheit, die in der Mäßigung enthalten ist – eine der Kardinaltugenden – ... wird nicht als Einschränkung verstanden, sondern im Gegenteil als das Sichtbarmachen und zugleich das Bewahren eines kostbaren und reichen Geschenks, der Liebe, die man empfangen hat im Hinblick auf die Selbsthingabe.*[11]

Die Keuschheit ist demnach jene *geistige Kraft, die die Liebe gegen die Gefahren von Egoismus und Aggressivität zu schützen und zu ihrer vollen Entfaltung zu führen versteht.*[12] Vermitteln wir also auch den Kindern, dass die Geschlechtlichkeit ein Geschenk Gottes ist, weswegen der verantwortungsbewusste Umgang in

---

[11] MS Nr. 4.

[12] MS Nr. 4 bzw. vgl. FC Nr. 33.

der eigenen Lebenssituation möglich ist und Freude bringt.[13]

Besonders für den Bereich der Aufklärung gilt, dass die Kirche immer daran festgehalten hat, dass die Eltern das Recht und die Pflicht haben, die ersten und eigentlichen Erzieher ihrer Kinder zu sein.[14] Auch wenn die Sexualität nicht das wichtigste Thema im Leben eines Menschen darstellt, werden die Eltern darüber sprechen müssen. Auf jeden Fall ist dieses Thema derzeit die Nummer eins in der Gesellschaft – schon ab dem Zeitpunkt, an dem wir unsere Kinder in fremde Betreuung geben, also meistens ab dem Kindergartenalter, auf jeden Fall aber ab der Einschulung. Wenn Eltern nicht lernen, mit ihren Kindern über dieses Thema rechtzeitig zu sprechen, werden es andere für sie tun. Das kann manchmal gut gehen, aber in vielen Fällen wird es nicht unserer Wertvorstellung entsprechen.

Daher sollten Kinder und Jugendliche über die Würde, die Aufgaben und den Vollzug der ehelichen Liebe am besten im Kreis der Familie rechtzeitig in geeigneter Weise unterrichtet werden, damit sie, an keusche Zucht gewöhnt, im entsprechenden Alter nach einer sauberen Brautzeit in die Ehe eintreten können.[15]

---

13 MS Nr. 73.

14 MS Nr. 5.

15 Vat. II, Pastorale Konstitution: Gaudium et spes (GS) Nr. 49 od. Katechismus der katholischen Kirche (KKK) Nr. 1632.

Speziell im Rahmen der Familie und einer ganzheitlich orientierten Erziehung zu den menschlichen und christlichen Werten wird es den Eltern durch geeignete eigene Bildung immer besser gelingen, ihre Kinder auch in diesem Sinne zu prägen und sie davon zu überzeugen, die voreheliche und später die eheliche Keuschheit gelungen in ihre Persönlichkeit integriert zu leben.

c) Wie kann die *Erziehung zur Liebe* konkret aussehen? Grundsätzlich ist für die *Erziehung zur Liebe* nie zu spät. Viel einfacher ist es jedoch, möglichst früh damit zu beginnen. Je älter die Kinder werden, umso mehr Geschicklichkeit, Einfühlsamkeit und fundierte Bildung werden Eltern aufbringen müssen, um den in diesem Bereich sehr sensiblen Heranwachsenden gute Hilfe leisten zu können.

Gespräche können am Familientisch, bei den Mahlzeiten geführt werden. Natürlich ist jede Gelegenheit willkommen, wenn die immer größer werdenden Kinder einmal die Bereitschaft zeigen, über „gewisse Themen" zu sprechen. Ein gemeinsam gelesenes Buch oder ein gemeinsam geschauter Film haben schon oft geholfen, ins Gespräch zu kommen. Oder auch schulische Veranstaltungen zum Thema Sexualität.

Je früher Eltern beginnen, mit ihren Kindern über Sexualität zu sprechen, desto eher besteht die Wahrscheinlichkeit, dass dieses Gespräch auch in der Pubertät und darüber hinaus nicht abreißt. Irmgard Hagspiel, einst in Vorarlberg beauftragt, zum Thema Sexualität an öffentlichen Schulen zu lehren, sagte sinngemäß: *Besser ein Jahr zu früh als eine Sekunde zu spät.*

Grundsätzlich kann man davon ausgehen, dass Kinder besonders im Alter von fünf bis sieben Jahren an diesen Themen interessiert sind. Wenn in der Familie, der Verwandt- oder Bekanntschaft eine Geburt bevorsteht, vielleicht auch schon früher.

d) Hilfreiche Anstöße in Ehevorbereitungsseminaren
Wenn ein Referentenpaar in einem Ehevorbereitungsseminar konkret darüber spricht, wie sie von der Liebe erzählen, dann kann das sehr hilfreich für die teilnehmenden Paare sein. Dabei könnten Fragen helfen wie:
Wann und wie fange ich mit der Aufklärung an? Welche Gelegenheit für ein gutes Gespräch könnte genutzt werden? Wie kann konkret auf Fragen geantwortet werden? Wo erwerben wir unsere Kompetenz? Ab wann kann man mit Kindern über diese Dinge sprechen? Ist das nicht peinlich? Wie können wir auf körperliche Veränderungen unserer Kinder eingehen? Wie kann man Männer in Erziehung einbeziehen? Welche Liebessprachen sprechen unsere Kinder und wie finden wir diese Sprache unserer Jugendlichen? Wo holen sich Erzieher Argumente? Welche Immunsysteme für uns und unsere Kinder gibt es und wie können sie gefördert werden? Haben unsere Jugendlichen Freunde?

Bei aller Mühe und Professionalität, die Eltern, Erzieher und Personen in der Ehevorbereitung an den Tag legen, darf zur Entlastung darauf hingewiesen werden, dass wir immer mit unserer eigenen Macht-

losigkeit und den eigenen Grenzen unserer Möglichkeiten zu kämpfen haben werden. Jeder Mensch, auch
unsere Kinder, ist letztlich frei in seiner Entscheidung.
Wer jedoch meint, aus Rücksicht vor der Freiheit nicht
erziehen zu wollen, erzieht allerdings zur Beliebigkeit.

Gediegene und auf dem christlichen Menschen-
bild basierende Aus- und Weiterbildung aller Eltern
und Verantwortlichen in Erziehung und Ehevorbereitung, gepaart mit viel Geduld und Liebe, ist wohl
der Schlüssel zu einer gelungenen Pädagogik, die mit
größerer Wahrscheinlichkeit ans Ziel führen wird: Kinder so zu prägen, dass sie mit großer Liebesfähigkeit,
selbstbewusst und doch zur Hingabe fähig, reif für
tragfähige und auf Dauer angelegte Partnerschaften
ausgestattet sind, das ist eine der schönsten Aufgaben
auf dieser Erde.

*Richard Büchsenmeister ist Bereichsleiter der diözesanen Ehevor-
bereitung am Referat für Ehe und Familie der Erzdiözese Salzburg,
verheiratet seit 1992, 11 Kinder.*

Fazit aus sieben Jahren Heiratsvermittlung kathTreff.org

Gudrun Kugler

Den *einen Richtigen* gibt es nicht! Man muss sich lediglich für *einen* richtig entscheiden! Im Folgenden möchte ich zu dieser Behauptung die zwei mal vier wichtigsten Entscheidungskriterien aus dem Buch *Niemand ist eine Insel* (Pattloch 2012) auf Basis der Gedanken des Buch von Pater Tilmann Beller *Hat Gott auch einen Plan für mich?* (Kairos Publications 2009) nennen.

In unserer katholischen Partnervermittlung *kathTreff* haben wir dazu vier große Testfragen entwickelt, ob jemand zu einer Partnerschaft tatsächlich bereit ist:

1) Gereifte Identität

Habe ich/hat er schon eine gereifte Identität? Ist er ein *Mann* oder noch ein *Junge*? Ein Junge spielt, ein Mann übernimmt Verantwortung. Ist sie ein *Mädchen* oder eine *Frau*? Ein Mädchen will beeindrucken. Sie freut sich über neidische Blicke und möchte sich überlegen fühlen. Eine Frau ist ein Beziehungswesen, das den Triumph der Überlegenheit nicht mehr braucht. Sie hat ihren Sinn im *Sein* gefunden.

2) Geformter Charakter

Habe ich/hat er einen guten Charakter? Um mit einem anderen Menschen glücklich „alt zu werden", ist es wichtig, dass er einen guten Charakter hat. Dies lässt sich nicht mit einem Blick feststellen. In einer Längsschnittbetrachtung würde man sich folgende Fragen stellen:

Steht er/sie auf eigenen Beinen? Hat er/sie sein/ihr Leben in Ordnung gebracht? Wie geht er/sie mit anderen Menschen um? Wie geht er mit Konflikten, Krisen oder Scheitern um? Hat er/sie Freude an seinem Beruf?

3) Bereit für einen anderen sein, das Motiv der Liebe

Bin ich/ist er partnerschaftsfähig? Partnerschaftsfähig ist man, wenn man sich selbst mag, und wenn man sich selbst nicht mehr als das Allerwichtigste ansieht.

Warum will ich/er diese Beziehung? Geht es um den anderen oder um eine seiner Eigenschaften wie z. B. sein/ihr Aussehen, den gesellschaftlichen Status, das finanzielle Vermögen? Will ich durch diese Beziehung von Problemen ablenken? Will ich einfach nicht alleine sein? Geht es mir zuerst darum, dass sich jemand um mich kümmert? Möchte ich diese Beziehung selbst – oder erwartet sie jemand anderes von mir? „Passen wir zusammen?"

Bei *kathTreff* haben wir vier große Kriterien entwickelt:

Kriterium 1: Vom anderen berührt sein.

Stehe ich staunend vor seiner/ihrer Größe? Oder meine ich lediglich: *„Aus dem könnte man etwas machen"*? Staunend vor der Größe des anderen zu stehen greift tiefer als Bewunderung und Respekt. Wenn ich staunend vor der Größe des anderen stehe, hat er mich in der Tiefe meines Herzens berührt und dort ein Staunen entfacht, aus dem die Liebe fließt.

Kriterium 2: Miteinander reden können.
Können wir miteinander reden? Nehmen wir die Wirklichkeit auf ähnliche Weise wahr? Wenn wir einander etwas erzählen, wissen wir rasch, was der andere meint? Verstehen wir uns schnell in einem ernsten Gespräch? Finden wir ähnliche Dinge gut? Finden wir dieselben Kinofilme toll? Können wir miteinander lachen? Können wir miteinander streiten und uns wieder versöhnen?

Kriterium 3: Gütig und liebevoll miteinander umgehen.
Reagiert er/sie gütig auf meine Schwächen und kann ich mich an seiner/ihrer Hand verbessern? Es gibt Männer und Frauen, die über ihre Partner triumphieren, wenn diese etwas falsch machen: Sie fühlen sich dann selbst ihrem „mickrigen" Partner gegenüber begehrenswerter und sich dessen Hingabe sicherer. Das macht das Privatleben zu einem Wettbewerb, der uns unter Druck setzt, anstatt uns hilft, zu wachsen.

Kriterium 4: Gemeinsame Interessen, Werte und Einstellungen haben.
Passen unsere Lebensentwürfe zueinander? Teilen wir Werte, Visionen und Einstellungen? Wer Hand in Hand geht, sollte in die gleiche Richtung gehen. Ebenso, wer an einem Strang zieht. Wie gestalten

wir unsere Freizeit und unsere Feste? Wie verbringen wir unsere Urlaube, wie oft sehen wir Freunde oder Verwandte? Wofür leben wir?

Es ist gut, wenn die Dinge, *„für die man ein König-reich geben würde"*, die gleichen sind. Denn das *König-reich* ist nach der Hochzeit ein gemeinsames. Und wer nicht gern bei jeder Witterung eine Runde im Park dreht, der sollte sich keinen Bernhardiner zulegen.

www.kathTreff.org ist eine katholische Heiratsbörse im Internet. Die Gründerin Dr. Gudrun Kugler veröffentlichte ihre gesam-melten Erfahrungen aus sieben Jahren Heiratsvermittlung in dem Buch „Niemand ist eine Insel. Wie man den Partner fürs Leben findet" (Pattloch, 2012). Die Autorin arbeitet als Rechtsanwältin in Wien und engagiert sich in der Lebensrechtsbewegung sowie auf europäischer Ebene gegen soziale Diskriminierung und Verfolgung aufgrund des christlichen Glaubens.

Wir trauen uns mit Recht

Michaela Harrer und Barbara Petsch

Wir berichten über ein erfolgreiches Projekt des Katholischen Familienverbandes, unterstützt vom Bundesministerium für Gesundheit, Familie und Jugend, das zum Gelingen von Ehe und Beziehungen beitragen möchte. An einem Abend dieses Projektes informieren Juristen mit Mediatorenausbildung die Brautleute über die wichtigsten Inhalte des staatlichen Eherechts. Sie sprechen über Wissenswertes zu Treuepflicht, Vermögen, Haushaltsführung, Heiratsgut, Erbrecht, Beistandspflicht, Unterhalt und Obsorge für die Kinder, über Wichtiges zur Sozialversicherung.

Auf der *psychosozialen Ebene* sprechen diplomierte Ehe-, Familien- und Lebensberater Fragen zur Beziehungsgestaltung an. Themen sind: Kommunikation, Gelingen von Gesprächen, Umgang mit Konflikten, Strategien zur Konfliktlösung, das Spannungsfeld zwischen Paar- und Elternebene, der Umgang mit Intimität, die Balance zwischen Nähe und Distanz sowie der Umgang mit der Herkunftsfamilie.

Als *„erfolgreiche Investition in das Gelingen von Ehe und Familie"* – so versteht der Katholische Familienverband die Rechtsinformation vor der Eheschließung nach dem Motto: Rechtzeitige Information statt Scheidung. Der *Scheidungsprävention* kommt somit im Rahmen dieser Ehevorbereitung besondere Bedeutung zu. Zu diesem Zweck wird an diesen Abenden

auch immer auf bestehende Ehe- und Beziehungs-
beratungsangebote hingewiesen und die Brautleute
werden ermutigt, im Fall von auftretenden Problemen
rechtzeitig davon Gebrauch zu machen.

Wir sind seit Beginn bei diesem Projekt dabei
und sehen immer wieder, wie wenig die Paare, die
kurz vor der Eheschließung stehen, über die Ehe
informiert sind, wie wenig sie von und über den so
weitreichenden Vertrag *Ehe* wissen. Die Basis für eine
gelungene Ehe ist aus unserer Sicht und beruflicher
Erfahrung auch ein gutes Wissen um den Ehevertrag,
unter den ich mein persönliches JA, in Form meiner
Unterschrift, setze. Die Ehe ist ja beides: ein Zusam-
menspiel von Gefühlen und rationalen Überlegungen
in einem Vertrag.

Als Juristin ist es mir sehr wichtig, ausdrücklich
darauf hinzuweisen und hervorzuheben, dass die
Ehe ein Vertrag – also juristisch gesehen, ein Rechts-
geschäft – ist, der durch inhaltlich übereinstimmen-
de, aufeinander abgegebene Willenserklärungen zu
Stande kommt. Die vollen Rechte und Pflichten werden nur in der Ehe und in keiner anderen Form des
Zusammenlebens in diesem Maß entfaltet. Gerade
deswegen ist es gut und wichtig, sich auch über die
Vertragsbedingungen zu informieren.

Wir haben die Erfahrung gemacht, dass ein nicht
unwesentlicher Punkt des Abends darin besteht, den
zukünftigen Ehepaaren auf neutralem Boden die Möglichkeit zu geben, auch Tabuthemen anzusprechen.
Wir setzen nicht nur theoretische Impulse sondern
geben auch den Rahmen vor, um einzelne Fragen

konkret zu beantworten und auf spezielle Bedürfnisse einzugehen.

In der kurzen Zeit unserer Abende entsteht erstaunlich schnell eine große Intensität. Einerseits durch das Kennenlernen anderer in gleicher oder ähnlicher Lebensphase und andererseits in einem offenen, wertschätzenden und neugierigen Umgang mit Fragestellungen sowie Unsicherheiten über alles, was die Ehe betrifft.

Unser Ziel besteht darin, den Paaren Folgendes zu vermitteln: „Befürchtungen und Ängste, Sorgen und Unbehagen dürfen und sollen wir ernst nehmen und unsere Liebe wird sich durch gute und konstruktive Gespräche darüber erst vertiefen. Es ist ein Zeichen von Reife und Verantwortung, auch über unromantische Inhalte zu reden und sich gemeinsam oder alleine Gedanken zu machen."

Da wir beide in der Gerichtsberatung bei den Bezirksgerichten im Rahmen des Amtstages tätig sind, müssen wir immer wieder erkennen, dass viele Menschen erst anlässlich einer Scheidung/Trennung über ihre Rechte und Pflichten Kenntnisse erlangen (müssen). Das finden wir sehr schade und würden uns wünschen, dass die Prävention durch Information bei jedweder Form der Ehevorbereitung in den Vordergrund gerückt wird.

Barbara Petsch, Mag. iur., verheiratet, 3 Kinder, Juristin, eingetragene Mediatorin nach dem Zivilrechtsmediationsgesetz, Familien-Coach, Finanz-Coach, Besuchsbegleiterin und zertifizierte Koordinatorin von Familienräten.

Michaela Harrer, verheiratet, 4 Kinder, Dipl. Ehe- und Familien-, Lebens- und Sozialberaterin, eingetragene Mediatorin nach dem Zivilrechtsmediationsgesetz, Finanz-Coach, Erwachsenenbildner-in, Trainerin, Systemische Kinder- und Jugendberaterin.

Natürliche Familien-planung nfp/sensiplan® in der Ehevorbereitung

Silvia Zamecnik

D ie Repräsentativbefragung zum *Verhütungsverhal-ten Erwachsener* der Bundeszentrale für gesund-heitliche Aufklärung in Deutschland von 2011 kommt beispielsweise zu folgenden Ergebnissen:

> *„Rund drei Viertel der sexuell aktiven Bevölkerung [...] wenden aktuell Verhütungsmittel an. [...] Das Ver-hütungsmittel der ersten Wahl ist die Pille (53%), gefolgt vom Kondom (37%)."*[1]

Temperatur- und Kalendermethode *„werden dem-gegenüber nur von kleinen Minderheiten eingesetzt, [...] Schleimbeobachtung [...] von keinem einzigen Befragten [...] genannt."*[2] Die symptothermalen Methoden werden in dieser Aufstellung nicht ausgewiesen.

Was ist nfp? Die Welt-Gesundheits-Organisation (who) definiert *Natürliche Familienplanung* (nfp) als jene Methode, die ohne Verwendung chemischer oder mechanischer Verhütungsmittel, aufgrund physiologi-

---

1   Bundeszentrale für gesundheitliche Aufklärung (BZgA), Verhü-tungsverhalten Erwachsener. Ergebnisse der Repräsentativbefragung 2011, 1.

2   Verhütungsverhalten Erwachsener, BZgA 2011, 13.

scher Gesetzmäßigkeiten, die Beobachtung des weiblichen Zyklus und so die Familiengröße planen hilft.

Unter dem „Dachbegriff" der *Natürlichen Familienplanung* werden rund 20 verschiedene Formen von NFP zusammengefasst. Gemeinsam ist ihnen allen die Feststellung bzw. Bestimmung des so genannten *fertilen Fensters* und *„dass sie nicht in den Zyklus eingreifen"*[3].

Eine wegen der mangelnden Zuverlässigkeit heute kaum noch angewandte, aber häufig zitierte Form ist die der Ärzte und Wissenschaftler *Knaus und Ogino*. Vor etwa hundert Jahren haben sie den Zusammenhang zwischen Eisprung und der darauffolgenden Menstruationsblutung entdeckt. Daraus haben Knaus und Ogino unabhängig voneinander ein „Rechenrad" konzipiert, mit dem die fruchtbare Zeit eingegrenzt werden sollte. Dieses Wissen wird heute noch in Form von *Geburtenkontrollketten* der Wiener Gynäkologin Dr. Maria Hengstberger und der amerikanischen *Standard Days Method* (SDM) angewandt.

Daneben gibt es Formen der Natürlichen Familienplanung, die sich auf ein Symptom im Zyklusgeschehen konzentrieren. Dazu zählen die Temperatur-Methode z. B. nach Prof. Gerd *Döring*, die in Temperaturcomputern ihren Niederschlag findet, sowie die *Billings-Ovulationsmethode* (OM) und das von ihr abgeleitete *Creighton-Modell* (NaProTechnologie), die sich auf die Zervixschleimbeobachtung konzentrieren.

---

3   Raith-Paula E., Frank-Herrmann P., Freundl G., Strowitzki Th. (Hrsg.), Natürliche Familienplanung heute. Modernes Zykluswissen für Beratung und Anwendung, Heidelberg 4. Auflage, 2008, 1.

Seit kurzem gibt es die Möglichkeit, die für den Eisprung wesentlichen Hormone mittels Teststreifen nachzuweisen und in Kombination mit dem im Gerät zu Grunde gelegten Kalender die fruchtbare Zeit festzustellen. Dieses Gerät wird vom Hersteller vor allem bei einem Kinderwunsch empfohlen.

Als symptothermale Methoden (STM) werden die Formen der Natürlichen Familienplanung bezeichnet, die zwei oder mehrere Körperzeichen kombinieren, also auf dem Prinzip des *„double-check"* beruhen. Wenn nur ein Parameter beobachtet wird, sind sehr strenge Regeln notwendig. Durch die Absicherung der Temperaturauswertung durch weitere Symptome steigt auch die *„subjektive Sicherheit und Zufriedenheit der Anwenderinnen"*.[4]

Als erster hat der österreichische Arzt Dr. Josef *Rötzer* 1965 diese Pionierleistung erbracht. Das von ihm gegründete Institut setzt seine Arbeit und sein Engagement für die Natürliche Empfängnisregelung (NER) bis heute fort. Neben NER ist in Österreich die Natürliche Familienplanung nach *sensiplan®* vertreten.

1981 wurde auf Beschluss der Herbstvollversammlung der Deutschen Bischofskonferenz eine Arbeitsgruppe gegründet, die sich *„mit medizinischen, psychologischen und pädagogischen Fragen"*[5] rund um

---

4 Frank-Herrmann P., Natürliche Familienplanung, sensiplan® – eine moderne, zuverlässige Methode. In: Der Gynäkologe 1 2011, 17-22.

5 MW Malteser Werke gemeinnützige GmbH (Hrsg.), Arbeitsgruppe NFP 1981 bis 2011, 30 Jahre NFP Arbeit in Deutschland, Köln 2012, 3.

Familienplanung wissenschaftlich beschäftigen sollte. Dieses Modellprojekt wurde vom damaligen deutschen Bundesministerium für Jugend, Familie, Frauen und Gesundheit gefördert.

Da die universitär-wissenschaftliche Verankerung der NFP für das Gespräch mit Gynäkologinnen und Gynäkologen eine wichtige Voraussetzung ist, entschloss sich Dr. Romana *Widhalm* zu einer Zusammenarbeit des Fachbereiches NFP am Institut für Ehe und Familie (IEF) mit der Arbeitsgruppe NFP in Deutschland. Diese begann mit Erfahrungsaustausch und entwickelte sich zu einer immer engeren Zusammenarbeit bis hin zur gemeinsamen Trademark von *sensiplan®* im Jahr 2010.

sensiplan® greift auf eine von unabhängigen Wissenschaftlern begleitete Zyklusdatenbank mit mehr als 40.000 Zyklen zurück, die die Basis für breit angelegte Studien zum Zyklusverhalten der Frau darstellte. Das Institut für Ehe und Familie (IEF) nahm Mitte der 1980er Jahre an einer internationalen Studie im Rahmen dieser Zyklusdatenbank teil.

Die Vorteile der Natürlichen Familienplanung

Unter der Voraussetzung, dass ein Paar das Regelwerk korrekt anwendet und Enthaltsamkeit in der fruchtbaren Zeit lebt, kann mit einer symptothermalen Methode in Abhängigkeit vom Regelwerk eine mit der Pille vergleichbare Sicherheit erreicht werden. Dies konnte für *sensiplan®* wissenschaftlich nachgewiesen werden.

Die Vorteile der symptothermalen Methoden liegen auf der Hand, denn sie können sowohl zur Erfüllung des Kinderwunsches als auch zur Vermeidung einer Schwangerschaft angewendet werden.

Durch die tägliche Beobachtung erweitert sich auch das Bewusstsein um die eigene Fruchtbarkeit. *Fertility Awareness* stärkt das eigene Körperbewusstsein und lässt Frauen das Geschehen in ihrem Zyklus sehr individuell erleben.

Durch die doppelte Kontrolle steigen das Selbstvertrauen und die Zuversicht der Frauen. Dadurch wenden diese das in der Beratung erworbene Wissen selbstbewusster an und die Selbstbeobachtung fällt leichter.

Symptothermale Methoden erfordern die Beobachtung und Aufzeichnung der körperlichen Veränderungen im Laufe eines Zyklus, beispielsweise des Zervixschleims und der Basaltemperatur, wodurch Frauen und Mädchen sich selbst und ihren Zyklus besser kennen lernen.

Neben der Temperaturmessung und der Beurteilung des Zervixschleims können Muttermundbeobachtung, Mittelschmerz und Brustsymptom zur Feststellung der fruchtbaren Zeiten bzw. des fertilen Fensters herangezogen werden. Vor allem bei einem Kinderwunsch hat sich das als sehr hilfreich erwiesen.

Mit dem Wissen um die fruchtbaren und hochfruchtbaren Tage ist es einem Paar möglich, seinen Kinderwunsch schneller zu verwirklichen. Zudem erhält das Paar hilfreiche Hinweise, wenn sich der Kinderwunsch nicht sofort erfüllt. Viele Paare berichten, dass dieses Wissen die Offenheit für Kinder fördert.

Durch Einbeziehung des Mannes wird die Natürliche Familienplanung zu einem partnerschaftlichen Weg, der die Beziehung stärken kann. Das Paar wird durch die regelmäßige Beschäftigung mit der aktuellen Zyklusphase seine gute Kommunikation fördern und weiter ausbauen. Im Dialog können gegenseitiges Vertrauen und Respekt wachsen.

Für katholische Christen ist es besonders wichtig, dass *sensiplan*® und NER die Paare unterstützt, die gemäß der Lehre der Kirche leben wollen. Sollten Gründe für eine momentane Vermeidung einer Schwangerschaft bestehen, kann das Paar die unfruchtbare Zeit nutzen, ohne mit dem Gewissen in Konflikt zu kommen.

Studien haben gezeigt, dass durch diese Enthaltsamkeit ein sehr hohes Maß an Sicherheit erreicht wird. Dadurch gewinnt die Natürliche Familienplanung Anerkennung bei Ärzten und in der Medizin. Oft suchen junge oder stillende Frauen nach einer gesunden, nebenwirkungsfreien und nichtinvasiven Familienplanung.

Für besondere Situationen im Leben der Frau wie z. B. Stillzeit oder Wechseljahre, gibt es eigene Regeln. Die Anwendung ist ebenso sicher auch bei unregelmäßigen Zyklen möglich.

Nicht zuletzt zählen zu den Vorteilen der symptothermalen Methoden die niedrigen Kosten.

Der Zyklusablauf

Der Zyklus einer Frau beginnt mit dem 1. Tag der Menstruation. Ab diesem Zeitpunkt fördert das follikelstimulierende Hormon (FSH) das Wachstum der Eibläschen im Eierstock. Während im Inneren des Eibläschens die Eizelle heranreift, produziert die Hülle Östrogene. Diese bauen die Gebärmutterschleimhaut auf, regen die Zervixdrüsen (Krypten) zur Sekretion an und bewirken die Öffnung und das Weichwerden des Muttermundes. Dies zeigt der Frau, dass sie sich in der fruchtbaren Phase ihres Zyklus befindet. Allerdings kann die Dauer der fruchtbaren Zeit nicht vorhergesehen werden, da sie sich im Laufe eines Frauenlebens ändert.

Wenn genügend Östrogene vorhanden sind, wird durch eine Rückkopplung mit der Hirnanhangdrüse das lutheinisierende Hormon (LH) ausgeschüttet und der Eisprung ausgelöst, was mit Hormontests nachgewiesen werden kann.

Die zweite Zyklushälfte wird durch den Gelbkörper und dessen Hormon Progesteron bestimmt. Der Zervixschleim dickt ein und der Muttermund schließt sich. Während die Gebärmutterschleimhaut ausgebaut wird, steigt die Körpertemperatur in einem definierten Rahmen an. Anhand eines Regelwerks kann die Frau feststellen, dass sie sich in der unfruchtbaren Zeit befindet.

In den „Standards der Ehevorbereitung", die 2008 durch die Österreichische Bischofskonferenz approbiert und veröffentlicht wurden, werden in den Punkten 14 bis 17 die Themen Sexualität, verantwortete Elternschaft, Empfängnisverhütung und umfassender Schutz des Lebens behandelt.

Bedeutung und Wesen der Sexualität zwischen Eheleuten beschreiben die Autoren im Punkt 14. Dort ist von einer „Kultur der Liebe" die Rede, die durch „Einfühlungsvermögen und Selbstbeherrschung, Zärtlichkeit und gegenseitige Achtung" gekennzeichnet ist. Dieser verantwortungsvolle Umgang miteinander wird durch den in unter Punkt 15 angesprochenen Weg der Natürlichen Familienplanung eingeübt. Die österreichischen Bischöfe lehnen jede Art von Verhütung in Punkt Nr. 16 ab.

Umsetzung der kirchlichen Standards mithilfe von NFP

Im Gegensatz zu allen Verhütungsmitteln respektiert *sensiplan®* den natürlichen Zyklus der Frau. So müssen keine Manipulationen am Körper der Frau mehr vorgenommen werden, um eine Schwangerschaft zu vermeiden.

Der Wechsel zum Kinderwunsch ist leicht möglich. Das Eintreten einer Schwangerschaft kann das Paar sofort in den Zyklusaufzeichnungen erkennen und das ungeborene Leben im Mutterleib schützen.

Im Sinne einer umfassenden Vorbereitung auf die Ehe und einer guten Begleitung der Ehepaare ist es sinnvoll, möglichst viele Jugendliche, Brautpaare und junge Familien mit den Vorteilen der Natürlichen

Familienplanung und den Chancen, die dadurch den Paaren eröffnet werden, bekannt zu machen.

Das Ehevorbereitungsseminar ist eine wichtige Gelegenheit, mit jungen Paaren in Kontakt zu treten und Fragen der Familienplanung zu besprechen. Zu den Schwierigkeiten, die in der Praxis bestehen können, zählt der Umstand, dass die Zeit in einem Tagesseminar knapp bemessen ist und für viele Brautpaare die unmittelbar bevorstehende Hochzeit im Vordergrund steht. Zudem sind manche Referenten in der Thematik nicht ausreichend verankert, um in profunder Weise Informationen zu vermitteln.

Daher wird man sich in der Familienpastoral die Frage stellen müssen, inwieweit über das Ehevorbereitungsseminar hinaus nach Kontaktpunkten mit den Paaren zu suchen ist. Die in manchen Diözesen verbreitete Praxis, den Brautpaaren Informationen mitzugeben, sollte als Mindeststandard eingeführt werden, da es dadurch den Paaren ermöglicht wird, zu einem späteren Zeitpunkt auf weitere Beratungsangebote und vertiefende Informationen zurückzugreifen. Je nach Lebensphase der jungen Paare wird es unterschiedliche Möglichkeiten der Kontaktaufnahme geben.

Solche Gelegenheiten könnten sein:

Nach der Entbindung: Infoflyer, Beratungsgutscheine in der Beratungsmappe der öffentlichen Stellen bzw. des Krankenhauses

Beim Taufgespräch: Infoflyer, Terminhinweise, Gutscheine, Kontaktpersonen

Mütterseminare (z. B. in der Erzdiözese Wien): Aufnahme von Natürlicher Familienplanung in das Themenangebot

Ansprechpartner wie Gynäkologen, Schulen, Hebammen oder Stillberaterinnen, Orte wie Geburtsstationen in Krankenhäusern, Mütterstudios, Bildungshäuser, diözesane oder kirchliche Beratungsstellen sollten vertiefende Überlegungen anstellen, damit Gedankengut und Methode von *sensiplan®* größere Verbreitung findet.

sensiplan®/Natürliche Familienplanung (NFP) www.sensiplan.at

Information und Beratung: Institut für Ehe und Familie (IEF) www.ief.at

Literatur

Bundeszentrale für gesundheitliche Aufklärung (BZgA), Verhütungsverhalten Erwachsener. Ergebnisse der Repräsentativbefragung 2011, 1.

Frank-Herrmann P., Natürliche Familienplanung, sensiplan® – eine moderne, zuverlässige Methode. In: Der Gynäkologe 1 2011, 17-22.

Malteser Arbeitsgruppe NFP (Hrsg.), Natürlich und sicher, Das Praxisbuch, Stuttgart 18. Auflage, 2011.

MW Malteser Werke gemeinnützige GmbH (Hrsg.), Arbeitsgruppe NFP 1981 bis 2011, 30 Jahre NFP Arbeit in Deutschland, Köln 2012.

Raith-Paula E., Frank-Herrmann P., Freundl G., Strowitzki Th. (Hrsg.), Natürliche Familienplanung heute. Modernes Zykluswissen für Beratung und Anwendung, Heidelberg 4. Auflage, 2008.

Silvia Zamecnik, Mag., Institut für Ehe und Familie (IEF),
Fachbereich NFP.

Ehevorbereitung in der Erzdiözese Wien

Johannes Ojak

D er Fachbereich Ehevorbereitung, der zur Kategorialen Seelsorge gehört, ist die zuständige Stelle der Erzdiözese Wien für die Ehevorbereitung. Zu unseren Hauptaufgaben zählt die Durchführung der diözesanen Eheseminare.

Ich möchte bei jenen Menschen ansetzen, um die es letztlich geht: Bei den Paaren, die sich entschieden haben, kirchlich zu heiraten und an einem Eheseminar teilnehmen. Zur Veranschaulichung möchte ich ein Paar als Beispiel nehmen, das zwar erfunden ist, dessen Ähnlichkeit mit anderen Paaren aber durchaus erwünscht ist. Was ich hier berichte, beruht auf den Begegnungen mit den Teilnehmern im Eheseminar und ist repräsentativ für die Brautpaare.

Nennen wir das Paar Herrn A. und Frau B. Die beiden sind Anfang dreißig und haben damit das durchschnittliche Alter der Brautpaare in den Eheseminaren. Herr A. wurde katholisch getauft und erzogen. In seinem Elternhaus wurde viel Wert auf Glaube und die Mitfeier der Gottesdienste, auf Gebet sowie auf religiöses Leben gelegt. Mit dem Erlangen der Volljährigkeit aber trat Herr A. aus der Kirche aus. Er absolvierte ein technisches Studium und eine ebensolche Ausbildung. Die Distanz zur Kirche ist sehr groß. Bevor er Frau B. kennengelernt hatte, lebte Herr A. bereits in zwei Vorbeziehungen, die beide von großen Enttäuschungen geprägt waren. Heute steht er im Berufsleben in einem technischen Unternehmen und ist zeitlich voll ausgelastet.

Frau B. wurde ebenfalls katholisch getauft, jedoch spielte Glaube und Kirche in ihrer Familie kaum eine Rolle. Erst mit der Firmung kam sie mit dem kirchlichen Leben bewusst in Berührung. Sie war lange in einer Jugendgruppe, engagierte sich selbst in der kirchlichen Jugendarbeit und begann nach der Matura mit dem Germanistikstudium. Im Laufe der Studienzeit gingen die Kontakte zu den früheren Freunden und damit auch der Kontakt zur Kirche verloren. Bevor sie Herrn A. kennengelernt hatte, lebte sie in einer Vorbeziehung, die sie selbst beendete. Derzeit ist sie in Karenz und zeitlich voll ausgelastet.

Herr A. und Frau B. sind seit vier Jahren ein Paar und leben seit drei Jahren zusammen. Sie haben zwei Kinder, die zwei Jahre bzw. vier Monate alt sind. Nun wollen sie kirchlich heiraten. Im Leben des Paares ist die kirchliche Trauung ein entscheidender Punkt. Sie stehen mit dieser bewussten Entscheidung an einem Wendepunkt in ihrem Leben. Für Herrn A. und Frau B. ist es außerdem der erste persönliche Kontakt mit der Kirche seit langer Zeit. Der Kontakt ergibt sich bei der Trauungsanmeldung in der zuständigen Pfarre, beim Eheseminar, bei der Aufnahme des Trauungsprotokolls, der Vorbereitung der Feier und der Hochzeit selbst.

Vielfältige Beziehungserfahrungen

Wie die meisten Paare bringen auch Herr A. und Frau B. einen vielfältigen Schatz an Beziehungserfahrung mit – positive und negative Erfahrungen. Das ist eine Realität. Einige Aussagen, die von Herrn A. und Frau B. im Eheseminar zur Sprache gebracht werden, konkretisieren diese Erfahrungen:

„Wir lieben einander." – Die grundlegende Erfahrung von Zuneigung.

„Es ist schön, dich zu spüren." – Körperlichkeit und Zärtlichkeit als wichtiger Ausdruck der Liebe.

„Ich freue mich über jedes nette Wort." – Dankbarkeit und gegenseitige Anerkennung gehören zu den Grundregeln.

„Die Kinder sind ein Sonnenschein." – Die Kinder werden als Bereicherung und zugleich als Herausforderung für die Paarbeziehung erlebt.

„... dann sag' ich verletzende Dinge." – Die schmerzliche Erfahrung von Konflikten und Verletzungen in der Beziehung.

„Miteinander reden ist wichtig." – Das Bedürfnis nach Kommunikation, nach Nähe und Verbundenheit.

„Der Schritt zur Versöhnung ist nicht leicht." – Versöhnung wird als notwendiger, aber auch schwieriger erster Schritt erkannt.

„Das Schweigen macht mich wütend." – Beide haben ihre Konflikterfahrungen, aber auch unterschiedliche Kommunikations- und Konfliktmuster.

„Ich bin für meinen Freiraum dankbar." – Nähe wie auch Distanz ist notwendig, um nicht „erstickt" zu werden.

„Am Abend bin ich total fertig." – Der Alltag, beruflich oder mit Familie, kann an die persönliche Substanz und Beziehung gehen.

In der Begegnung und Begleitung von Brautpaaren, wie z. B. im Eheseminar, ist es wichtig, diese Erfahrungen ernst zu nehmen. Uns geht es darum, die Menschen in ihrer Einzigartigkeit und Unverwechselbarkeit anzunehmen. Im Eheseminar soll Raum sein, die Erfahrungen des eigenen Paar-Seins zu reflektieren, Impulse für die Gestaltung des Miteinanders zu erhalten und eine neue gemeinsame Perspektive zu gewinnen. Das Eheseminar soll eine Weiche stellen, um das Eheleben als sakramentales Leben zu begreifen, die Ehe als gelebtes Sakrament zu erfassen.

Ehe ist Suche: Die Paare sollen im Eheseminar bestärkt werden, auch in vielleicht banal scheinenden Erfahrungen, wie ich sie oben beispielhaft dargestellt habe, Gott zu suchen und zu entdecken. Denn Gott scheint durch die ganz alltäglichen Erfahrungen hindurch. Nur wer fest und mit beiden Beinen in der Realität, in unserem Fall in der Realität des Paar-Seins steht, kann sich in seinem Leben wahrhaft auf die Suche nach Gott machen.

Ehe ist Zusage: Gott sagt von Anfang an sein *Ja* zu jeder und jedem von uns. Darum können auch Frau und Mann zueinander *Ja* sagen. Gott sagt *Ja* zu mir und nimmt mich, so wie ich bin – mit all meinen

Stärken und Schwächen. Auf dieser Grundlage können die Partner auch *Ja* zueinander sagen und ihr Leben gestalten.

Ehe ist Entlastung: Die Partner sollen sich von Gott getragen wissen und vom Leistungsdruck entlastet werden, einander das *Ein-und-Alles* oder die/der absolut perfekte Traumfrau/-mann sein zu müssen.

Ehe ist Berufung: In der Kirche zu heiraten, bezieht sich nicht nur auf das Gebäude, sondern ist ein Bekenntnis, die Berufung ernst zu nehmen, als Paar Gottes Liebe zu leben und Kirche zu sein.

Als Ausgangspunkt wählen wir den vielfältigen Schatz an Beziehungserfahrungen. Alle Themen und Inhalte im Eheseminar sind beziehungsrelevante Themen, denn im Kern geht es um das Gelingen von Beziehungen, um das Miteinander, um die Communio und Kommunikation des Paares auf dem Fundament der Communio mit Gott.

Die Emmauserzählung im Lukas-Evangelium bietet dafür ein passendes Bild. Nach einer Tradition, die die beiden Emmausjünger als Ehepaar darstellt, sind die beiden als Ehepaar gemeinsam unterwegs – begleitet vom Auferstandenen. Sie wissen es aber nicht, weil sie ihn nicht erkennen. Erst im Rückblick gehen ihnen die Augen auf, wer da die ganze Zeit mit ihnen unterwegs war. Ein Bild, das wohl die Erfahrung vieler Paare widerspiegelt: Im Innehalten, wenn Raum dafür geschaffen wird, oft im Rückblick, erkennen sie, wo sie Gott im alltäglichen Leben begegnet sind und begegnen können. Das Bild der Emmausjünger als Ehepaar ist ein Bild für diese Communio, für das

Miteinander-Kirche-Sein und für die Ehe als gelebtes Sakrament.

Ehevorbereitung auf verschiedenen Ebenen in der Erzdiözese Wien

In der Erzdiözese Wien geschieht Ehevorbereitung, vereinfacht dargestellt, auf drei verschiedenen Ebenen, wobei ich damit keine Aussage über eine über- oder untergeordnete Wertigkeit mache.

Der ursprüngliche Ort jeder Sakramentenvorbereitung und damit auch der Ehevorbereitung ist die Pfarre. Als Kirche am Ort ist sie dort, wo Menschen ihren Lebensmittelpunkt haben und sich beheimatet fühlen.

Die diözesanen Eheseminare verstehen sich ergänzend. Dieses Angebot ist offen für alle Brautpaare, die ein Eheseminar besuchen wollen – unabhängig von Wohnort, Herkunft oder spiritueller Beheimatung.

In der Erzdiözese Wien bieten auch andere Einrichtungen oder Gemeinschaften Ehevorbereitung für Brautpaare an. Diese Angebote sind meist durch die jeweilige, sehr spezifische spirituelle Ausrichtung des Anbieters geprägt, aber im Prinzip auch für die meisten Paare offen.

Ich beziehe mich im Folgenden auf die diözesanen Eheseminare. Kommen wir zurück zu Herrn A. und Frau B. Wenn sich die beiden entschließen, ein diözesanes Eheseminar zu besuchen, können sie zwischen verschiedenen Seminararten wählen, die ich hier ganz kurz vorstellen möchte:

eheLEbeN: Tagesseminar oder mehrteiliges Seminar (z. B. 3 Abende oder 2 Nachmittage).

eheLEbeN – family: Tagesseminar mit Kinderprogramm und -betreuung.

eheLEbeN – english: Englischsprachiges Seminar. Vor allem in der Stadt Wien leben viele „internationale" Paare, die miteinander Englisch sprechen. Für sie ist dieses Angebot gedacht.

eheLEbeN – intensiv: Zweitägiges Seminar.

eheLEbeN – EPL: Mehrteiliges Seminar, das auf der Grundlage von EPL gestaltet wird. EPL bedeutet „Ein Partnerschaftliches Lernprogramm" und ist ein Gesprächstraining, das die Fertigkeiten, sich mitzuteilen und aufmerksam zuzuhören, erweitert und so ein besseres gegenseitiges Verständnis fördert.

AmPULSderLIEbe: Tagesseminar in exklusivem Ambiente. Dieses Angebot ist für Paare gedacht, die sich einen besonderen Tag als Paar gönnen wollen. Das angenehme und komfortable Ambiente lässt das Seminar zu einer „Oase für Körper, Geist und Seele" in der intensiven Zeit der Hochzeitsvorbereitungen werden.

BeziehungsweiseGOTT: Eheseminar für Brautpaare, die sich intensiver mit ihrem Glauben auseinandersetzen wollen. Das Seminar bietet Zeit für die persönliche Besinnung der Partner, die ihre Beziehung zu Gott und den gemeinsamen Weg des Glaubens reflektieren möchten.

Wir versuchen, mit dieser Angebotsvielfalt den oft sehr unterschiedlichen Lebenshintergründen der Paare und dem unterschiedlichen „Geschmack" gerecht zu werden. Ziel ist es, die Paare dort abzuholen, wo sie stehen.

Die grundsätzlichen Inhalte und Themen sind bei allen Angeboten dieselben: Ehe aus christlicher Sicht, Ehe als gelebtes Sakrament, Reflexion der eigenen Beziehung, Herkunftsfamilie und Werte, Kommunikation, Umgang mit Konflikten, Partnerschaft, Sexualität, Trauungsliturgie als Feier für das Leben.

Methodisch halten wir in den Eheseminaren keine statischen Vorträge, sondern die Referenten versuchen, die Teilnehmer prozessorientiert anzusprechen. Daher können die Inhalte im konkreten Seminar von den hier genannten „Überschriften" etwas abweichen.

Erwartungen an das diözesane Eheseminar

Wer oder was erwartet nun Herrn A. und Frau B. beim Eheseminar? Die meisten unserer Seminare sind in Pfarrräumen eingemietet. Daher ist es wichtig, dass sich am Tag des Seminars die Betreuer um die Organisation vor Ort kümmern. Herr A. und Frau B. werden von einem engagierten und entsprechend ausgebildeten Ehepaar sowie den Referenten durch das Seminar begleitet.

Ich verstehe es als unsere Stärke, dass Ehepaare unsere Eheseminare leiten. Denn sie schöpfen aus den Erfahrungen ihrer eigenen Paarbeziehung und können die Begeisterung und das Bemühen um eine gelingende Ehe als Paar authentisch vermitteln. Sie sind im Ehealltag und im Glauben verwurzelt. Sie kennen die schönen Seiten und zugleich die Herausforderungen im Leben als Paar. Sie sind keine Musterpaare, weder „bessere" noch „schlechtere" Paare als andere, teilen aber gerne ihre Begeisterung, ihre Erfahrungen und das Bemühen um eine gelingende Ehe mit anderen Paaren.

Herr A. und Frau B. begegnen auch den anderen teilnehmenden Paaren. In der Regel besteht die Seminargruppe aus acht Brautpaaren. Herr A. und Frau B. werden, ausgehend von den Impulsen, die das Referentenpaar gibt, Zeit für das Gespräch zu zweit haben und ebenso für den Gedanken- und Erfahrungsaustausch mit anderen Paaren. Selbstverständlich wird der persönliche Bereich der Teilnehmer gewahrt, denn nicht alles, was Herr A. und Frau B. miteinander reden, ist für die gesamte Seminargruppe bestimmt. Grundsätzlich lebt das ganze Seminar aber auch von jenen Gedanken und Erfahrungen, die die Teilnehmer in die Gruppe einbringen.

Im Jahr finden durchschnittlich 125 Seminare mit 2.200 Teilnehmern bzw. 1.100 Paaren in allen drei Vikariaten an 33 Seminarorten statt. In der Summe sind dafür rund 100 Mitarbeiter im Einsatz.

Johannes Ojak

Kritischer Ausblick auf eine umfassendere Ehevorbereitung

Durchaus kritisch oder selbstkritisch möchte ich die Frage nach einer umfassenden Ehevorbereitung stellen. Nehmen wir noch einmal Herrn A. und Frau B. in den Blick, so sehen wir, dass die beiden mit ihrem Entschluss zur kirchlichen Trauung an einem entscheidenden Punkt in ihrem Leben stehen, um den herum sich viel abspielt: Trauungsanmeldung, alle Formalitäten, Eheseminar, Trauungsgespräch und -protokoll, Planung der Feier von A bis Z, Hochzeitsfeier, evtl. Tipps, Ratschläge und Normen.

Wenn sich all unser Bemühen um gelingende Ehen auf diesen Punkt konzentriert, dann übersehen wir leicht das Davor und Danach. Wenn sich unsere Arbeit nur auf Ehevorbereitung und Eheschließung fokussiert, sind wir unterschwellig immer noch sehr auf die Frage konzentriert: Was muss das Paar tun, damit Ehe gelingt?

Ich möchte weder die ehrlichen Bemühungen noch die vielen Angebote dazu abwerten, aber ich wünsche mir einen noch weiteren Blick und einen Perspektivenwechsel. Die grundsätzlichere Frage, aus der sich in Folge weitere Fragestellungen ergeben, ist für mich: Wie sind die Paare, Partnerschaften und Ehen in das kirchliche Leben eingebettet? Wie sehr machen sie das kirchliche Leben aus?

Denken Sie noch einmal an den Vergleich mit der Emmauserzählung zurück, die als Bild dafür steht, als Paar und als Kirche unterwegs zu sein. Wenn wir Ehen im Kontext des kirchlichen Lebens, des Miteinanders, der kirchlichen Communio sehen, dann sind nicht nur die Referenten als „Spezialisten", sondern jede und jeder Getaufte mit dem eigenen Lebenszeugnis gefragt; dann sind wir alle herausgefordert, das Evangelium als Lebensschule ernst zu nehmen.

Aus der grundsätzlichen Frage nach der Einbettung in das kirchliche Leben ergeben sich für mich drei weitere, kritische Fragen:

Wie leben wir in und als Kirche Beziehung? Ich meine damit sowohl Paarbeziehungen als auch die alltäglichen, zwischenmenschlichen Beziehungen. In vielen Bereichen der Kirche orte ich eine hohe Beziehungskompetenz – leider aber auch viel Beziehungsinkompetenz und Beziehungsarmut gerade in der konkreten Gestaltung des Miteinanders, z. B. im Pfarrgemeinderat, bei Besprechungen, in Gesprächen oder im pfarrlichen/diözesanen „Arbeitsalltag".

Pflegen wir den wertschätzenden Dialog auf Augenhöhe? Das gelingende Miteinander, die Communio von Christen, hat der antike Schriftsteller Tertullian (2./3. Jh.) mit wenigen Worten auf den Punkt gebracht, wenn er über die Christen schreibt: *Seht, wie sie einander lieben.* Das bedeutet nicht, Konflikten aus dem Weg zu gehen, sie totzuschweigen oder autoritär abzudrehen. Das erfordert einen echten Dialog in Respekt und auf Augenhöhe, in dem Lob und Kritik möglich sind, der allen Beteiligten ihre Würde lässt. Diese vom Heiligen Geist getragene Communio ist Auftrag an jeden Christen, noch bevor wir uns über Formen der Ehevorbereitung Gedanken machen. Sie ist der

Nährboden für das gelingende Miteinander in Paarbeziehungen, die Grundlage für jede Ehevorbereitung.

Vertrauen wir auf Gottes Wirken? Jedes Engagement, das Ehen wahrhaft stärkt, ist zu begrüßen. Ich habe große Achtung vor diesen Bemühungen und halte sie für wichtig. Doch dürfen wir nicht übersehen, dass wir nicht alles selbst machen können und müssen. Was trauen wir Gott zu, wenn es um Paarbeziehungen geht?

Ohne die beiden folgenden Bereiche gegeneinander auszuspielen sehe ich ein massives Ungleichgewicht: Wie oft beten wir um geistliche Berufe? Und wie oft um das Gelingen von Beziehungen?

Johannes Ojak, Mag., Leiter des Fachbereichs Ehevorbereitung der Erzdiözese Wien.

Ehevorbereitung in Litauen und in Lettland

Gintautas Vaitoska

Die Grundidee meines kurzen Berichts ist, die Situation der drei baltischen Staaten zu präsentieren. Leider waren unsere Versuche, die estnischen Kollegen zu kontaktieren, erfolglos, was teils auf die eher bescheidene Lage der Ehevorbereitung in diesem Land zurückzuführen ist.

Im Gegensatz zu seinem nördlichen Nachbarn ist Litauen ein vorwiegend katholisches Land; auch in Lettland, dessen Hauptstadt Riga von einer langen deutschen, protestantischen Tradition geprägt war, gibt es in absoluten Zahlen heute mehr Katholiken als Protestanten. Besonders in Litauen spielte die Kirche eine wichtige Rolle im Widerstand gegen das sowjetische Regime und in der Entwicklung des Landes nach der Befreiung. Die beachtliche Vitalität der Ehevorbereitung in Litauen und Lettland reflektiert, so glauben wir, die Wirkung der zahlreichen heroischen Opfer der Mitglieder der *Ecclesia Militans*.

Zunächst schildere ich die Geschichte und den derzeitigen Stand der Ehevorbereitung in Litauen; dann das lettische Programm aus jüngerer Zeit, das jenes Ehevorbereitungsmaterial verwendet, welches in Litauen entwickelt worden ist.

Unter dem sowjetischen Regime nach dem Zweiten Weltkrieg gab es natürlich keine Ehevorbereitung. In Litauen begann die Ehevorbereitung erst im Jahr 1988, als Schwester Albina Pajarskaite Vorsitzende der wiedereröffneten litauischen Caritas-Organisation wurde. Die Ehevorbereitungskurse begannen unter dem Dach der Caritas in Kaunas und Vilnius und entfalteten sich zu Familienzentren; seit 1997 ist das litauische Familienzentrum nun eine eigene Organisation innerhalb der litauischen Bischofskonferenz.

In Litauen – einem Land mit 3 Millionen Einwohnern – gibt es zwei erzdiözesane und fünf diözesane Familienzentren. Seit 1997 ist die Ehevorbereitung von der litauischen Bischofskonferenz für alle, die in der katholischen Kirche heiraten wollen, verbindlich vorgeschrieben. Über 10 Jahre lang wurden die Ehevorbereitungskurse in Form von Vorträgen gehalten, welche den sakramentalen Aspekt der Ehe, das geistliche Leben, die Psychologie der Kommunikation, die Lehre der Kirche über das Geschenk des Lebens und Natürliche Familienplanung vermittelten.

Seit 2008 gibt es ein neues Ehevorbereitungsprogramm, das aus acht Zusammenkünften besteht, zu denen bis zu acht verlobte Paare und zwei Moderatoren kommen, die entweder Angestellte oder geschulte, freiwillige Helfer unserer Familienzentren sind. Die Themenbereiche umfassen wiederum den sakramentalen Aspekt der Ehe, die Psychologie der Kommunikation im Kontext der Ausübung des Glaubens, des Gebets und des Sakraments der Versöhnung, die Lehre der Kirche über Sexualität, das Geschenk der Fruchtbarkeit und Natürliche Familienplanung.

In großen Städten wie Vilnius und Kaunas wird die Ehevorbereitung weiterhin in Form von Vorträgen durchgeführt, besonders im Sommer, wenn buchstäblich Massen von Paaren die Familienzentren überschwemmen. Diese Form ist weniger geeignet und mit dem Wachstum der Kapazitäten der Familienzentren können immer mehr verlobte Paare ihre Vorbereitung in kleinen Gruppen mit zwei Moderatoren absolvieren, wie oben bereits erwähnt.

Der emeritierte Erzbischof von Vilnius, Seine Eminenz Kardinal Backis, ermutigt uns beständig zur Gründung von Ehevorbereitungskursen in den Pfarren der Stadt, die zusätzlich zu den Kursen im Hauptfamilienzentrum der Erzdiözese Vilnius stattfinden sollen. Das Familienzentrum bietet neben der normalen Ehevorbereitung auch Trainings und Ressourcen für die Ehevorbereitungskurse in den Pfarren. Mit dem Wachstum unseres Potenzials wird es in immer mehr Pfarren möglich, solche Kurse durchzuführen.

In den Pfarren sind die Moderatoren fast ausschließlich freiwillige Helfer. In den Familienzentren der Erzdiözesen Vilnius und Kaunas sind jeweils 7 Personen angestellt, in den diözesanen Zentren etwa 3 Personen. In einigen Diözesen werden die verlobten Paare um einen kleinen Kursbeitrag von 50 bis 100 Litas (15-30 Euro) gebeten; ein Teil dieser Beiträge kommt den freiwilligen Helfern zugute.

In Litauen, wo sich über 80 Prozent der Einwohner als katholisch bezeichnen, werden über ein Drittel der

Ehen in der katholischen Kirche geschlossen. 2011 betrug die Gesamtzahl der Eheschließungen 19221, davon bereiteten sich 6707 Paare in den Familienzentren auf die Ehe vor. Einige Paare heiraten in der Kirche, ohne die Ehevorbereitungskurse zu absolvieren; dies hängt auch von der Haltung einzelner Priester ab, die diese Praxis betreiben, obwohl die Bischöfe dem generell ablehnend gegenüberstehen.

Wenn man die positiven Seiten unserer Aktivitäten und Herausforderungen betrachtet, kann man sagen, dass viele der verlobten Paare mit dem zufrieden sind, was sie während der Ehevorbereitung lernen – trotz einer oft skeptischen Haltung vor dem ersten Treffen.

Besonders im Anschluss an die Kurse drücken die Teilnehmer oft den Wunsch aus, die Gruppentreffen nach der Hochzeit weiterzuführen oder sich katholischen Paarbewegungen, wie Teams of Our Lady, Family University, anzuschließen. Der anspruchsvollste Teil der Kurse bleibt die Lehre der Kirche über Fruchtbarkeit und Sexualität, so die Erfahrung der Vortragenden und Moderatoren.

Weiterhin ist es auch schwierig, Priester für Vorträge in den Ehevorbereitungskursen zu gewinnen. Um diesen Herausforderungen zu begegnen, achtet die Kirchenleitung zurzeit besonders auf die adäquate Ausbildung der Seminaristen im Bereich der pastoralen Sorge für Ehe und Ehevorbereitung.

Das lettische Ehevorbereitungsprogramm wird von Mitgliedern der katholischen Ehebegegnungsbewegung (Catholic Marriage Encounter Movement) geführt. Die Moderatoren verwenden das litauische

Ehevorbereitungsprogramm. Es finden neun Zusammenkünfte mit verlobten Paaren statt, wobei das erste Treffen von den Moderatoren und einem Priester geleitet wird.

Darin sehen wir einen Vorteil, der bis jetzt in Litauen schwierig zu erreichen war. Die Koordinatorin für das lettische Programm, Baiba Stikute, schrieb mir, dass es etwa 14 Gruppen gibt, die sich abends an verschiedenen Orten in Lettland treffen (hauptsächlich in Riga, aber auch in Jelgava, Sigulda, Pļaviņas, Madona, Iecava, Liepāja). Ungefähr 170 Paare werden so während des Jahres vorbereitet. Bezahlte Angestellte gibt es nicht, jedoch nehmen 30 Paare als freiwillige Helfer teil, ebenso eine Reihe von Priestern.

Dem Ehevorbereitungsprogramm in Litauen stellen sich zwei größere Herausforderungen. Erstens bleibt die Beteiligung der Priester unter dem gewünschten Niveau. Gemäß dem Ehevorbereitungsplan der Bischofskonferenz kommt das verlobte Paar zuerst zu ihrem Heimatpfarrer. Der Priester spricht über den Stand des Glaubens der beiden und über mögliche Hindernisse, das Ehesakrament zu empfangen. Dann schickt er sie zu den Ehevorbereitungskursen ins Familienzentrum der Diözese oder der Pfarre.

Nach dem Kurs findet wieder ein Treffen zwischen dem Pfarrer und dem Verlobungspaar statt, wo er prüft, wie gut die Paare nach diesen Treffen auf die Ehe vorbereitet sind. Leider funktioniert dieser Plan in der Realität nur bis zu einem gewissen Grad, sodass die Hauptansprechpartner die Moderatoren oder die Vortragenden der Zusammenkünfte bleiben. Dies ist insofern ein unglücklicher Zustand, da ja eigentlich der Priester ihr Hirte ist und nicht das Familienzentrum bzw. deren Mitarbeiter. Das Ehevorbereitungsprogramm könnte an Stärke gewinnen, wenn die Priester engagierter beteiligen würden.

Das zweite Problem ist teilweise abhängig vom ersten: viele Paare, die zur Ehevorbereitung kommen, leben schon miteinander, das heißt, sie sind bereits in einer eheähnlichen Gemeinschaft (Kohabitation). Das bereitet eine gewisse Schwierigkeit für ihr Verständnis und ihre Wertschätzung gegenüber der Lehre der Kirche über Keuschheit und Sexualität.

Diese Situation erfordert von uns ein gemeinsames Reflektieren darüber, wie diesen Paaren das Verständnis des Wertes der Keuschheit in ihrer Liebe und Ehe nahegebracht werden kann: eine Diskussion, die Angestellte des Familienzentrums, Moderatoren der Ehevorbereitungstreffen und – am wichtigsten – auch die Pfarrer zusammenbringen sollten.

Obwohl die Ehevorbereitung die Hauptaufgabe unter den Tätigkeiten der litauischen Familienzentren darstellt, sind auch andere Aktivitäten wichtig: Arbeit mit Jugendlichen in der Erziehung zur Keuschheit, psychologische Beratung in Ehekrisen oder politische Aktion zur Förderung von Familienwerten. Nach 20 Jahren der Erfahrung mit den Ehevorbereitungskursen gilt es vieles noch weiterzuentwickeln.

Die Auswirkungen dieser Arbeit und der Evangelisierung von der Basis her sind jedoch unbestreitbar. Sie werden sichtbar im Respekt Litauens für die natürliche Familie sowie seinem festen Widerstand gegen die von der Europäischen Union verbreiteten Ideologien der Homosexualität und der Transsexualität. Man könnte sagen, dass die Kirche nach der Befreiung vom kommunistischen Regime darin erfolgreich war, den Anstoß zur Entwicklung einer neuen, blühenden Subkultur von Familien zu geben, die von gut ausgebildeten, intellektuellen katholischen Ehepartnern der Jahrgänge 1970 und danach aufgebaut wird.

Gintautas Vaitoska, Lic. theol. Dr. med., ist Professor für Pastoraltheologie und Psychologie am ITI *in Trumau; in Litauen ist er auch als Psychiater und im Familienzentrum der Erzdiözese Vilnius tätig.*

Eindrücke
von der Ehevorbereitung
in der Ukraine

Yuriy Kolasa

Ich möchte Ihnen ein paar Eindrücke von der Ehevorbereitung in der Ukraine schildern. Diese kommen direkt aus der Praxis und der Erfahrung, die ich machte, als ich Verantwortlicher für die Ehevorbereitung in der ukrainischen griechisch-katholischen Kirche war.

Im Jänner 2003 hat unsere Kommission mit ihrer Arbeit begonnen, junge Leute auf das Sakrament der Ehe vorzubereiten. Wir haben unser Programm wesentlich auf den Richtlinien und Grundsätzen aufgebaut, die die Päpstliche Kommission für Ehe und Familie herausgegeben hat.

Der Vorbereitungskurs umfasst 19 Treffen, die jeweils 1,5 Stunden dauern. Zu unserem Ausbildungsteam gehören Priester, Ärzte, Psychologen, Juristen, Ehepaare und Familien. Jedes Jahr nehmen in etwa 1500 Paare an diesen Kursen teil. Zum Abschluss bitten wir dann die Teilnehmer, einen Fragebogen auszufüllen. Ein paar Beispiele demonstrieren die Ergebnisse sehr gut:

100 Prozent gaben an, dass es absolut notwendig ist, dass die Kirche dieses Programm anbietet.

69 Prozent der jungen Leute sagten, dass sie ihr Verständnis über die Sakramentalität der Ehe entscheidend vertiefen konnten.

28 Prozent haben überhaupt erst durch dieses Programm begonnen, darüber nachzudenken, was es bedeutet, dass die Ehe ein Sakrament ist.

26 Prozent sagten ganz klar, dass 19 Treffen nicht ausreichen würden, vor allem dann nicht, wenn man erst zu begreifen beginnt, was Ehe eigentlich bedeutet.

95 Prozent antworteten, dass sie nach ihrer Eheschließung gerne weitere begleitende Treffen besuchen würden.

Auf die Frage: *„Wie veränderte dieser Kurs Ihr Leben?"* gab es beispielsweise folgende Antworten:

Durch diesen Kurs hat sich meine Haltung der Kirche, dem Gebet und der Ehe gegenüber grundlegend verändert.

Ich habe verstanden, was Leben bedeutet.

Nun kann ich mit meinem Verlobten offen über Dinge sprechen, die ich mich vorher niemals zu sagen getraut hätte.

Ich habe verstanden, was es bedeutet, dass die Ehe ein Sakrament ist.

Wir konnten in unserer Beziehung klären, wo unsere Fehler und wo die wirklichen Prioritäten liegen.

Während des Kurses haben wir unseren sexuellen Verkehr eingestellt, um damit bis nach der Hochzeit zu warten.

Letztendlich habe ich sowohl mich als auch meinen Verlobten besser kennen gelernt.

Wir haben nun auch besser verstanden, was es heißt, als christliche Familie zu leben.

Ich habe begriffen, wie wichtig Gott und die Kirche für unser Familienleben sind.

Rückgang der Scheidungsrate, höchste Geburtenrate

Die Krise der Familie ist in der Ukraine groß und die Scheidungsrate besonders hoch. Im Jahr 2000 betrug diese in der Region Lemberg noch 54 %. Durch die Einführung unserer kirchlichen Ehevorbereitungsseminare veränderte sich die Situation schlagartig. Die Scheidungsrate begann zu sinken und ging innerhalb von vier Jahren auf 40% zurück.

In Regionen, in denen diese Kurse noch nicht stattfinden, wie z. B. im Osten und Süden des Landes, liegt die Scheidungsrate noch bei 80%. Ein weiterer Effekt dieses Programms ist, dass die Anzahl der Geburten steigt. Seit 2004 hat die Stadt Lemberg die höchste Geburtenrate. Diese Statistiken zeigen ein direktes Ergebnis unserer Arbeit! Aber dem Erfolg liegt natürlich auch die pastorale Betreuung der Ehepaare und der Familien zu Grunde. Dadurch hat sich die Situation der Familien in den Diözesen erheblich verbessert.

Aufgrund des durchschlagenden Erfolges haben sich die staatlichen Organisationen 2006 für unser Programm und vor allem für unseren Erfolg zu interessieren begonnen. Im Jänner 2007 startete in Kiew unter unserer Leitung und zu unseren Konditionen ein staatliches Pilot-Projekt zur Ehevorbereitung.

Das staatliche Programm unterscheidet sich natürlich vom kirchlichen und wird hauptsächlich von Laien getragen. Wir wollen die Menschen zu nichts zwingen. Wir möchten ihre Neugierde, ihre Sehnsucht wecken. Es auch in diesem Programm das erklärte Ziel, die Wahrheit über die menschliche Person, über die Liebe und letzten Endes auch über Gott ans Licht zu bringen.

Das Programm wird dermaßen gut angenommen, dass es die staatlichen Stellen weiterführen und an allen Magistraten der Stadt Kiew anbieten möchten. Zurzeit gibt es sieben staatliche Ehevorbereitungsseminare in der Hauptstadt Kiew, die von Paaren ohne Bekenntnis und aller Konfessionen besucht werden.

Bei den letzten beiden Treffen dieses Kurses – die Teilnahme ist freiwillig – sprechen wir auch über die Sakramentalität der Ehe, über Gott und über das Gebet in der Familie. Die Wahrheit ist immer anziehend! Auch wenn diese Paare kein kirchliches Leben führen, so ist doch ein kleines Samenkorn gesät – und die Möglichkeit weiter zu fragen ist gegeben.

Neben den Gemeinschaften junger christlicher Familien werden wir auch Gemeinschaften für nichtkirchliche Paare aufbauen. Meine Hoffnung, die diesem Programm zu Grunde liegt, ist, dass die Wahrheit für sich selbst spricht und „ruhelos" macht, wie Augustinus sagt, weiter zu suchen und zu fragen.

Yuriy Kolasa

Drei zentrale Elemente
bei Ehevorbereitungskursen

Ich möchte, aufgrund unserer Erfahrungen, drei Elemente als unbedingt notwendig herausstellen: Zeit, Wahrheit und Kontinuität:

1. **Die Zeit:** Jede Ehevorbereitung braucht genügend Zeit, um sich wirklich ausreichend Gedanken über die fundamentalen Fragen zu machen, die mit dem Sakrament der Ehe zusammenhängen. Die vorherrschende Meinung ist ja eher die, dass wir die jungen Leute über alles „Faktische" in Bezug auf die Ehe unterrichten sollten, wie den Umgang mit der Sexualität oder Kommunikations- und Konfliktlösungsstrategien. Kein Zweifel, das ist auch wichtig. Professionalität ist natürlich in jeder Hinsicht gefragt. Aber was ist das Ausschlaggebende? Das Ausschlaggebende ist, dass wir den Paaren helfen müssen, einander zu verstehen und zu erkennen. Wir müssen ihnen helfen, zu verstehen, dass die Wahrheit, die der Ehe zu Grunde liegt, mit der Wahrheit über den Menschen und im Letzten auch über Gott zusammenhängt; dass Christus das Zentrum ihres Leben ist, von dem sie alles empfangen und von dem alles ausgeht. Es ist in erster Linie Christus selbst, dem sie in allen Herausforderungen des Ehelebens, den Schwierigkeiten und Problemen, den Missverständnissen, den Beleidigungen und Verletzun-

gen begegnen müssen. Es ist Christus, der ihre Liebe behütet, der sie wachsen und fruchtbar werden lässt. Und um das in der Tiefe zu verstehen, ist natürlich ein Nachmittag oder ein Abend zu wenig.

2. **Die Wahrheit:** Das wichtigste Element der Ehevorbereitung besteht darin, dass man den jungen Leuten sagt, was Wahrheit ist! Die Wahrheit, die die Kirche seit über 2000 Jahren lehrt – über den Menschen, über die Ehe und über Gott. Diese Wahrheit ist unveränderbar und wird immer gelehrt werden. Das setzt natürlich das glaubwürdige Zeugnis voraus. Wir müssen das, was wir lehren, auch selbst leben! Unsere Erfahrungen in der Ukraine haben gezeigt, dass die jungen Menschen tatsächlich nach der Wahrheit dürsten. Aber, wenn sie wirklich damit in Berührung kommen, dann beginnen sie ernsthaft ihr Leben zu ändern und den Glauben zu leben.

3. **Die Kontinuität:** Ich möchte die Kirche in Österreich ermutigen, junge christliche Familien pastoral zu betreuen. Eine unserer Erfahrungen ist die, dass die Ehevorbereitung in Verbindung mit der pastoralen Betreuung der Ehepaare und Familien gesehen werden muss. Die Qualität des Programms liegt in seiner *Kontinuität*. Nachhaltigkeit kann nur durch die kontinuierliche Begleitung der Familien und Ehepaare erzielt werden. Ich bete, dass das Projekt in Österreich gelin-

gen möge. Ich möchte betonen, dass sowohl
das Internationale Theologische Institut wie
auch ich persönlich der österreichischen Kirche
jederzeit zur Verfügung stehen, um die Situation der Familien in Österreich zu verbessern.
Schließen möchte ich mit Worten von Papst
Benedikt XVI., der im November letzten Jahres
Folgendes in einer Generalaudienz gesagt hat:
*„Unser Leben im Glauben und in der Liebe wird zu
einem Sprechen von Gott im Heute, weil es durch
ein in Christus gelebtes Dasein die Glaubwürdig-
keit, den Realismus dessen aufzeigt, was wir mit
Worten sagen, die nicht nur Worte sind, sondern
die Wirklichkeit aufzeigen, die wahre Wirklichkeit.
Und dabei müssen wir darauf achten, die Zeichen
der Zeit in unserer Epoche zu begreifen, das heißt
die Möglichkeiten, die Wünsche, die Hindernisse,
denen man in der gegenwärtigen Kultur begegnet,
erkennen, insbesondere den Wunsch nach Wahr-
haftigkeit, das Verlangen nach Transzendenz, die
Sensibilität für die Wahrung der Schöpfung, und
wir müssen furchtlos die Antwort weitergeben, die
der Glaube an Gott schenkt."*

*Yuriy Kolasa, P. Liz. Mag., Protosyncellus, Generalvikar für die
Gläubigen des byzantinischen Ritus in Österreich, Dozent am ITI
in Trumau.*

Wir trauen uns –
wir entscheiden uns für den
gemeinsamen Weg

Eva und Erich Berger

Schönstatt-Ehevorbereitung
„TRaut EUch!"

Die erste wichtige Entscheidung treffen die Brautpaare schon mit der Anmeldung zum Kurs, wo
es heißt: *Wir wollen investieren in unsere zukünftige
Beziehung!* Sie wählen daher eine längere Form der
Ehevorbereitung: sechs Abende im Wochenabstand.

Die Entscheidung für den konkreten Partner/die
konkrete Partnerin wird an diesen Abenden und in
den Wochen dazwischen vertieft. An jedem Abend ist
Zeit für ein Paargespräch – man lernt in der Reflexion
über das Gehörte die Sichtweise des anderen kennen;
das Paar kann am Aufbau und am Weiterbau des
gemeinsamen Weges arbeiten.

Nur eine Stunde für das Paargespräch während
eines Seminars zur Verfügung zu haben, ist im Allgemeinen zu kurz. In unseren Seminaren haben die beiden aber eine ganze Woche vor sich, um miteinander
weiter zu arbeiten. Eine zusätzliche Anregung bietet

ein Arbeitsblatt als Hilfe für ein Gespräch während der Woche.

Bei der Entscheidung für das Ehesakrament versucht die Schönstatt-Ehevorbereitung die Bedeutung und den Lebenswert des Ehesakraments zu vermitteln. Die religiösen Vorerfahrungen der Teilnehmer sind sehr unterschiedlich, oft auch innerhalb eines Paares. Die Pädagogik Pater Kentenichs, in der die persönliche Berufung des einzelnen und die des Paares durch den liebenden Gott eine zentrale Rolle spielt, und die Zeugnisse der Referentenpaare helfen, einen vitalen Zugang zum Ehesakrament zu finden.

Der Kurs vermittelt ehepädagogische Kompetenz; es geht um die Entscheidung in der Ehe, beispielsweise durch eine gute Gesprächsführung an der Ehe zu arbeiten. Das Schaffen einer guten Konfliktkultur, von gemeinsamem Brauchtum sind unsere Themen, auch das Abnabeln vom Elternhaus. Durch den Ablauf des Kurses und durch die Beispiele der Referenten wird klar, dass Ehe Arbeit ist, das gemeinsame Unterwegssein aber ein Miteinander-Wachsen.

Die Themen von fünf Abenden

Wir bauen das Haus unserer Ehe: Die Freude am gemeinsamen Weg, den Gott uns führt, bildet den Rahmen. Wir suchen nach Wegen des Wachstums durch das Partnergespräch, das mit der Zeit zu echtem Verstehen und zu einer Streitkultur führt, die wir uns erarbeiten können.

1. Du und Ich – Wir gehören zusammen: Kriterien der Partnerwahl. Ich sage Ja zu Dir, zu Dir als Mann, zu Dir als Frau. Männliche und frauliche Eigenart sollen sich ergänzen. Wir nehmen den Partner tiefer wahr.

2. Wir werden eins in der Liebe: Leben einer ganzheitlichen Sexualität in der Partnerschaft, Orientierung in den Fragen um die natürliche Empfängnisregelung, NER, NFP.

3. Wir leben aus dem Sakrament der Ehe: Das Sakrament der Ehe, Verzeihen, Gebet, Brauchtum.

4. Wir gestalten das Haus unserer Ehe: Umgang mit der Zeit, Neubeginn setzen im Verhältnis zu Eltern und Verwandten, unser Apostolat, unser Umgang mit dem Geld, Spannungsfeld Beruf – Familie, Rollen- und Aufgabenverteilung, wir werden Familie.

5. Wir bereiten unseren Hochzeitstag vor: Kirchenrecht (Trauungsprotokoll), Liturgiegestaltung, Festgestaltung. Anschließend Auswertung des Kurses, Gottesdienst und Abschlussfeier.

Die Methode – paarzentriert

Der Kurs läuft rein paarzentriert (Stichwort: Exerzitien zu zweit), das bedeutet nur im Plenum oder Paargespräch, nicht aber in der Gruppe zu arbeiten. Jeder

Teilnehmer soll sich mit seiner Partnerschaft auseinandersetzen, um ein Ausweichen vor der Konfrontation mit diesem Partner möglichst zu vermeiden.

Bei jedem Paar streben wir an, dass ein Lebensprozess in Gang kommt. Deshalb übernimmt jedes Paar Verantwortung für den eigenen Weg und die eigene Ehe. So folgt auf jeden inhaltlichen Input das Paargespräch mit der Frage, wie das Paar in diesem Bereich sein Leben gestalten will. Im Gespräch regen wir, auf der persönlichen Ebene zu bleiben (nicht um Meinungen, Positionen diskutieren) und im Gespräch herausfinden: Was ist für uns wichtig? Was möchten wir gemeinsam tun? Welches Profil bekommt unsere Ehe?

Ein Begleitehepaar führt durch den ganzen Kurs, dazu kommen bei jedem Treffen Referenten, Ehepaare mit der zweijährigen Ausbildung als Familientrainer der Akademie für Familienpädagogik, Schönstatt am Kahlenberg. So ergänzen sich die verschiedenen Kompetenzen der Referentenpaare; jedes Referentenpaar kann authentisch sein Thema abdecken. Der Referent des letzten Abends ist ein Priester.

Gute Erfahrungen mit den Eheseminaren

Durch das regelmäßige Paargespräch kommen die Paare in einen Prozess des Zueinander hinein. Die Praxis, entsprechend den Gesprächsregeln ein wöchentliches Gespräch zu führen und damit das Wachstum des Miteinanders zu sichern, wird relativ gut eingehalten.

1. Die eheliche Beziehung, die Gestaltung der Ehe wird verantwortlich angegangen. Die Freude am gemeinsamen Weg wächst, auch bei Paaren, die schon längere Zeit zusammenleben.

2. Die unausweichliche Auseinandersetzung mit dem konkreten Partner führt immer wieder zu Krisen und macht die Entscheidung für diesen konkreten Menschen deutlich. Immer wieder gibt es Paare, die im Lauf des Kurses erkennen, dass die gemeinsame Basis für eine Ehe unzureichend ist und sich dann trennen.

3. Konflikte sind keine Katastrophe, sondern Wachstumschancen, weil faire Wege der Auseinandersetzung aufgezeigt und eingeübt werden.

4. Die Motivation der Paare, an allen 6 Treffen teilzunehmen, ist durch die Erfahrung eines Weges, der Freude macht, nie ein Problem gewesen.

5. In Notsituationen kommen Paare relativ leicht zum Begleitehepaar und suchen sich Hilfe.

6. Der Kirche fernstehende Partner finden einen Zugang zum Glauben.

7. Häufig finden die Paare einen neuen Zugang zum Leben in der Pfarrgemeinde.

Eva und Erich Berger

Die Ehevorbereitung „*TRaut Euch!*" wurde in der Schönstatt-Bewegung entwickelt. Sie wird derzeit in sechs Diözesen angeboten.

Eva und Erich Berger, Leiter der Österreichischen Schönstatt-Bewegung. Kontakt: kontakt@schoenstatt.at, www.traut-euch.at.

Damit Ehe
heute gelingen kann

Helmut Prader

Ein Beitrag zur Ehevorbereitung der Katholischen Kirche

Die Thematik der Vorbereitung auf das Sakrament der Ehe hat durch das Lehramt der katholischen Kirche in den letzten Jahrzehnten eine besondere Aufmerksamkeit erfahren.[1] So wurden dazu mehrfach Dokumente veröffentlicht. Ein besonderes Zeichen dieses großen Interesses der Kirche für die Familie war die Bischofssynode, die vom 26. September bis 25. Oktober 1980 in Rom abgehalten wurde.

Dazu sind speziell zwei Früchte der Synode zu erwähnen. Einerseits ist dies das postsynodale Schreiben

---

[1] Päpstlicher Rat für die Familie, Die Vorbereitung auf das Sakrament der Ehe, http://www.vatican.va/roman_curia/pontifical_councils/family/documents/rc_pc_family_doc_13051996_preparation-for-marriage_ge.html, Päpstlicher Rat für die Familie, Menschliche Sexualität: Wahrheit und Bedeutung: http://www.vatican.va/roman_curia/pontifical_councils/family/documents/rc_pc_family_doc_08121995_human-sexuality_ge.html.

Familiaris consortio[2] und andererseits die Gründung des *Instituts Johannes Paul II. zu Studien über Ehe und Familie* an der Lateranuniversität.

In diesem Beitrag soll versucht werden, einige Themen aufzuzeigen, die in der Ehevorbereitung aus der Sicht der Katholischen Kirche als besonders wichtig erscheinen.

Erstens ist unter Ehevorbereitung mehr zu verstehen als nur ein Vorbereitungskurs wenige Wochen vor der Hochzeit. Zweitens müsste als ein wesentliches Kriterium für einen Kurs zur Vorbereitung auf die Ehe die Möglichkeit bestehen, dass ein Paar auch noch zur Erkenntnis kommt, den angestrebten Bund der Ehe nicht einzugehen. Das wiederum setzt voraus, dass die Ehevorbereitung ein längerer Prozess ist, der eigentlich schon in der Kindheit im eigenen Elternhaus beginnt.

Die in überwiegender Zahl derzeit angebotenen kirchlichen Ehevorbereitungskurse sind bestenfalls eine kleine Chance, dem Paar bewusst zu machen, was das Sakrament der Ehe bedeutet und welche Konsequenzen sich daraus ergeben. Das Bewusstsein und die Bedeutung der Offenheit für Kinder darf allgemein vorausgesetzt werden.

Was aber sehr wohl nicht vorausgesetzt werden darf, ist das Bewusstsein der Unauflöslichkeit einer sakramental gültig geschlossenen Ehe. Darüber herrscht oftmals eine große Gleichgültigkeit. Aus einer gewissen Überheblichkeit heraus wird beim

---

2   Postsynodales Schreiben „Familiaris consortio", http://www.stjosef.
     at/dokumente/familiaris_consortio.htm.

Entschluss für eine sakramentale Eheschließung gar nicht mehr berücksichtigt, dass dies für die eigene Ehe einmal ein Thema werden könnte.

Derzeit enden beinahe 50% der zivil geschlossenen Ehen vor dem Scheidungsrichter, bei sakramental geschlossenen Ehen liegt die Scheidungsrate bei etwa 35%. Da viele Betroffene nicht alleine bleiben, ergeben sich dann vielfältige Probleme bezüglich des Sakramentenempfanges beispielsweise für wiederverheiratete Geschiedene. Die Kirche kennt zwar im Notfall die Trennung von Tisch und Bett, aber keine Scheidung. Das Band der Ehe kann nur durch den Tod gelöst werden.

Wenn die Ehevorbereitung nur auf einen Kurs unmittelbar vor der Eheschließung beschränkt bleibt, dürfen die Erwartungen nicht zu hoch sein. Ein Kurs muss aber zumindest dazu dienen, sich diese Entscheidung gut zu überlegen. Einerseits ist das Ehesakrament nach dem Bußsakrament jenes Sakrament, das fast in Vergessenheit geraten ist. Andererseits erfüllen aber viele Paare nicht die Voraussetzungen, die die Kirche an Brautleute stellt.

Zusammenleben auf Probe oder nur zivil geschlossene Ehen bedeuten aus der Sicht der katholischen Kirche ein Leben in schwerer Sünde. Oftmals fehlt aber heutzutage auch bei bekennenden und praktizierenden Katholiken das Bewusstsein dafür. So gibt es heute einerseits viele, die in schwerer Sünde leben, andererseits besteht auch die begründete Sorge, dass manche Ehen ungültig sind.

Welche Brautpaare nehmen an Kursen heutzutage teil?

1. Manche Paare kommen aus einer tiefen, religiösen Überzeugung, um das Sakrament der Ehe einzugehen. Sie stellen die Ausnahme dar. Es sind dies Paare, die meist eine gute Beheimatung in ihrer Pfarrei, speziell in einer religiösen Gruppe haben.[3] Diese Paare sind selten bei diözesan organisierten Kursen, weil gerade diese Gruppen und Gemeinschaften bereits eine gute Vorbereitung auf die Ehe anbieten bzw. eigene Ehevorbereitungskurse organisieren.

2. Die meisten Brautpaare kommen nicht freiwillig zum Kurs. Er *muss* gemacht werden, weil er vom zuständigen Priester verlangt wird.

3. Von einer tatsächlichen Entscheidungsfreiheit kann nur bedingt gesprochen werden, denn die wesentlichen Entscheidungen sind zum Zeitpunkt der Kursteilnahme bereits gefallen. Die Trauungskirche und der Termin stehen fest, das Gasthaus und die Musik sind bestellt, die Trauungsringe und das Brautkleid sind schon gekauft. Oftmals hat man gemeinsam ein Haus gebaut oder eine Wohnung gekauft.

---

[3] Zu erwähnen wäre z. B. die Schönstatt-Bewegung, die Legio Mariens oder in Deutschland die Jugend 2000.

4. Die Teilnehmer bereiten sich nicht auf etwas wirklich Neues vor. Viele von ihnen leben schon über Jahre zusammen.

5. Manche Paare heiraten, nachdem die Familienplanung abgeschlossen ist. In Österreich kommen 36% der Kinder nichtehelich zur Welt.

6. Die Hochzeit wird als großes Fest gesehen, in dessen Rahmen eine kirchliche Trauung zur Verschönerung des Anlasses gut dazu passt. Zum Beginn des Festes trifft man sich in der Kirche. Da die Kirche eine lange und gute Tradition im Feiern von Festen hat, ist mit der kirchlichen Trauung schon gleich einmal ein gelungener Anfang gesichert. Bezeichnenderweise sind jene Kirchen besonders als Trauungskirchen gewünscht, die sich durch ihre pompöse Ausstattung auszeichnen – je barocker umso besser.

7. Vor allem im ländlichen Raum wird die kirchliche Hochzeit oftmals als letzter Rest katholischer Tradition gesehen, gemeinsam mit der Taufe, der Erstkommunion und der Firmung. Paare werden durchaus auch von den eigenen Familien unter Druck gesetzt, vereinzelt kommen finanzielle Anreize hinzu.

8. Manche Paare leben bereits über Jahre zusammen und befinden sich in einer ersten tiefen Krise. Aus einem beinahe magischen Sakramentenverständnis heraus wird die kirchliche Trauung als eine letzte Möglichkeit gesehen, um

durch den Segen Gottes vielleicht aus der Krise zu kommen. Manche dieser Paare sind aber bereits nach kurzer Zeit dennoch geschieden.

9. Es kommen Paare mit der Einstellung zum Kurs, dass diese Art der Vorbereitung überflüssig sei, weil es hierbei nichts zum Dazulernen gäbe.

10. Es kommt durchaus vor, dass Paare deshalb heiraten, weil einer der beiden, meist die Frau, darauf besteht. Der Partner willigt eben ein, um dem anderen einen Gefallen zu tun.

11. Ein gewisser Teil der Paare kommt mit großer Angst vor dem Scheitern in der Ehe, weil sie selbst vielleicht aus einer zerrütteten oder gescheiterten Familie kommen.

12. Eventuell wird deshalb geheiratet, weil das (älteste) Kind nun zur Erstkommunion kommt. Daher soll auch die eigene Situation „geregelt" werden.

Konsequenzen und Chancen einer schwierigen Ausgangssituation

Welche Konsequenzen sind aus diesen Tatsachen zu ziehen? Soll die Kirche auf Kurse verzichten? Soll den Paaren von einer kirchlichen Trauung abgeraten werden? Soll manchen Paaren die Trauung gar verweigert werden?

Trotz dieser Ausgangssituation sollten auch weiterhin Kurse gehalten werden, denn es geht letztendlich um jedes einzelne Paar: vielleicht kann jemandem dadurch geholfen werden, etwas Wichtiges auf den Weg mitgegeben werden.

Eine tatsächliche Chance aber liegt in einer anderen Form der Ehevorbereitung. Ehevorbereitung beginnt nicht erst unmittelbar vor der geplanten Hochzeit, sondern ist in erster Linie eine Frage der Erziehung in der Familie. Die Kirche hat die Aufgabe, diese Erziehung im Elternhaus zu unterstützen. Ähnliches gilt auch für den Religionsunterricht.

Das Ideal der Ehevorbereitung sieht die Kirche einerseits in der Erziehung im Elternhaus und andererseits in der Jugendarbeit. Der ideale Zeitpunkt für einen ersten Kurs wäre, wenn sich zwei junge Menschen gerade kennen- und lieben gelernt haben. Vor diesem Zeitpunkt fehlt meist die nötige Ernsthaftigkeit, weil es für Jugendliche noch keine tatsächlich akut anstehende Frage in ihrem konkreten Leben ist.

Wenn die Freundschaft bereits über mehrere Jahre besteht, ist es meist so, dass schon Schritte getan wurden, die zu Vorentscheidungen geführt haben. Der tatsächliche Sinn der Zeit des Kennen- und Liebenlernens besteht darin, sich selbst und den anderen zu prüfen, ob man zusammenpasst und ob man selbst die Voraussetzungen mitbringt, die für eine Ehe erforderlich sind.

Die Freundschaft von einer Frau zu einem Mann, die auf das mögliche Ziel einer Ehe ausgerichtet ist, unterscheidet sich ganz wesentlich von anderen

Freundschaften. Der andere ist nicht ein Freund unter Freunden, sondern hebt sich davon klar ab. Es ist eine andere Art der Zuneigung, die dieses Paar verbindet. Freundschaften können zeitgleich viele bestehen und eine Freundschaft zu einem bestimmten Menschen schließt nicht weitere Freundschaften aus. Aber diese besondere Form der Liebe zu einem anderen Menschen ist eine exklusive Liebe, die unteilbar ist und deshalb zeitgleich nur einem einzigen Menschen zukommen kann.

Diese einzigartige (bräutliche) Liebe bringt mit sich, dass man sich dem anderen in einer Form öffnet und in die eigene Seele blicken lässt, wie man sie anderen Freunden gegenüber nie zulassen würde. Das bedeutet aber: Je weiter man sich einer anderen Person öffnet, je mehr man von sich selbst preisgibt, umso verletzbarer wird man.

Liebe verlangt immer einen Vertrauensvorschuss, um eine Beziehung vertiefen zu können. Wenn dieses entgegengebrachte Vertrauen missbraucht wird, so bleiben dementsprechende Verletzungen über. Je tiefer eine solche Freundschaft war, umso schmerzhafter und tiefer sind die Wunden, die zurückbleiben. Diese Verbindung findet ihren unlösbaren Abschluss und Höhepunkt im Ehebund.

In einer Freundschaft, die als Ziel eine mögliche Eheschließung hat, darf deshalb auch nichts überstürzt werden. Es bedarf einer kontinuierlichen Reifung der betroffenen Personen selbst, wie auch des verliebten Paares als solchem.

Angst vor Scheitern – die Berufung zur Ehe

Jeder Mensch ist heutzutage in seinem Verwandten-
oder Freundeskreis mit Ehepaaren konfrontiert, die
in tiefen Schwierigkeiten stecken oder sich scheiden
lassen. Angesichts dieser Tatsache ist es nicht verwunderlich, dass viele Paare sich nicht mehr trauen,
diesen Bund mit dem Ja-Wort zu besiegeln. Zu groß
ist die Angst des Scheiterns.

Jedes Ehepaar darf auf die Kraft des Sakramentes
und die Gnade Gottes hoffen und bauen. Gott selbst
ist es, der die Verbindung von Mann und Frau zum
Sakrament erhoben hat und diese Verbindung heiligt.
„Die innige Gemeinschaft des Lebens und der Liebe
in der Ehe wurde vom Schöpfer begründet und mit
eigenen Gesetzen geschützt. Gott selbst ist Urheber
der Ehe."[4]

Die Berufung zur Ehe liegt in der Natur des Mannes
und der Frau, wie diese aus den Händen des Schöpfers
hervorgegangen sind. Die Ehe ist nicht nur eine rein
menschliche Institution, sondern gründet im Bündnis
mit Gott selbst. Diese Treue Gottes zu uns Menschen
ist ein Abbild dessen, was sich Mann und Frau bei der
Eheschließung versprechen. So wie Gott treu ist, so
wie Gott den Bund mit uns Menschen, den er durch
Jesus Christus geschlossen hat, nie aufkündigen wird,
so kann auch eine gültige Ehe nie aufgelöst werden.

Jeder wünscht sich den idealen und perfekten Partner. Aus diesem Wunschdenken heraus ist man oft

---

[4] Gaudium et spes, 48,1.

nicht bereit, die Fehler des anderen sehen zu wollen und zu akzeptieren. Jeder Mensch hat seine Talente und guten Eigenschaften, genauso hat aber auch jeder Mensch seine Fehler und schlechten Neigungen.

Wenn sich nun zwei Menschen kennen- und lieben lernen, so kommen zwei Personen zusammen, die jeweils sowohl ihre positiven wie auch negativen Seiten in diese Verbindung einbringen. Dies führt natürlich zu Spannungen und Problemen. Was jemand aber selbst nicht erfüllen kann, das darf er auch von einem anderen nicht erwarten. So wie niemand perfekt ist, so kann in einer Beziehung niemand vom anderen erwarten, einem fehlerlosen Menschen gegenüberzustehen. Vielmehr muss die Frage lauten, ob man mit dem anderen so einverstanden ist, wie er nun einmal ist.

Zentrale Fragen in der Vorbereitung auf eine Eheschließung

1. Was verbindet ein Paar am meisten? Was ist es, dass sich genau jene Frau und jener Mann zusammengefunden haben? Was ist das Anziehende in der Beziehung?

2. Wie geht ein Paar mit Problemen um? Wurde in der Herkunftsfamilie offen über Probleme gesprochen? Durfte man alles sagen und fragen? Wo und wie fühlt sich jemand verstanden und wo nicht?

3. Wer hat in der eigenen Familie leichter den ersten Schritt zur Versöhnung gemacht, der Vater oder die Mutter?

4. Wie wurden in den eigenen Familien Feste gefeiert, wie z. B. Weihnachten, Geburtstage, Hochzeitstag...? Welche Kultur des Feierns will man selbst entwickeln und pflegen?

5. Welche Erwartungen hat man an das erste Ehejahr?

6. Was bedeuten Kinder für den jeweils anderen? Wie viele Kinder will man in etwa einmal haben? Wie stellt man sich die gemeinsame Kindererziehung vor?

7. Wie soll die gemeinsame Geldverwaltung aussehen?

8. Wie versteht man sich mit den Eltern des jeweils anderen, wie soll der künftige Kontakt aussehen? Gerade die Konflikte zwischen den Generationen sind nicht selten Anlass dafür, dass es zu Problemen und Streitereien bei Ehepaaren kommt. So gut und wichtig Mehrgenerationenhaushalte wären, so selten funktionieren sie.

9. Welche Kultur und Tradition des ehelichen Gespräches sollen entwickelt werden? Wie geht man mit Problemen und Streit um?

10. Was verbindet, was trennt ein Paar am meisten?

11. Wo liegen die größten Probleme und warum werden diese Themen gemieden?

12. Wo fühlt man sich vom anderen verstanden und wo nicht?

13. Welche Bedeutung hat das christliche Eheleben, z. B. die Sonntagsmesse, das gemeinsame Gebet, die christliche Erziehung der Kinder?

Diese Fragen müssen unbedingt schon vor einer möglichen Eheschließung klar zur Sprache gebracht werden. Ein besonderes Anliegen aus kirchlicher Sicht liegt aufgrund der heutigen Situation bei der Frage nach dem gelebten Glauben. Dabei darf man ruhig den Grundsatz anwenden: Was vor der Eheschließung nicht praktiziert wurde, wird meist erst recht nicht funktionieren, wenn man einmal verheiratet ist.

Wenn der Glaube nicht etwas ist, das im alltäglichen Leben integraler Bestandteil ist, wird der Glaube bei Schwierigkeiten nicht hindurchtragen und weiterhelfen können. Das Gebet und das Glaubensleben braucht speziell in der Familie eine richtig verstandene Ritualisierung. Das gemeinsame Gebet und der Besuch der Sonntagsmesse muss in einer christlichen Ehe eine Selbstverständlichkeit sein. Auf Dauer wird es nicht durchzuhalten sein, immer wieder einseitig zur religiösen Praxis drängen zu müssen. Erst die richtige Form der Ritualisierung führt dazu, dass nicht jedes Mal das Gebet oder der Messbesuch begründet werden muss oder eine Rechtfertigung braucht.

Diese Rituale müssen schon festgelegt und gelebt werden, bevor der Bund der Ehe eingegangen wird. Von alleine wird sich später kaum etwas ergeben. Nach der Hochzeit wird sich selten diesbezüglich etwas zum Besseren wenden! Die uneinheitliche Haltung, was die gemeinsame religiöse Praxis betrifft, wirkt sich besonders in der Kindererziehung aus.

Es ist in der heutigen Zeit für ein gläubiges, praktizierendes Paar schwierig, die Kinder im Glauben zu erziehen. Vielen Paaren gelingt es trotz der eigenen Glaubensüberzeugung und -praxis nicht, den Kindern und Jugendlichen die Bedeutsamkeit des religiösen Lebens zu vermitteln. Umso schwieriger aber wird es, wenn ein Ehepartner in diesen Fragen alleine dasteht oder gar vom Partner belächelt wird.

So tolerant kann der Partner dem anderen gegenüber gar nicht sein, dass gerade in der religiösen Erziehung der Kinder nicht massive Probleme entstehen werden. Das Intimste, das ein Mensch hat, ist nicht die Beziehung zu einem anderen Menschen. Dies wird noch übertroffen von der persönlichen Beziehung zu Gott. Wenn aber ein Paar in der Lage ist, gemeinsam diese Beziehung zu Gott zu pflegen und aufzubauen, so sollte es nichts geben, worüber ein Paar nicht miteinander reden könnte. Ziel einer Eheschließung zwischen Katholiken muss es sein, Kirche im Kleinen zu bilden. In lehramtlichen Schreiben wird dafür der Ausdruck *Hauskirche* verwendet.

Ganzheitlicher Ehebund und vorehelicher Geschlechtsverkehr

Bei der Trauung muss das Paar folgende Frage beantworten: *Sind Sie hierhergekommen, um nach reiflicher Überlegung und aus freiem Entschluss mit Ihrer Braut/ Ihrem Bräutigam den Bund der Ehe zu schließen?*

Von besonderer Bedeutung ist bei dieser Frage die persönliche Reife, um eine solche Entscheidung treffen zu können. Hat jeder einzelne der beiden die nötige Reife, diese weitreichende Entscheidung zu treffen? Reife setzt einen Prozess voraus und spricht gegen jede übereilte Entscheidung. Schließlich geht es darum, sich bis zum Tod eines der beiden zu binden.

Jede freie Entscheidung ist natürlich von verschiedenen Umständen eingeschränkt. Daher ist es wichtig, sich diese Freiheit nicht unnötig einschränken zu lassen. Mit dem Ja-Wort verzichtet dann jeder freiwillig auf einen gewissen Teil seiner Freiheit aus Liebe zu einem anderen.

Die wesentliche Einschränkung der freien Entscheidungsfähigkeit findet vor allem durch die voreheliche Geschlechtsbeziehung statt. Gerade die erste geschlechtliche Vereinigung führt zu einer besonderen Bindung und Prägung – für die Frau mehr als für den Mann.

Durch vorehelichen Geschlechtsverkehr wird bereits eine Vorentscheidung getroffen, die eine tatsächlich freie Entscheidung massiv beeinflusst. Das körperliche Eins-Werden bedeutet, sich dem anderen ganz zu schenken. Je mehr sich jemand dem anderen aber öffnet und schenkt, umso verletzbarer wird man.

Daher braucht gerade die gelebte Sexualität den größtmöglichen Schutz. Dieser Schutz ist aber nur gegeben durch das bedingungslose, öffentliche und verbindliche Ja zum anderen, wo es kein Zurück mehr gibt. Nur das unwiderrufliche Ja-Wort vor dem Traualtar, das den anderen ohne Bedingungen so annimmt wie er ist, kann diesen Schutz gewähren.

Vorehelicher Geschlechtsverkehr bedeutet: Ich nehme dich, ich sage Ja zu deinem Körper, aber noch kein endgültiges Ja zu dir als Person, und zwar bedingungslos und endgültig. Dies ist, wie es der Papst einmal sagte, ein Lieben auf Probe: Man kann nicht auf Probe leben und nicht auf Probe sterben. Der Mensch kann aber auch nicht auf Probe lieben.

Ein Paar, das die voreheliche Enthaltsamkeit nicht lebt, sagt zwar körperlich Ja zueinander, in geistiger Hinsicht aber nicht vollständig. Denn durch die fehlende endgültige Bindung lässt sich jeder der beiden einen Ausweg oder einen Fluchtweg offen. Wenn es zu größeren Schwierigkeiten in der Beziehung kommt, so bleibt immer noch die Möglichkeit, ein Nein zum anderen zu sagen, denn genau genommen hat man sich noch nichts versprochen. Körperlich Ja – geistig aber doch nicht ein ganzes Ja.

Auch wenn es unbewusst geschieht, so liegt darin doch die Gefahr, den anderen letztendlich auszunützen. Jeder muss sich daher in dieser Situation der vorehelichen Beziehung ehrlich die Frage stellen: Werde ich geliebt oder doch mehr mein Körper?

Die Bereitschaft zum vorehelichen Geschlechtsverkehr ist kein Beweis der Liebe dem anderen gegenüber. Tatsächliche Liebe bedeutet nicht, einfach nachzugeben, sondern tatsächliche Liebe bedeutet, aus Liebe und Rücksicht gegenüber dem anderen verzichten zu können. Druck führt zur Degradierung des anderen zum Objekt der eigenen Triebbefriedigung.

Die Ganzhingabe im körperlichen Eins-Werden verlangt als Vorbedingung das bedingungslose und endgültige Ja zum anderen. Wer nicht oder noch nicht in der Lage ist, ein endgültiges Ja zum anderen zu sagen, kann auch nicht verlangen, dass der andere sich körperlich hingibt und schenkt.

Der Geschlechtsverkehr ist nicht ein einfacher biologischer Vorgang zur Triebbefriedigung, sondern ein zutiefst interpersonales Geschehen, das bei Ausnützung zu tiefsten Verletzungen und Verwundungen führt. Gelebte Sexualität setzt das höchste Maß an Geborgenheit, Sicherheit und Angenommensein voraus.

Das Gespür dafür ist jungen Leuten durchaus zu vermitteln und wird verstanden. Schwieriger als früher aber ist es, heute dieses Ideal zu leben. Genau das Gegenteil dessen wird in den Zeitschriften und in den Medien propagiert. Manche Eltern gehen soweit, der Tochter mit 14 oder 15 Jahren die Pille zu besorgen, denn einerseits soll vermieden werden, dass die Jugendliche schon schwanger wird; andererseits aber wird die voreheliche Sexualität als selbstverständlich und etwas Normales akzeptiert. Wenn ein Paar hingegen dem heutigen Zeitgeist widersteht, so stößt es auf Unverständnis.

Das, was früher als normal angesehen wurde, wird heutzutage belächelt, wenn nicht gar verspottet. Das Bewusstsein der vorehelichen Enthaltsamkeit ist bei vielen praktizierenden Katholiken nicht mehr vorhanden.

Der Wiener Zettelpoet Helmut Seethaler hat es in seiner Art auf den Punkt gebracht, als er schrieb: *„Je länger wir mitlaufen, umso schwerer wird es, das Mitlaufen zu beenden. Je länger wir mitlaufen, umso schwerer wird es, zu erkennen, dass das Mitlaufen hätte nie beginnen dürfen."*

Wenn sich ein Paar trennt, so bleiben Wunden und Enttäuschungen zurück. Je intensiver und intimer diese Beziehung war, umso tiefer gehen diese Verwundungen. Das führt aber auch dazu, dass aus einem Selbstschutz heraus die nötige Öffnung dem anderen gegenüber erschwert wird, auch in der Ehe, wo diese Öffnung unbedingt notwendig ist. Gerade in der Sexualität ist der Mensch in besonderer Weise verletzbar.

In der Jugendarbeit ist die Vermittlung eines soliden medizinischen Wissens über die Abläufe im Zyklus der Frau und eine fundierte Sexualaufklärung ein wichtiger Punkt. Papst Johannes Paul II. schreibt in Familiaris consortio 33:

„Zu den notwendigen Voraussetzungen zählt aber auch die Kenntnis des Körpers und der Zyklen seiner Fruchtbarkeit. In diesem Sinn muss alles getan werden, dass alle Eheleute und vorher schon die Jugendlichen mithilfe einer klaren, rechtzeitigen und soliden Information durch Ehepaare, Ärzte und sonstige Fachleute zu einer solchen

Kenntnis gelangen können. Diese Kenntnis muss dann in eine Erziehung zur Selbstbeherrschung einmünden: Von hier aus ergibt sich die absolute Notwendigkeit der Tugend der Keuschheit und der ständigen Erziehung zu ihr. In christlicher Sicht besagt Keuschheit keineswegs eine Verdrängung oder Missachtung der menschlichen Geschlechtlichkeit; sie bedeutet vielmehr eine geistige Kraft, die die Liebe gegen die Gefahren von Egoismus und Aggressivität zu schützen und zu ihrer vollen Entfaltung zu führen versteht.

Es gehört in die Ehevorbereitung und in die Jugendarbeit, eine solide Information über die Bedeutung und Wirkweise der Natürlichen Empfängnisregelung zu vermitteln. Es geht beim Vermitteln des medizinischen Wissens aber explizit nicht um eine Anleitung zu vorehelichem Geschlechtsverkehr, sondern um eine Hinführung für junge Frauen, um die Abläufe im eigenen Körper verstehen, die Zeichen der Fruchtbarkeit deuten zu können.

Es ist ratsam, dass auch junge Männer sich dieses Wissen aneignen. In der Ehe darf die Verantwortung bezüglich der Zahl der Kinder und der verantwortlichen Elternschaft nicht nur auf den Schultern der Frau lasten. Natürliche Empfängnisregelung (NER) ist ein partnerschaftlicher Weg, der beide Eheleute in die Pflicht nimmt und auch nur praktizierbar ist, wenn beide damit einverstanden sind. Untrennbar damit ist verbunden, in diesem Zusammenhang die Inhalte der

Enzyklika *Humanae vitae*[5] zu vermitteln. Die Probleme, die sich für die Ehepaare aus der Verhütungsmentalität ergeben, werden vielfach unterschätzt.

Fünf Prüfungsfragen in der Ehevorbereitung

Die hier aufgeführten Fragen sind der Einfachheit halber aus dem Blickwinkel einer jungen Frau gestellt, wobei diese Fragen für Männer genauso gelten.

Frage 1: Kann ich mir vorstellen, mit diesem Mann auch in 30, 40 Jahren noch verheiratet zu sein?

Frage 2: Kann ich mir vorstellen, dass dieser Mann der Vater meiner Kinder werden soll?

Frage 3: Bin ich überzeugt, dass wir gemeinsam in Fragen des Glaubens und der religiösen Erziehung der Kinder an einem Strang ziehen werden?

Frage 4: Bin ich überzeugt, dass mir dieser Mann alles verzeihen wird, wenn ich einen schweren Fehler begehe, den Fehler aber bereue?

Frage 5: Bin ich überzeugt, dass ich immer wichtiger sein werde als sein Freundeskreis, seine Herkunftsfamilie oder seine Hobbys?

Wenn auch nur eine dieser Fragen mit einem Nein beantwortet werden muss, so ist dringend von einer Hochzeit abzuraten! Sollten Zweifel zu einzelnen Fragen bestehen, ist Klärungsbedarf gegeben.

Die Kirche hat in der Vorbereitung auf die Ehe eine sehr lange Erfahrung, die man sich gerade in Zeiten

---

[5] Enzyklika Humanae vitae, http://stjosef.at/dokumente/humanae_vitae. htm.

von hohen Scheidungszahlen zu Nutze machen muss. Es geht in der Ehevorbereitung darum, ein Grundwissen zu vermitteln, was Ehe bedeutet, damit eine Ehe gelingen kann. Es wäre falsch, wenn man sagen würde, die Situation hätte sich heute gegenüber früheren Zeiten um so viel verändert oder verschlechtert und man müsse den veränderten Gegebenheiten dadurch Rechnung tragen, dass man z. B. von der Unauflöslichkeit der Ehe abgeht.

Das Wesen einer sakramental gültigen Ehe ist unveränderbar. Es muss aber den veränderten Verhältnissen dahingehend begegnet werden, dass man in besonderer Weise herausstellt, was für das Gelingen einer Ehe wichtig ist. Jede Zeit hat ihre Herausforderungen und Probleme. Die gesellschaftlichen Veränderungen machen es nicht leichter, eine gute Ehe zu führen. Umso intensiver muss daher das Bemühen um eine gute Vorbereitung sein, damit es auch in unserer Zeit gelingt, gute und heiligmäßige Familien zu bilden.

Helmut Prader, Dr., ist Bischofsvikar der Diözese St. Pölten für die Bereiche Ehe, Familie und Lebensschutz. Er ist Dozent an der Phil.-Theol. Hochschule Benedikt XVI. Heiligenkreuz, Richter am Diözesangericht St. Pölten, Referent am Institut für Natürliche Empfängnisregelung sowie Diözesanfamilienseelsorger.

Teil 2: Ehe als Entscheidung und Geschenk

Wie finden Familien das Glück des Lebens?

Christoph Kardinal Schönborn

„Liebe Familien, ich komme an eure Haustür, um über ein Ereignis mit euch zu sprechen, das bekanntlich im kommenden Oktober im Vatikan stattfinden wird," so Papst Franziskus im Blick auf die bevorstehende Welt-Bischofssynode 2014 in einem Brief an alle Familien der Erde, um über das Thema *Die pastoralen Herausforderungen der Familie im Kontext der Evangelisierung* zu diskutieren.

Das ITI und das IEF veranstalteten dieses Jahr die dritte gemeinsame Tagung zum Thema *Ehe als Entscheidung und Geschenk*. Nach den beiden ersten Fachtagungen *Verlobung* und *Umfassende Ehevorbereitung* schließt sich nun die dritte Konferenz an, die sowohl die theologischen, ethischen und psychologischen Aspekte als auch die praktische Umsetzung dieser Thematik behandelt.

Bei diesem Thema geht es, wie schon beim heiligen Augustinus zu finden, um die besondere Einheit von Theorie und Praxis: *Voluntas oritur ex intelligentia*. Das Wollen entsteht aus dem Erkennen. „*Doch zwischen der Lehre der Kirche über Ehe und Familie und den gelebten Überzeugungen vieler Christen ist eine Kluft entstanden*", wie Walter Kardinal Kasper in seiner Rede zu aktuellen Fragen von Ehe und Familie vor dem Konsistorium der Kardinäle unlängst betonte. Ein Grundproblem besteht darin, dass vielen Christen die Lehre der Kirche heutzutage als welt- und lebensfremd erscheint.

Welchen Weg muss nun die Kirche einschlagen, um die Menschen von heute zu den Wurzeln des christlichen Glaubens zurückzuführen? Wie finden die Menschen in der Familie das Glück ihres Lebens? Die Kirche kann keinen anderen Weg anbieten, als den, den sie durch das Evangelium Jesu Christi empfangen hat. Das heißt die Menschen von der Wurzel des Glaubens her zu unterweisen und sie schrittweise in die Schönheit dieser Botschaft einzuführen.

Eindringlich ermahnt uns der Herr durch seine Worte: Τί δε με καλειτε·κυριε κυριε, και ου ποιειτε α λεγω; – Quid autem vocatis me: „Domine, Domine", et non facitis, quae dico? – Was ruft ihr Herr, Herr und tut nicht, was ich sage? (Lk 6,46)

Einführung
in das Tagungsthema

Larry Hogan

E *he als Entscheidung und Geschenk* ist der Titel und das spannende Thema der Fachtagung im Jänner 2014, veranstaltet vom Internationalen Theologischen Institut (ITI) in Trumau zusammen mit dem Wiener Institut für Ehe und Familie (IEF). Die beiden vorherigen Tagungen im Jänner 2012 und 2013 konzentrierten sich auf die Aspekte der Verlobung und Ehevorbereitung. Jetzt erfolgt sozusagen die logische Fortsetzung der früheren Tagungen.

Erfreulicherweise hat sich die Zahl der Teilnehmer im Laufe der drei Jahre mehr als verdoppelt und zwar auf rund 80 Personen, darunter der Familien- und Diözesanbischof DDr. Klaus Küng, auch Hauptzelebrant und Prediger beim Gottesdienst, und Weihbischof Mag. Dr. Franz Scharl.

Theoretische wie praktische Aspekte werden in den folgenden Beiträgen behandelt, beginnend mit der *Bedeutung der Lebensstationen für ein gelungenes Leben* von Prof. DDr. Matthias Beck und *Sich entscheiden – Bedeutung, Voraussetzungen und Tugenden* von Prof. Dr. Markus Riedenauer. Prof. Dr. Joseph Spindelböck referiert über *Das Konsensprinzip der Ehe als Ausdruck der gleichen Würde von Mann und Frau* und Prof. Dr. Michael Wladika über *Eheschließung – Natur und Gnade in der Lebensentscheidung.* Das Ehepaar Dr. Michael und Barbara Prüller, lange verheiratet und mit acht Kindern gesegnet, legen Zeugnis für eine glückliche und gelungene Ehe ab. Mit viel Lebenserfahrung gewürzt liest sich der humorvolle Vortrag von Dr. Heinz Lackner *Was sagt das Ende über den Anfang?*

Entscheidung und Gnade, Theorie und Praxis

Michael Wladika

Die *Ehe als Entscheidung und Geschenk* muss immer vom Telos, vom Ziel her gedacht werden. Wer eine gute Ehe – oder eine gute Eheschließung – erreichen will, muss wissen, *was* die Ehe, was eine *gute* Ehe ist. Dazu gehört ein bestimmtes und gutes Handeln als Resultat des Wollens von zwei Personen; darüber hinaus eine ausreichende Erkenntnis und das Element des Geschehen-Lassens. Bei der Thematik der Ehe und Eheschließung handelt es sich schließlich um den Aspekt der Entscheidung sowie um den der Gnade bzw. des Geschenks.

Ehe als Entscheidung und Geschenk, diese Thematik soll sowohl theoretisch als auch praktisch reflektiert werden; dazu gehören theologische wie ethische Überlegungen sowie psychologische Erkenntnisse und dann die praktischen Probleme und deren Umsetzung. Die Praxis braucht die Theorie, die Theorie braucht die Praxis. Die Ehe ist eine Sache der Lebensform, die aber theoretisch reflektiert sein will.

Welche Fragen bestimmten den Verlauf der Fachtagung *Ehe als Entscheidung und Geschenk?*

– Was zeichnet Lebensstationen und besonders die Eheschließung als entscheidende Station aus?

- Wie werden Grundentscheidungen, Lebensentscheidungen gefällt? Wie können gute Entscheidungen getroffen werden?

- Was ist für die Entscheidung zur Eheschließung
  konstitutiv? Welche Rolle spielen Tugenden
  dabei?

- Wie können kirchliche Bemühungen zu einer guten Entscheidung hinführen und diese
  bestärken?

- Was ist in der Eheschließung über die Entscheidung hinaus da: Geschenk, Gnade, Berufung?

Mögen die Beiträge dieses Bandes vielen Paaren in
Erkenntnis und Handeln helfen.

Lust, Leiden, Entscheidung?

Franz Scharl

Was ist unser Leben? Geschenk? Lust? Leiden? Entscheidung? Auftrag? Gnade? In einer bestimmten Hinsicht wohl alles und doch noch einmal etwas anderes!

Was ist unser Leben denn nun? Ist es nicht in radikaler Weise zuerst und zutiefst *Erwählung*? Ich möchte aus dem Epheserbrief des heiligen Apostels Paulus zitieren, der für mich hier den besten Zugang zu unserer Thematik wählt:

Gepriesen sei der GOTT *und* VATER *unseres* HERRN JESUS CHRISTUS: *Er hat uns mit allem Segen Seines* GEISTES *gesegnet durch unsere Gemeinschaft mit* CHRISTUS *im Himmel.*

Denn in Ihm hat Er uns erwählt vor der Erschaffung der Welt, damit wir heilig und untadelig leben vor GOTT; *Er hat uns aus Liebe im Voraus dazu bestimmt, Seine Söhne zu werden durch* JESUS CHRISTUS *und nach Seinem gnädigen Willen zu Ihm zu gelangen, zum Lob seiner herrlichen Gnade.* (Eph 1,3-6a)

Hier ist für mich der fulminante Zugang zur Ehe eröffnet; sehen wir die Ehe als eine Entscheidung, die von GOTT her kommend, zu GOTT hin ausgerichtet und so im guten Sinn radikal geweitet ist, dann ist eine allein schöpfungs-immanente Perspektive damit gesprengt.

Franz Scharl, Mag. Dr., Weihbischof der Erzdiözese Wien,

Bischofsvikar für die Kategoriale Seelsorge und die Fremdsprachigen Gemeinden, in der Österreichischen Bischofskonferenz zuständig für Ausländerseelsorge, Mitglied der Familienkommission der Österreichischen Bischofskonferenz.

Der Ewige prüft den Gerechten und den Frevler (Ps 11,4-5)

Bernhard Dolna

Prüfungen durch erfahrene Verletzungen

Die Anregung zu diesen Ausführungen verdanke ich den tiefsinnigen und auch heute hochaktuellen Gedanken von Heinrich Spaemann in seinem letzten Lebensabschnitt (im 93. Lebensjahr, er verstarb im Jahr 2001 mit 98 Jahren). Er hat mich beauftragt, diese Gedanken einmal aufzugreifen und öffentlich zu machen, an ihn sei damit in Dankbarkeit erinnert, ihm sind sie gewidmet.

Das biblische Wort *Prüfung* (hebr.: nasa, bachan; griech.: peirasmos, dokimion; lat.: tentatio, probatio)[1] scheint dem so genannten modernen Bewusstsein bedeutungslos geworden zu sein. Heute verbindet man mit der Vokabel *Prüfung* vor allem die Vorstellung von *Examen*, was gar nichts mit dem biblischen Verständnis zu tun hat. Dort wird der Glauben des

---

[1]   Siehe beispielsweise Ex 16,4; Dtn 13,4; Ps 139,23; Lk 22,28; Jak 1,3; 2 Petr 2,9.

Menschen geprüft, der an Gott nicht irre wird, auch wenn er Leid oder Unrecht erfährt.

Das durchhaltende Vertrauen steht hier auf dem Prüfstand. Die *Prüfung* im biblischen Kontext geht davon aus, dass alles, was dem Menschen begegnet, von Gott verantwortet ist. Zugleich ist damit die Vorstellung verbunden, dass bei denjenigen, die er prüft und die nicht aufhören sein Antlitz zu suchen, alles zum Guten führt. Zwei dafür archetypische *Gestaltpaare* sind Kain und Abel sowie Hiob und seine Frau aus der Heiligen Schrift.

Anstelle des Glaubenswortes *Prüfung* oder auch *Heimsuchung* ist heutzutage das Stichwort *Verletzung* getreten, und das auch weithin unter Christen. Ingeborg Bachmann hat in ihrem Gedicht *Bruderschaft* diese sehr verbreitete Grundströmung unserer Zeit treffend ins Wort gebracht:

Alles ist Wundenschlagen, und keiner hat
keinem verziehen. Verletzt wie du und verletzend,
lebte ich auf dich hin.

Der Ausdruck *Verletzung* ist heute fast schon zum inflationären Modewort geworden, das einschließt, dass derjenige, der protestiert und klagt, man habe ihn verletzt, die Lösung seiner psychischen Probleme im rein innerweltlichen Raum sucht. Erlittene Verletzungen haben (wie das Gedicht zeigt) im Gegensatz zu Prüfungen zunächst kein anderes Du, außer dem, der einem die Verletzungen zufügt. Sie rufen Gegenreaktionen hervor, im persönlichen Gegenüber, in der Familie, am Arbeitsplatz. Sie führen zu einer

Verdunkelung des Gesichts, zur Verstimmung und zum Verstummen. Sie provozieren Empörung. Ansprüche auf Rücksicht, Genugtuung, Rehabilitation und sofort werden geltend gemacht.

Außerdem können Verletzungen, die man erleidet oder einem anderen zufügt, zu einem Kalkül werden, zu einer Waffe, um ein Spiel für sich zu gewinnen, unter Umständen auch im politischen und wirtschaftlichen Bereich. Es fehlt nicht an Schikanen, Zurücksetzungen, Verkennungen oder Verleumdungen. Der Ausdruck *„Der hat mich verletzt"* wird zum Alibi für entsprechende Reaktionen.

Oft geschieht das auch in christlicher Umgebung, dass manche mittels ihrer ihnen widerfahrenen Verletzungen ihre Abkehr vom Gott der Christen rechtfertigen und sich von deren Zusammenkünften und Gottesdiensten fernhalten. Sie meinen und sagen es nicht selten, sie müssten die Verletzungen, die sie da erlitten haben, erst aufarbeiten. Wie soll das geschehen? Verletzungen ohne Hinwendung zu Gott haben kein positives Du mehr, außer einem Menschen, den Gott diesem Verletzten begegnen lässt. Wenn nicht, dann bleibt einer bei sich selbst mit einer Verzweiflung, die unaufhörlich steigt.

Die, die ihn verletzten, sieht er negativ, er sieht nur Dunkelheit, kein Licht. Er reagiert entsprechend mit Verstimmung, Verstummung, Verdunkelung. *Das Leben ist für mich nur mehr ein tief in der Kehle gefangener Fels von Schreien,* so Ingeborg Bachmann in einem ihrer späten Gedichte. Es ist ein Wunder der Gnade, wenn einer dennoch wieder zu dem Vertrauen gelangt, dass

Gott das Geschehene und das Missgeschick verantwortet, wenn er selbst das Geschehene nun in seine Beziehung zu Jesus einzuordnen versucht. So wird ein Christ geläutert, vertieft, wobei es sein kann, dass ein psychologisch geschulter und zugleich gläubiger Berater (ein Seelsorger!) helfend zur Seite steht.

Dass auch Glaubende Verletzungen erleiden ist evident, denn der Glaube ist kein Schutz davor und stoische Gefühllosigkeit ist kein Ideal für den Christen. Verletzungen, die einer zu tragen hat, liegen manchmal lange zurück (z. B. in der Kindheit). Sie bestimmen dann bewusst oder unbewusst lange Perioden eines Menschenlebens. Niemand leidet so sehr wie ein Kind, das zunächst in einem Raum von Liebe heranwächst und dann etwas Gegenteiliges erfährt. Missachtung und Verlassen-Werden führen dazu, dass ein Kind, schon in seinen Anfangsjahren, tiefe Verletzungen erleiden muss.

Da kann dann das Erkennen und Verstehen der Zusammenhänge notwendig und die Hilfe eines Psychologen hilfreich sein. Dabei aber sollte dem gläubigen Christen (und nicht nur ihm) immer wieder nahegelegt werden, jenen zu vergeben, die ihn als Kind verletzten, auch wenn sie nicht mehr leben. Vergebung, die man anderen schenkt, hat heilende und befreiende Wirkung für den Schenkenden.

Vergebung kann die Voraussetzung dafür sein, dass die Vergangenheit *wieder oder noch* in das Licht des erbarmenden Gottes taucht, der mich heilt, indem er die heilt, die mir wehgetan haben. Das aber geschieht nicht ohne meine Bitte und ohne meine entsprechende

Gesinnung. So kann auf dem Weg des Erkennens und Verstehens der Weg für Vergebung aufgetan werden.

Zugleich gilt, dass jeder, der es mit Gott zu tun bekommt, geprüft wird. Er setzt sich dem Licht der Wahrheit aus; das heißt, dass die Gesinnung geprüft wird, ob das Verhalten innerlich recht ist. Es könnte ja sein, dass eine Verpflichtung und Aufgabe Gott gegenüber dazu führt, sich der Erfahrung des lebendigen Gottes zu entziehen, wie das im Gleichnis vom barmherzigen Samariter (Lk 10,25-37) geschieht:

Der Priester und der Levit, beide sind ihrem Stande nach Diener Gottes, lassen den unter die Räuber Gefallenen am Weg liegen. Dieser geschundene Mensch ist ihre Prüfung. Vielleicht dachten sie, dass die Wegelagerer noch in der Nähe seien und, würden sie sich mit dem Verwundeten aufhalten, riskierten sie womöglich ihr eigenes Leben. Sie haben Familie, einen Beruf, religiöse Verpflichtungen. Weil sie Angst haben, gehen sie vorüber.

Aber wo einer sein Versagen erfährt wie bei diesen Männern, kann Reue und Umkehr geschehen. Es ist denkbar, dass sich der Priester und der Levit bekehrt haben und sie sogar den Entschluss fassten, ihr Amt anders zu gestalten, weil für sie in dem Pensum, das sie zu erfüllen hatten, die Gefahr lag, sich vom Lebenszeugnis und vom *Anspruch des lebendigen Gottes* zu drücken.

Prüfung meint in der Bibel auch Heimsuchung, wie sie an Hiob geschah. In ihr verbirgt sich die Frage, ob einer an Gott festhält, zugleich aber ist sie ein Schulungsprozess. Für Christen bedeutet sie, dass es mit der Nachfolge Christi ernst wird, auch mit der Nachfolge in der Passion. Da werden Illusionen genommen, so wie Gold im Feuer geläutert wird, denn der Glaube soll als weit kostbarer empfunden werden.

Nachfolge in der Passion ist dichte Nähe zu Jesus: *Wer mir nahe ist, ist dem Feuer nahe,* lautet ein Jesuswort aus dem apokryphen Thomasevangelium. Prüfungen verhindern nicht selten das Abdriften aus der Nähe Jesu in ein Leben ohne ihn, denn es lebt sich ja für viele Menschen ohne ihn gut. Prüfungen helfen zur Umkehr.

Prüfungssituationen im Alten Testament

Wie stellt sich Prüfung im archetypischen Brüderpaar **Kain und Abel (Gen 4,1-16)** dar? Kain wird von Gott geprüft, weil das Opfer seines Bruders Abel von Gott angenommen wird und das seinige nicht. Gott stellt ihm gleichsam die Frage: *Kain, was willst du mit deinen Opfergaben, worum geht es dir?* Zur Zeit des Verfassers dieser Genesisgeschichte galt ein sesshafter Bauer mit seinen Äckern – das war Kain – mehr als ein primitiver Nomade mit seiner Herde – wie sein Bruder Abel. Kain ist zudem der ältere Bruder. Er findet sich darum sowohl in seinem Stand als Bauer als auch in seinem Vorrang als Erstgeborener verletzt, herabgesetzt.

Kain aber lässt sich von Gott nicht in Frage stellen. Er forscht nicht nach, warum sein Opfer nicht angenommen wurde, sucht nicht länger das Angesicht Gottes. Er schaut verbittert auf seinen Bruder herunter, der ihm den Vorrang bei Gott streitig macht. Er beschließt ihn zu beseitigen; er will Abel gleichsam Gott wegnehmen.

Wer von Gott wegsieht, kommt fast automatisch in den Machtbereich des Bösen, der vor seiner Tür lauert (Gen 4,7). Gott warnt ihn davor, aber Kain hört nicht auf Gott. Er führt Abel hinaus auf sein Feld, um ihn zu erschlagen. So wird Kain seinen Bruder los und Gott seinen Liebling.

Auch Abel wird geprüft. Wird er, von Kain bedroht, sich wehren, diesen im Zweikampf zu besiegen suchen? Wird er vielleicht zuerst ihn töten, um nicht selbst zu sterben? Würde er das tun würde, dann würde er das *Nein* Kains zu seinem Bruder und zu Gott quasi übernehmen. Doch Abel wehrt sich nicht, wie der biblische Bericht zeigt. Er wird selbst zum Opferlamm Gottes. Er hält an seinem Ja zu Gott fest und ist bejaht von ihm!

Wie würde es – aus heutiger Sicht – zugegangen sein, wenn Kain die Prüfung bestanden hätte, als er sah, dass Abels Opfer angenommen wurde und das seine nicht? Er hätte sich wohl gefragt: Was ist an meinem Opfer verkehrt? Was gefällt Gott an mir nicht? Vielleicht würde er auch zu Abel gesagt haben: Frag du Gott für mich, opfere deine Gabe auch für mich, dass ich erkenne, was Gott von mir will, damit er mich nicht verwirft. Doch der nichtbekehrter Kain tut dies nicht, weil er letztlich will, dass Gott sich zu ihm bekehren möge, damit er sich nicht zu Gott hinwenden muss.

Abraham, Isaak und Jakob, die Erzväter, durchleben Prüfungen und haben dabei einen je eigenen Bezug zum trinitarischen Geheimnis (Gen 22; 24; 32). *Abraham* ist bereit, seinen einzigen Sohn, auf dem die Segensverheißung für alle Geschlechter ruhte, Gott als Opfer darzubringen. In Abrahams Glaubensprüfung verbirgt sich eine Vorahnung auf den himmlischen Vater, der seinen einzigen Sohn Jesus aus Liebe zu uns dahingibt, und Christus in seiner Auferstehung zur Mitte und zum Retter aller Menschen werden ließ.

Isaak trägt das Holz, auf dem er geopfert werden soll, selbst den Berg Morijah hinauf, und – das ist seine Prüfung – er wehrt sich nicht, wie ein Lamm, das geschlachtet werden soll, als der Vater ihn auf den Holzstoß bindet, um ihn Gott darzubringen. Gott duldet nicht, dass geschieht, was er selbst auf sich nehmen wird: Isaak ist der Hinweis auf Jesus, der selbst das Kreuz auf Golgatha hinaufträgt und das Lamm Gottes werden wird, das in seinem Tod die Sünden der Welt hinwegtragen wird.

Noch einmal *Isaak:* Er ist damit einverstanden, dass sein Vater Abraham ihm durch den Altknecht die Braut zuführt. So lässt sich Jesus durch den Vater die Braut, die Kirche, geben; zunächst durch Johannes den Täufer, den *Altknecht: „Wer die Braut hat, der ist der Bräutigam"* (Joh 3,29). Mit diesen Worten verweist Johannes auf den Messias und Jesus selbst sagt: *„Alles, was der Vater mir gibt, das kommt zu mir"* Zitat?? und *„Niemand kann zu mir kommen, es sei denn, dass der Vater, der mich gesandt hat, ihn zieht."* (Joh 6,44)

Das Thema *Jakobs* ist der Segen in allen Geschichten, die von ihm handeln. Seine eigentliche Prüfung geschieht am Fluss Jabbok. Eine nächtliche dunkle Macht, etwas wie ein Sinnbild der Sünde, die auf ihm lastet und ihn unwürdig macht, in das Land seiner Väter zurückzuziehen; sie verwehrt ihm die Heimkehr in das Land, das er verlassen musste.

Aber Gott selbst drängt ihn ja, dorthin zurückzukehren, wo er den Segen von seinem Vater für alle Geschlechter der Erde empfing. Dieser Segen bedeutet ihm offenbar alles. So siegt er im nächtlichen Ringen mit Gott und ruft: *„Ich lasse dich nicht, du segnest mich denn"* (Gen 32,27).

Jakob könnte gefahrlos im Land seiner Verwandten bleiben, wo er an Herden aller Art reich wurde. Aber wie Abraham bricht er aus einem Bereich des Reichtums und der Sicherheit auf – um der Verheißung willen, die auf dem Erzvätersegen ruhte. Seine vielfachen Herden, schickt er sich selbst voraus, um sie dem auf Irdisches bedachten Esau zum Gastgeschenk zu machen, um so wieder Gunst und Einlass in das gelobte Land zu finden. Und tatsächlich geschieht es: Als ein derart vom Bruder reich Beschenkter umarmt ihn sein Bruder Esau und heißt ihn willkommen.

Der Segen Jakobs, in dem alle Geschlechter der Erde gesegnet sein sollen, kann bereits mit dem Heiligen Geist als identisch gelten; hier zeigt sich Gottes schenkende göttliche Liebe, die allen Menschen gilt, die sich nach Rettung sehnen. Der Gottesgeist bewirkt die Vergebung der Sünden. Jakob wird so zum Stammvater Israel, aus dem Jesus als Retter und Geistspender für alle Menschen hervorgehen wird.

Hiob und seine Frau: Ein Glaube, der durch alle Tiefen des Lebens durchhält, wird bei Hiob wie kaum je einem Menschen vor ihm und nach ihm geprüft. Seine Reichtümer, seine Viehherden werden ihm genommen, dann seine Kinder. Schließlich geht es ihm selbst ans Leben, er wird aussätzig, sitzt auf einem Abfallhaufen und schabt sich den Eiter ab. Von diesem Schicksal ist seine Frau mitbetroffen. Ihr Protest, ihre Empörung dem Schicksal gegenüber, das bis zu einer bestimmten Grenze, der des Aussatzes, auch ihr eigenes gewesen ist, müssen progressiv gewachsen sein. Schließlich spricht aus ihr die dezidierte Atheistin: *„Fluche Gott und stirb!"* (Hiob 2,9), so sagt sie zu ihrem Mann.

Dieser erwidert: *„Fürchtest du Gott nicht? Haben wir das Gute aus Gottes Hand angenommen, warum sollen wir nicht auch das Schlimme annehmen? Der Herr hat gegeben, der Herr hat genommen, der Name des Herrn sei gepriesen."* (Hiob 2,10) Hiob ist in dieser Dichtung die Symbolgestalt für das heimgesuchte Israel. Er besteht die Prüfung. Eine nicht unwichtige Feststellung in diesem Kontext ist: Fast immer sind es Menschen, die sich als Zuschauer von Leidenden gegen einen Gott auflehnen, der solches zulässt, und ihm absagen. Die Leidenden selbst, die Gottes Erbarmen brauchen, lehnen sich viel seltener gegen ihn auf. Es muss da auf dem Grunde ihres Schicksals eine Erfahrung der Anwesenheit Gottes im Leid geben, die ihnen diese schlimme Reaktion des Nein zu ihm nicht möglich macht.

Prüfungssituationen im Neuen Testament

Schauen wir auf die Prüfungen im Neuen Testament, so werden die Menschen vor allen Dingen durch Gottes Güte geprüft.

Die Arbeiter im Weinberg (Mt 20,1-10):
Dort heißt es, dass das Himmelreich einem Hausvater gleicht, der am Morgen ausging, um Arbeiter für seinen Weinberg anzuwerben. Er einigte sich mit den Arbeitern auf einen Tageslohn von einem Denar, und sandte sie in seinen Weinberg. Auch in der dritten Stunde, also am frühen Vormittag, ging er wieder zum Markt, sah andere an dem Markte müßig herum stehen und sprach zu ihnen: Gehet ihr auch hin in den Weinberg; ich will euch geben, was recht ist. Und sie gingen hin, um im Weinberg zu arbeiten. Abermals ging der Hausvater hinaus um die sechste und die neunte Stunde und warb wieder Arbeitslose an; ebenso um die elfte Stunde und fragte die Herumstehenden: Was steht ihr hier den ganzen Tag müßig herum? Sie sprachen zu ihm: Es hat uns niemand gedingt. Er sprach zu ihnen: Gehet ihr auch hin in den Weinberg, und was recht sein wird, soll euch werden.

Da es nun Abend ward, sprach der Herr des Weinberges zu seinem Diener: Rufe die Arbeiter und gib ihnen den

Lohn und fange mit den Letzten an bis zu den Ersten. Da kamen die, die erst um die elfte Stunde angestellt worden waren und empfingen ihren Lohn von einem Denar. Als aber die ersten kamen, meinten sie, sie würden mehr empfangen, aber auch sie erhielten den vereinbarten Denar. Da murrten sie wider den Hausvater und sprachen: Diese haben nur eine Stunde gearbeitet, und du hast sie uns gleich gemacht, die wir des Tages Last und die Hitze getragen haben.

Er antwortete aber und sagte zu einem unter ihnen: Mein Freund, ich tue dir nicht Unrecht. Bist du nicht mit mir eins geworden für einen Denar? Nimm, was dein ist, und gehe hin! Ich will aber diesem letzten gleich viel geben wie dir. Oder habe ich nicht Macht, zu tun, was ich will, mit dem Meinen? Siehst du darum so böse drein, da ich gütig bin? So werden die Letzten die Ersten und die Ersten die Letzten sein. Denn viele sind berufen, aber wenige auserwählt.

Weinlese in Israel, das ist ein Freudenfest. Dabei wurde und wird bis heute getanzt, gesungen, von den Trauben darf man während der Arbeit essen, entsprechend dem freundlich humorvollen Gesetz des Mose: *„Du sollst dem dreschenden Ochsen das Maul nicht verbinden"* (Dtn 25,4). War die Erntefülle groß, brauchte man zusätzliche Arbeitskräfte. Arbeitslose gab es damals wie heute zuhauf, das waren oft die Herumsteher, die auf eine Gelegenheit zur Arbeit warteten.

So machte sich im Weinberggleichnis der Arbeitgeber von der Morgenfrühe bis kurz vor Sonnenuntergang immer wieder auf den Weg, um weitere

Erntehelfer in seinen Weinberg zu holen. Bei denen, die er noch in der letzten Stunde vor dem Feierabend anstellte, lag ihm wohl mehr daran, dass auch sie noch ihren Teil an Trauben und Lohn bekamen, denn sie mussten ja Hunger haben.

Nun war es Abend geworden, es kam zur Lohnauszahlung. Mit den ersten Arbeitern hatte der Hausvater einen angemessenen Lohn vereinbart, mit den späteren nicht. Zur Überraschung der Ganztagsarbeiter wurden nun die Letzten zuerst ausbezahlt – vor ihren Augen. Und wie viel bekamen sie? Genauso viel wie die mit dem Ganztagespensum. Und die, die den ganzen Tag gearbeitet hatten, mussten sich das auch noch mitansehen. Warum das?

Der Hausvater ist ein grundgütiger Mann. Er dachte, die Ersten waren den ganzen Tag über am Fest der Weinlese beteiligt, hatten dabei gesungen, getanzt und geschmaust; es macht ja auch Freude, seine Hände und Kräfte ins Lebensspiel einbringen zu können. Eigentlich hätte diese fleißigen Arbeiter doch freuen müssen, wenn ihre so viel später angestellten Kollegen am Ende das gleiche Geld erhalten wie sie selbst. Sie wurden ja auf diese Weise gleichsam entschädigt für den Leerlauf, für die lange Zeit des arbeitslosen, hungrigen Herumstehens. Könnten nicht alle nach Feierabend vielleicht noch fröhlich zusammen sein?

Aber es kommt anders: Die am frühen Morgen angestellten Arbeiter ärgern sich. Böse und missgünstig schauen sie auf die so viel später Gekommenen herunter. Wie, die bekommen den gleichen Lohn? Mit uns war doch der Lohn von einem Denar vereinbart.

Wird jetzt unsere Leistung nicht mehr gewürdigt?
Wenn das so hergeht, dann sind wir unterbezahlt. Wir
hatten schon Körbe auf den Wagen geladen, als die
anderen gerade erst anfingen. Wir haben doch viel
mehr getan, wir sollten mehr verdienen! Oder nicht?

Dem Herrn da scheint offenbar eine einzig ge-
erntete Traube genauso viel zu gelten wie eine ganze
Wagenladung! Die Güte des Weinbergbesitzers wird
zum Prüfstein der Weinbergarbeiter. Als die Güte
des Weinbergbesitzers zu Tage tritt, schauen sie nicht
mehr auf zu ihm, zu Gott, sondern vergleichen sich
gegenseitig. Der vergangene Arbeitstag verliert so
Herabblicken auf die, die weniger taten als sie, alles
Schöne – zurückbleibt nur Last, Hitze, Verbitterung
über eine vermeintliche Ungerechtigkeit.

Im Aufblicken zu Gott aber taucht unser Leben in
Licht, das sich nie ganz entzieht. Im Herabblicken auf
andere Menschen taucht dieses Licht in ein Dunkel
ein. Das zurückliegende Leben wird finster und zum
Vorwurf bei denen, die Gottes grenzenlose Güte nicht
gelten lassen. Sie haben letztlich einen anderen Gott,
den Fürsten dieser Welt.

**Das Gleichnis vom barmherzigen Vater und die beiden
verlorenen Söhne** (Lk 15,11-32):

*Und er sprach: Ein Mensch hatte zwei Söhne.
Und der jüngere von ihnen sprach zu dem Vater:
Gib mir, Vater, das Erbteil, das mir zusteht. Und
er teilte Hab und Gut unter sie.*

*Und nicht lange danach sammelte der jüngere
Sohn alles zusammen und zog in ein fernes
Land; und dort brachte er sein Erbteil durch
mit Prassen. Als er nun all das Seine verbraucht
hatte, kam eine große Hungersnot über jenes
Land und er fing an zu darben und ging hin
und hing sich an einen Bürger jenes Landes; der
schickte ihn auf seinen Acker, die Säue zu hüten.
Und er begehrte, seinen Bauch zu füllen mit den
Schoten, die die Säue fraßen; und niemand gab
sie ihm.*

*Da ging er in sich und sprach: Wie viele Tage-
löhner hat mein Vater, die Brot in Fülle haben,
und ich verderbe hier im Hunger! Ich will mich
aufmachen und zu meinem Vater gehen und zu
ihm sagen: Vater, ich habe gesündigt gegen den
Himmel und vor dir. Ich bin hinfort nicht mehr
wert, dass ich dein Sohn heiße; mache mich zu
einem deiner Tagelöhner! Und er machte sich auf
und kam zu seinem Vater.*

*Als er aber noch weit entfernt war, sah ihn sein
Vater und es jammerte ihn; er lief und fiel ihm
um den Hals und küsste ihn. Der Sohn aber
sprach zu ihm: Vater, ich habe gesündigt gegen
den Himmel und vor dir; ich bin hinfort nicht
mehr wert, dass ich dein Sohn heiße. Aber der
Vater sprach zu seinen Knechten: Rasch, bringt
das beste Gewand her und zieht es ihm an und
gebt ihm einen Ring an seine Hand und Schuhe
an seine Füße und bringt das gemästete Kalb*

*und schlachtet es; lasst uns essen und fröhlich
sein! Denn dieser mein Sohn war tot und ist
wieder lebendig geworden; er war verloren und ist
gefunden worden. Und sie fingen an, fröhlich zu
sein.*

*Aber der ältere Sohn war auf dem Feld. Und als
er nahe zum Hause kam, hörte er Singen und
Tanzen und rief zu sich einen der Knechte und
fragte, was das wäre.*

*Der aber sagte ihm: Dein Bruder ist gekommen
und dein Vater hat das gemästete Kalb geschlachtet, weil er ihn gesund wieder hat.*

*Da wurde er zornig und wollte nicht hineinge-
hen. Da ging sein Vater heraus und bat ihn. Er
antwortete aber und sprach zu seinem Vater:
Siehe, so viele Jahre diene ich dir und habe dein
Gebot noch nie übertreten, und du hast mir nie
ein Böcklein geschlachtet, dass ich mit meinen
Freunden ein Mahl hätte halten können.*

*Nun aber, da dieser dein Sohn gekommen ist, der
dein Hab und Gut mit Huren verprasst hat, hast
du ihm das gemästete Kalb geschlachtet. Er aber
sprach zu ihm: Mein Sohn, du bist allezeit bei
mir und alles, was mein ist, das ist dein.*

*Du solltest aber fröhlich und guten Mutes sein;
denn dieser dein Bruder war tot und ist wieder lebendig geworden, er war verloren und ist
wiedergefunden.*

Das Evangelium leitet die Wende des jüngeren Sohnes, der seinen Anteil vom Erbe des Vaters durchgebracht hat, ein mit den Worten: *„Und er ging hin und hing sich an einen Bürger dieses Landes. Dieser schickte ihn auf seine Felder, die Schweine zu hüten".* Derjenige, der auszog um sich dienen zu lassen, wird nun zum Schweinehüten auf die Felder geschickt.

Diese Symbolik ist eindeutig. An den drei Stellen, an denen Schweine in neutestamentlichen Erzählungen und Gleichnissen vorkommen, haben sie alle die gleiche Bildbedeutung. Die Schweine, das sind die Sinne, die nicht mehr im Dienst der Seele stehen, sondern sich zum Tyrannen über sie aufgeworfen haben: Wahllos verzehren sie alles, was sich ihnen bietet: *„Der Hirte",* der sie weidet und weiden lässt, ist der Fürst dieser Welt.

Wenn die Sinne des Menschen ihrem rechtmäßigen Herrn nicht mehr dienen, verfallen sie der mörderischen Macht des Vaters der Lüge und mit ihnen die von ihrer Gier geknechtete Seele. Es gibt keine herrenlose Zone. Ein Gleichnis dieser Wahrheit gab Jesus, als er die von einem Besessenen ausgetriebenen Dämonen am See von Genezareth gestattete, in die Schweine zu fahren, worauf diese sich kopfüber ins Meer stürzten (Mk 5,1-20). Das Meer, das in den Untergang reißende Wasser, ist hier Bild der untergehenden und in ihren Untergang hineinreißenden Welt.

In einer konsequent gottfernen Welt werden zuletzt nur noch die Schweine gehütet, das heißt alle Einrichtungen dieses Landes stehen schließlich und einzig im Dienst rein diesseitiger sinnenhafter Bedürfnisse:

Geld, Handel, Gewerbe und Kultur dienen dem Fleisch, der Augenlust und Sinnenlust und der Hoffart; denn *„alles, was in der Welt ist, ist Augenlust und Sinnenlust und Hoffart des Lebens. Dies ist nicht vom Vater, sondern von der Welt, die mitsamt ihrer Lust vergeht."* (1 Joh 2,16)
„ Und er begehrte seinen Bauch zu füllen mit den Schoten, welche die Schweine fraßen..." Die Schweine fressen die Schoten. Was die zügellosen Sinne schließlich nur noch erfassen und was ihr Begehren reizt, ist *das Äußere*, nicht das Innere; ist das Fleisch der Dinge, nicht die Wahrheit; was den Bauch füllt und nicht, was die Seele nährt. Das ist die Sensation. Und wer ihrem Anspruch verfallen ist, wer *Fleisch* isst, dem schmeckt am Ende auch nur mehr diese Art Nahrung, jede andere Speise würgt ihn.

Darum warnt Jesus seine Jünger: *„Werft eure Perlen nicht vor die Schweine... damit sie sie nicht etwa mit den Füßen zertreten, sich umkehren und euch zerreißen..."* (Mt 7,6). Die Sensationslust greift unersättlich nach allem, was eine sinnenhafte Seite hat, und umso gieriger, je glänzender diese ist, darum auch nach dem Heiligen. Im äußersten Glanz des Heiligen ist das Heilige selbst, das wesenhafte Licht.

Und die Finsternis hasst das Licht. Wer die Finsternis lieber hat als das Licht, wehrt sich gegen das Licht, wird aggressiv gegen das Licht, weil es die Finsternis aufdeckt, Gericht über sie ist. Die Gier derer, die sich auf die Perlen stürzten, weil sie glänzen, schlägt um in Aggression gegen jene, die alle Warnungen in den Wind schlagen und versäumen, das Heilige von der

Dreistigkeit, die Perlen von dem Zugriff der Schweine zu schützen.

„Und niemand gab sie ihm." Ein Mensch, der das ihm Zustehende verbraucht hat, erfährt nun, dass da niemand ist, der ihm das gibt, was man den Schweinen zu essen gibt. Will er haben, was er für seinen Bauch begehrt, so soll er es an sich reißen, sich also den Schweinen gleich machen, die dafür ihr gemästetes Fleisch zur Schlachtung bereithalten müssen. Zur Welt des Anspruchs gehört als letzte Konsequenz die Selbstbedienung und ihre entsprechenden Geschäfte: keine Hand mehr, die gibt.

Hier ist der Tiefpunkt der Geschichte vom verlorenen Sohn erreicht – und der Wendepunkt. Sein Vermögen ist aufgebraucht und damit scheint es, also ob nichts mehr vom Bild des Vaters in ihm lebe, er nichts mehr veräußern oder eintauschen kann für seinen Anspruch. Aber selbst auf dieser Stufe – vielmehr erst jetzt! – erkennt er sich als (verlorenen) Sohn des Vaters; er hofft, dass er bei seinem Vater wenigstens einen Lohn erhält für seine Arbeit als Knecht.

Jetzt, da seine Armut vollständig ist, da man ihm nicht einmal das zu essen gibt, was die Schweine essen, wo der Bann von ihm weicht, wo sich die Enttäuschung durchsetzt, wo er, der in der Fremde seine eigene Herrlichkeit zu finden gedachte, nichts hat als Hunger und Scham. Zugleich entdeckt er in dieser Situation jenen unveräußerten, kostbaren Rest seiner Sohneswürde, der ihm trotz allem blieb – darum blieb, weil er nicht zu dem Anteil gehörte, der ihm zustand

und deshalb in einer ihm selbst verborgenen Tiefe un-
veräußert für diese Stunde aufbewahrt bleiben konnte.

So besteht er die entscheidende Prüfung: Bist du
noch Sohn oder opferst du auch dein Sohnsein den
Sinnen? Er erweist sich als Sohn. Er entdeckt angesichts der Zumutung, sich in seinem Hunger den
Schweinen gleich zu machen, mitten in einer Welt
der Zwänge die Sohnesgabe, somit die Freiheit, das
Recht der Wahl, die Gabe, die die Liebe des Vaters ihm
als Letztes mit auf den Weg gab, indem er ihn freigab.
Diese Wiederentdeckung aber bedeutet, dass ihn ein
Strahl des Lichtes aus dem Land seines Ursprungs getroffen hat, der wie ein Blitz alles rund um ihn erhellt.
Und in diesem Licht vollzieht sich die Wende, denn
in ihm ist das Antlitz der Liebe, die er verließ, nicht
aber sie ihn – das Geheimnis ihrer rettenden Kraft.

Und so geschieht am äußersten Punkt der Verlorenheit, an der Grenze des Überschritts in den Bereich
der Finsternis, wie an einem neuen Scheideweg noch
einmal eine Entscheidung. Er könnte jetzt dem Begehren des Bauches folgen, das Gesetz der Bemächtigung
zu seinem eigenen Lebensentwurf machen, könnte
an sich reißen, was die Sinne fordern; damit würde er
die letzte Spur des Vaterbilds in sich veräußern und
für immer nach draußen gehen, in den Bereich des
Bemächtigers, wäre selbst ein Bemächtiger geworden.

Die andere Möglichkeit ist die, dass er den umge-
kehrten Schritt tut – den, aus dem alle weiteren bis
zur Seligkeit der vollendeten Heimkehr folgen –, dass
er in sich geht, dorthin, wo ihn sein tieferer Hunger
ruft, der, den jenes Antlitz in ihm erweckte, das sich

ihm in seiner äußersten Armut neu entschleiert, das Antlitz des Vaters, *„von dem jede gute und vollkommene Gabe kommt und bei dem kein Wandel und kein Schatten der Veränderung ist"* (Jak 1,17).

„Da ging er in sich und sprach: Wie viele Tagelöhner hat mein Vater, die Brot in Fülle haben, und ich verderbe hier im Hunger! Ich will mich aufmachen und zu meinem Vater gehen und zu ihm sagen: Vater, ich habe gesündigt gegen den Himmel und vor dir. Ich bin hinfort nicht mehr wert, dass ich dein Sohn heiße; mache mich zu einem deiner Tagelöhner! Und er machte sich auf und kam zu seinem Vater."

Über dem Verhalten des älteren Sohnes könnte das Wort stehen, das in der Parabel von den Arbeitern im Weinberg (Mt 20,1-16) steht, wo der Hausvater den Erstberufenen am Ende der Geschichte sagt: *„Ist dein Auge böse, weil ich gut bin?"* Diese beiden Gleichnisse haben eine frappierende Ähnlichkeit in der Gedankenführung und weisen auf die gleiche Sinnspitze hin. Nicht zufällig sind sie beide an den gleichen Adressaten gerichtet, an jene Kreise im damaligen Israel, die sich darüber entrüsteten, dass sich Jesus mit Zöllnern und Sündern an einen Tisch setzte, dass er sich nicht scheute, in erster Linie für die Armen, auch für die moralisch Armen, da zu sein. Beim Vergleich dieser beiden Gleichnisse ist erkennbar, was der zweite Teil der Geschichte von den verlorenen Söhnen den Bibellesern zu sagen hat.

Man könnte fragen: Warum stößt der Vater den älteren Sohn vor den Kopf, warum wartet er nicht etwa mit dem Schlachten des Mastkalbs, bis der ältere heimkehrt und in den Grund der Freude eingeweiht ist? Die Antwort: Weil er gut ist, weil er liebt und weil darum die aus solcher Liebe kommende Freude über die Heimkehr des Verlorenen überschwänglich, überströmend ist und einfach keinen Aufschub duldet. Der Vater kann mit der Verwirklichung nicht warten, sowenig wie mit dem Kuss, bis der ältere Sohn über die Felder seines weiten Reiches herbeigekommen ist.

Welcher Jubel im Herzen des Vaters (und welche Sehnsucht vorher in ihm!), wenn er dem heimgekehrten Jüngeren, dem Verlorenen, um den Hals fällt, wenn er ruft: *„Rasch, bringt das beste Gewand her und zieht es ihm an und gebt ihm einen Ring an seine Hand und Schuhe an seine Füße und bringt das gemästete Kalb und schlachtet es; lasst uns essen und fröhlich sein!".*

Der Vater darf davon ausgehen, dass sein älterer Sohn sich einfach mitfreut, wenn er von der Feldarbeit heimkommt. Sein Bruder ist schließlich heimgekehrt! Für den Vater gilt doch: *„Alles, was mein ist, ist dein."* Wird die Freude des Vaters nicht wie selbstverständlich auf den älteren Sohn übergehen? Liebt der ältere Sohn noch seinen jüngeren Bruder? Diese Fragen stellen sich, weil der ältere Bruder versagt.

Die selbstverständliche Erwartung des Vaters überführen ihn als jemanden, der längst ebenfalls ein verlorener Sohn ist, wie der jüngere es war. Er schließt sich nun selbst von der Freude des Vaters aus, genau wie einst der jüngere Bruder: *„Er aber war zornig und wollte nicht hineingehen"* Er bleibt draußen im Dunkel, er distanziert sich vom Vater ebenso wie vom Bruder, dessen Versagen er einzig im Auge hat. Er will und begreift nur eine Freude, die so engbrüstig ist wie er selbst.

Ähnlich wie die Erstarbeiter im Weinberggleichnis taucht sein verfinstertes Auge alles frühere Verweilen beim Vater in Finsternis, im Rückblick ist da nur noch die Schufterei durch viele Jahre: *„... und du hast mir noch nie ein Böcklein geschlachtet, dass ich mit meinen Freunden ein Mahl hätte halten können"*, sagt der ältere Sohn zum Vater. Auch hier wird, was Vorzug war – die Erstgeburt und immerwährendes Verweilen beim Vater –, zum Vorwurf gegen Gott.

Beide Brüder im Gleichnis befinden sich also am Tiefpunkt ihrer Geschichte, im Elend der Isolierung und der Freudlosigkeit; sie ließen den Vater und sie ließen einander aus den Augen, das war ihr Unglück (auf das Auge kommt es an: *„ist dein Auge gesund, so ist der ganze Leib im Licht"*, Mt 6,22). Der eine hat seinen Tiefpunkt bei den Schweinen, wo keiner mehr *gibt*; der andere draußen im Dunkel vor dem Festsaal und einem Freudenmahl, dessen Freude er nicht teilen mag.

Zu beiden Söhnen aber geht der Vater hinaus, er will beide an seinem Tisch sehen; die vollkommene Freude kann nicht eher beginnen, als bis sie beide beim Vater und nicht ohne einander sind. Die Verlorenheit des Älteren ist in diesem Gleichnis wohl die tiefere. Ob der Jüngere aber wirklich heimgefunden hat, wird sich erst darin erweisen müssen, dass er sich nun, dem Vater gleich, nach dem Älteren sehnt.

Der Jüngere wird vielleicht zu seinem älteren Bruder hinausgehen, ihn mit der Demut dessen, der selbst völlig unverdient wieder in das gemeinsame

Erbe aufgenommen wurde, inständig bitten, doch hereinzukommen, denn ohne ihn kann keine ungetrübte Freude bei Fest herrschen. Solange der Bruder gleichsam noch *ohne* seinen Bruder ist, gilt für beide: Ich bin nur ein halber Mensch. Hier wird jeder auf den Ernst und die Wahrheit seiner Umkehr hin geprüft.

Der ältere Bruder steht für Israel, der jüngere für die Heidenvölker, die das Evangelium annehmen, so deuten Kirchenväter das Gleichnis. Wie hat sich, geschichtlich gesehen, der Jüngere gegenüber dem Älteren verhalten? Er hat sich schlimmer über ihn erhoben, als der Ältere über den Jüngeren. Er hat ihn zu *„Kehricht und Auswurf gemacht inmitten der Völker"* (Klg 3,45).

Wann wird es wohl zur Wiedervereinigung beider am Tisch des Vaters kommen? Erst wenn beide ihr Versagen gegenüber der grenzenlosen Liebe des Vaters erkennen und, von ihr ergriffen, auch einander wieder in Liebe begegnen, wobei der Jüngere dem Älteren eine unermesslich größere Schuld abzubitten hat, als dieser ihm.

Der reiche Jüngling (Lk 18,18-28):

Einer von den führenden Männern fragte ihn: Guter Meister, was muss ich tun, um das ewige Leben zu gewinnen? Jesus antwortete: Warum nennst du mich gut? Niemand ist gut außer Gott, dem Einen. Du kennst doch die Gebote: Du sollst nicht die Ehe brechen, du sollst nicht töten, du sollst nicht stehlen, du sollst nicht falsch aussagen; ehre deinen Vater und deine Mutter!

*Er erwiderte: Alle diese Gebote habe ich von
Jugend an befolgt.*

*Als Jesus das hörte, sagte er: Eines fehlt dir noch:
Verkauf alles, was du hast, verteil das Geld an die
Armen und du wirst einen bleibenden Schatz im
Himmel haben; dann komm und folge mir nach!*

*Der Mann aber wurde sehr traurig, als er das
hörte; denn er war überaus reich. Jesus sah ihn
an und sagte: Wie schwer ist es für Menschen, die
viel besitzen, in das Reich Gottes zu kommen!
Denn eher geht ein Kamel durch ein Nadelöhr,
als dass ein Reicher in das Reich Gottes gelangt.
Die Leute, die das hörten, fragten: Wer kann
dann noch gerettet werden? Er erwiderte: Was für
Menschen unmöglich ist, ist für Gott möglich. Da
sagte Petrus: Du weißt, wir haben alles verlassen
und sind dir nachgefolgt.*

Geprüft wird der reiche Jüngling. Ein Mensch, der die
Gebote erfüllt, die ihm offenbar die Sehnsucht nach
dem ewigen Leben ins Herz legen, denn er fragt Jesus
ja danach. Jesus schaut ihn voll Liebe an und fordert
ihn auf, sein bisheriges Leben hinter sich zu lassen,
um ihm nachzufolgen und *bei ihm* zu bleiben. Geprüft
wird der Ernst seiner Frage. Geht es ihm wirklich um
das ewige Leben? Der reiche Jüngling meint es zwar,
aber nun hat der Reichtum doch eine größere Macht
über sein Herz als das ewige Leben.

Der reiche Jüngling hatte gedacht, es gehe nachein-
ander: erst sein reiches Leben und als Zutat dann das

ewige Leben. In sein jetziges Leben sieht er gewisse Vorbereitungen auf das andere Leben eingeordnet, aber nur solche, die sich mit dem jetzigen Leben vertragen. Er wendet sich ab, wahrscheinlich ruckartig – wie kann es anders gehen, wenn man in Jesu liebendem Blick ist? Traurig geht er nach Hause. Er hat eine Prüfung nicht bestanden, in der es um das ewige Heil ging. Aber ob diese Trauer nicht seine Chance bleibt, ob er Jesu Blick vergessen kann?

Ähnlich geprüft wird auch Petrus: *„Herr, wir haben alles verlassen und sind dir nachgefolgt"*, so sagt er nach dem Weggang des traurigen Reichen. Damit erkennt er sich selbst auf einer anderen Position als dieser traurige Reiche. Aber vergessen wir nicht, dass Petrus vielleicht nur ein Jahr später von einer Magd auf seine Gefährtenschaft mit Jesus angesprochen wird und er Jesus verleugnen wird: *„Ich kenne diesen Menschen nicht"* (Lk 22,54), sagt Petrus.

Auch Petrus ist in gewisser Weise reich, ja, mit seinem dreimaligen Verleugnen erweist er sich als noch reicher. Es geht ihm zwar nicht um Geld und Besitz, aber um sein irdisches Leben, sein Ich. Der Evangelist Lukas berichtet, dass Jesus den Petrus nach seiner Verleugnung angeschaut habe (Lk 22,61). War es nicht der gleiche Blick, mit dem er dem reichen Jüngling ins Herz schaute? *„Und Petrus ging hinaus und weinte bitterlich"* (Lk 22,62).

Vielleicht hat auch der reiche Jüngling auf dem Nachhauseweg bitterlich geweint. Beide bedurften der Gnade der Reue, der Umkehr. Beiden wird Jesus sie erwirkt haben; denn der Blick der Liebe, mit dem er einen Menschen anschaut, dringt in dessen Innerstes und lässt ihn nicht los, lässt ihn umkehren. Wir selbst können Jesus aus dem Auge lassen, er uns aber nicht. *„Wenn wir treulos sind, er bleibt treu, denn er kann sich nicht selbst verleugnen"* (2 Tim 2,13).

Das Prüfungsfeld für Christen – die Seligpreisungen (Mt 5,1-12)

Als Jesus die vielen Menschen sah, stieg er auf einen Berg. Er setzte sich, und seine Jünger traten zu ihm. Dann begann er zu reden und lehrte sie.

Er sagte: Selig, die geistlich arm sind; denn ihnen gehört das Himmelreich.

Selig die Trauernden; denn sie werden getröstet werden.

Selig, die keine Gewalt anwenden; denn sie werden das Land erben.

Selig, die hungern und dürsten nach der Gerechtigkeit; denn sie werden satt werden.

Selig die Barmherzigen; denn sie werden Erbarmen finden.

Selig, die ein reines Herz haben, denn sie werden Gott schauen.

Selig, die Frieden stiften;
denn sie werden Söhne Gottes genannt werden.

Selig, die um der Gerechtigkeit willen verfolgt
werden; denn ihnen gehört das Himmelreich.

Selig seid ihr, wenn ihr um meinetwillen be-
schimpft und verfolgt und auf alle mögliche
Weise verleumdet werdet. Freut euch und jubelt:
Euer Lohn im Himmel wird groß sein. Denn so
wurden schon vor euch die Propheten verfolgt.

Die Seligpreisungen der Bergpredigt enthalten die
Kriterien für das befreite christliche Menschsein. In
immer neuer Erwägung kann jeder erkennen, wann
und wo sich unsere vielleicht empörte Reaktion auf
Verletzungen, die wir im menschlichen Miteinander
erfahren, dem Licht der Frohbotschaft entzieht, als
gäbe es die Bergpredigt nicht, als würden wir ihre
Texte nicht kennen. Umgekehrt erfahren wir aber
auch, welche Kraft der Überwindung die Worte der
Bergpredigt im Maße ihrer Verinnerlichung und Einübung schenken. Darum bildet das *Prüfungsfeld des*
Christen die Mitte dieser Ausführungen.

Seit und durch Jesus, den Christus, ist eine neue
Welt im Kommen – mitten in die alte hinein. Durch
Menschen, die ihr angehören, dringt sie ebenso un-
auffällig wie unaufhaltsam vor, an vielen Stellen der
Erde zugleich. Wo immer das geschieht, finden sich
Menschen mit ihren bisherigen Lebensgewohnheiten
und Lebensvorstellungen beunruhigt, in Frage gestellt.

Manche lassen sich diese von der neuen Welt her-
kommende Frage unter die Haut gehen, tragen sie
mit sich herum und kommen wie Nikodemus eines
Tages oder Nachts damit heraus, falls sie jemanden
kennen gelernt haben, von dem sie denken, dass er
sie beantworten könnte. Viele andere ärgern sich über
diese Art Verunsicherung, wittern eine Gefahr für die
bestehenden Verhältnisse und suchen die Störenfriede
los zu werden – notfalls auch mit Gewalt.

Mit dieser kommenden Welt haben es die acht
Seligpreisungen zu tun: Achtmal zeigen sie den Weg,
einerseits in dieser alten Welt zu leben und andererseits doch nach Wesen und Verhalten bereits ein
Geschöpf der neuen Welt zu sein; acht Daseinsweisen,
die sich im Blick auf den kommenden neuen Äon wie
die Frage zur Antwort oder wie ein leerer Becher zum
Trank mit Quellwasser verhalten, wobei der Becher
immer schon etwas von diesem Quellwasser auffängt.

Alle acht Seligpreisungen laufen im Grunde auf
eine Antwort hinaus – die der Armut, wenn man diese
nur weit und tief genug versteht. Die ersten Worte
der Bergpredigt lauten: *„Selig, die geistlich arm sind"*,
das Herz von Armen haben. Die folgenden Seligrufe
kommentieren nur diesen ersten, lassen erkennen,
welche Bedeutungsbreite das Wort *arm* in der Bibel
hat. Hier geht es nicht etwa nur oder in erster Linie
um materielle Armut, sondern um die engagierte Offenheit für wesentlichere und bleibendere Reichtümer
– solche, die man sich nicht mit Geld oder Intelligenz
beschaffen kann.

Die Wegweisungen, die die Hirten für ihr Suchen nach dem Retter empfangen (siehe Lk 2,12: *„Und das soll euch als Zeichen dienen: Ihr werdet ein Kind finden, das, in Windeln gewickelt, in einer Krippe liegt"*), sagen, in welcher Richtung die selige Armut zu suchen ist: Jesus, der die neue Welt verkörpert und bringt, ist selbst von Anfang an zugleich ein einziges aufschauendes Erwarten, angewiesen darauf, dass man ihm gut ist. Das wird er sein Leben hindurch bleiben und so wird er sein eigenes Leben selbst wieder als reines Schenken verstehen.

Es ist ja einfach wahr, dass der Mensch ein durch und durch geschaffenes, abhängiges Wesen ist. Die ihm begegnende Welt empfängt der Mensch zunächst einmal. Die Welt ist nicht einfach in den Griff zu nehmen und zu handhaben. Jene *Reichen*, die in der alten Welt die Oberhand haben und denen das Wehe Jesu gilt, sind jene, die diese Wahrheit nicht mehr wahrhaben wollen: Für sie kommt Aufgabe vor Gabe, Leistung vor Geschenk.

Am Ende sind sie und alle, die ähnlich zu denken, nämlich völlig unfähig, überhaupt noch etwas als wirkliches Geschenk entgegenzunehmen und auf solche Weise glücklich zu werden. Diese Unfähigkeit, sich beschenken zu lassen, ist schließlich das Unglück schlechthin, Verdammnis. Reichsein von solcher Art bedeutet darum, an eine Illusion verfallen zu sein. Sie ist Lüge und Dummheit und die Ursache allen Elends in dieser Welt.

Diese Illusion macht aus dem Du des anderen ein Es, aus dem schönsten Geschenk – dem Mitmenschen – eine Ware. Sie braucht den Mitmenschen nicht wirklich, sie verbraucht ihn nur, sie wertet ihn nur noch als Leistenden, suggeriert ihm, dass er ein Leistungswesen ist, und lässt ihn allein, wenn er nichts mehr leistet.

Armut im biblischen Sinn ist zunächst einmal die Fähigkeit und Freude, sich beschenken zu lassen, wie ein Kind zu sein, das den Vater braucht; wie ein Bruder zu sein, der nicht ohne den Bruder auskommt. Sodann ist sie aber auch ein Mittragen an der Not und dem Elend der durch den Egoismus ausgebeuteten Welt und ihrer Menschen. Ein Armer in dieser alten Welt ist entweder der Ausgeplünderte und Verwundete am Weg, der selbst Erbarmen braucht, oder der barmherzige Samariter, der Erbarmen übt – letztlich aber ist der Mensch wohl beides zugleich: Einer, der selbst Erbarmen braucht und einer, der Erbarmen übt.

Spirituelle Armut

Es gibt acht Weisen des Menschen, in dieser Welt zu sein, die zur Teilhabe an Gottes Reich führen. Die erste Weise ist die grundlegende, die anderen sind sozusagen Kommentare über das *Armsein vor Gott*. Wer sich dem Herzen und der Existenz nach als Armer sieht, weiß sich auf Gottes Schöpfergüte und sein Erbarmen mit allen Kreaturen angewiesen, leidend oder mitleidend, wie der unter die Räuber Gefallene. Man erfährt und bejaht sich als Mitmensch, der den anderen braucht, als abhängig, hilfs- und vergebungsbedürftig, angewiesen auf Wegweisung, hingewiesen auf ein Leben in Anfechtung und Mühsal, man erkennt sich als vergänglich und bejaht die Einübung in das Sterben als Durchgang in das ewige Leben.

Die Bibel spricht von Grundbefindlichkeiten in der Welt, die ihre jetzige Wirklichkeit ausmachen. Sie ist erstens eine geschaffene, dem Schöpfer verdankte Welt, in der die Menschen in ihrem Dasein und Leben auf Gott und den Menschenbruder angewiesen bleiben. Sie ist zweitens eine schuldige Welt, in der Menschen sich durch Undank und Egoismus an Gott und den Brüdern verschuldet haben und weiter verschulden und die darum Vergebung braucht. Sie ist drittens für jedes Lebewesen eine Welt, die der Tod nach kurzer Zeit beendet.

In der Welt gibt es die fast unausweichliche Gefahr des Reichtums, wo sich einer einlebt in die Vorstellung der Unabhängigkeit, der Selbstmächtigkeit und des Verfügenkönnens. Er lebt damit zugleich auch in der Illusion, Zeit sei verfügbar wie Geld. Vor dem Vergehen von Zeit flieht er in den Schutz von Räumen und Dingen; er verwendet seine Zeit nicht darauf, sie auf die Ewigkeit hin zu überschreiten, sondern vor allem darauf, die Nester und Höhlen seines Lebens im Jetzt immer noch auszustaffieren, auszudehnen und abzusichern. *„Und Gott sprach zu ihm: Du Narr, in dieser Nacht noch wird man deine Seele von dir fordern..."* (Lk 12,20).

Der Arme der Bibel dagegen ist einer, der sich mit seiner Existenz zu den drei Wahrheiten vor der Jetztwelt bekennt. Er weiß sich abhängig darin, dass er Gott und den Bruder braucht; er lebt vom Geschenk des Daseins und vom Arbeitslohn. Er dankt. Er erfährt sich und die Welt in ihrer moralischen Armseligkeit, ohne jede Möglichkeit, sich von der Welt zu distanzieren, wie sie das Geld gibt. Er drückt sich nicht vor der Not des Daseins ringsum. Er erlebt die Welt in ihrer Hinfälligkeit und Vergänglichkeit, das bedeutet, er lässt sich einüben in den Tod.

Und nun sagt die Bergpredigt: In solch einem Armsein verbirgt sich die entscheidende Chance! Der Mensch ist auf eine bessere Welt hin angelegt, als sie im Hier und Jetzt erfahrbar ist; er ist bestimmt für das Reich Gottes. Sein Innerstes wartet auf ein unvergängliches Leben, auf Liebe, Reinheit, Seligkeit. Und Gott ist entschlossen, diese Erwartung nicht zu enttäuschen, sie vielmehr wie einen leeren Becher zu füllen.

Ein entscheidender Gegner dieser Armut – als Freisein für Gott und sein Reich – ist das Geld. Die Möglichkeit, mit ihm seine eigenen Wünsche und Lebensvorstellungen durchzusetzen, noch dazu – so scheint es einem – unabhängiger zu werden und vielen Querelen aus dem Weg zu gehen. Das ist der Inhalt vieler Versuchungen. Fast unmerklich kommt es zum so genannten Mammondienst. Man übernimmt die Gesichtspunkte des Geldes, wie sie weitgehend Banken, Handel und Wandel der Menschen, vor allem in Ländern mit einer prosperierenden Wirtschaft bestimmen. Durch gedankenloses Mitmachen geschieht eine gewisse Absättigung im Bereich der irdischen Erfüllungen, an die man sich gewöhnt, die aber zugleich den Hunger und Durst nach dem Reich Gottes ersticken.

Die Kirche betet das ganze liturgische Jahr hindurch immer wieder zu Gott: *„Lass uns die Gewohnheiten des alten Menschen ablegen und als neue Menschen leben."* Das sollte nicht gedankenlos mitgebetet werden. Wir sind insofern gefährdet, als diese alten Gewohnheiten sich verfestigen, ja entsprechend den wachsenden monetären Möglichkeiten noch ausgebaut werden können.

Sind wir gleichsam in dem Bereich angesiedelt, wo der Gott namens *Mammon* das Sagen hat, dann erfahren wir hier auch in unserem sozialen Umfeld die meisten Verletzungen. Beispielsweise klagen wir darüber, dass mein Einkommensanspruch nicht meiner Vorbildung und meinem Können angemessen sei, ich von Mitarbeitern und Kollegen übergangen oder ausgeklammert, mein Rat, meine Begabung nicht gefragt und meine Erfahrung nicht entsprechend berücksichtigt werden.

Wenn ich mich dann als Christ immer wieder verletzt finde, habe ich vergessen, dass hier ein Prüfungsfeld für mich vorgesehen war. Ich verliere jene Gelassenheit, Freiheit und Freude, die ihre Ursache in der Teilhabe an den unvergänglichen und unvergleichlichen Reichtümern in der Nachfolge des armen Jesus hat. Wer die Reich-Gottes-Verheißung der ersten Seligpreisung für die bis ins Herz hinein Armen aus den Augen und dem Sinn verliert, der verfällt mehr und mehr den Gewohnheiten des alten Menschen, statt sie unserem Gebet gemäß abzulegen. Er ist in Gefahr, das Licht des Lebens zu verlieren.

Verletzungen, die im mammonistisch gesteuerten Bereich ihren Grund haben, sind für Christen im Licht der Offenbarung Prüfungen seines Verhältnisses zu Jesus. Besonders virulent werden die Seligpreisungen der Bergpredigt für uns bei Erbstreitigkeiten. Der Verzicht auf Streit und Unfrieden in diesem Bereich ist wie eine bestandene Prüfung, wie sie uns Abraham vorbildhaft gegeben hat. Abraham sagt zu Lot, als es um die Verteilung der fetteren Weidegründe für seine Herden ging: *„Entscheide du selbst. Gehst du zur Rechten, gehe ich zur Linken, gehst du zur Linken, gehe ich zur Rechten"* (Gen 13,9). Lot entschied sich für die Jordanauen, wo schließlich sinnbildlich die Hochhäuser von *Sodom und Gomorra* emporwuchsen, Abraham für die kargen Höhen.

Trennung, Tränen, Trauer, Trost

„Selig die Trauernden, denn sie werden getröstet werden", so lautet die zweite Seligpreisung. Seligkeit ist also Trost. Das bedeutet, Trost wird erlangt und erfahren, wenn man die Welt als Tal der Tränen durchschritten hat. Wer etwas anderes behauptet – nach all den schrecklichen Geschehnissen von Leid, Grausamkeit und Tod, im letzten wie in diesem Jahrhundert –, der soll es verantworten.

Von jenem reichen Mann, der sich aus einer solchen Welt heraushält, der es sich mit dem armen Lazarus vor seiner Tür schmecken lässt, sagt Jesus:

„Er hat seinen Trost dahin" (Lk 5,24). Er hat aus dem Jetztbestand der Welt die möglichen Erfüllungen für sich bereits herausgeholt, an einer grundsätzlichen Veränderung ihres Zustands war er nicht interessiert, eine andere Welt hat ihm also nichts zu sagen. Man darf die Weherufe Jesu, die den Reichen und Satten gelten – das negative Pendant zu den Seligpreisungen – nicht überhören, wenn man die Bedeutungstiefe der acht Seligpreisungen erfahren will.

Reich sein zu wollen kann gleichbedeutend sein mit dem Drang und der immer zunehmenden Kunst, jeden Leerraum, den Leiden schaffen könnte, sofort mit irdischen Täuschungen zu füllen. Je mehr einer sich in diese Kunst einübt, desto mehr stirbt in seiner Seele die Möglichkeit zu leiden und die, getröstet zu werden: Das heißt, es wird ihm zunehmend unmöglich, jene andere Seite der Wirklichkeit zu erfahren, die sich zum Elend der jetzigen Welt verhält wie der Trank zum Becher. In den Becher des Reichen geht nichts mehr hinein, wenn für die arme Welt die Stunde der Erfüllung kommt.

Die Frohbotschaft vom Reich Gottes baut darauf auf, dass einer die Welt an sich heran lässt, wie sie in ihrer jetzigen Beschaffenheit wirklich ist und an ihrer Not mitträgt. Das Evangelium baut darauf, dass man die Welt nicht umlügt in ein Gebilde seiner eigenen Wünsche und Vorstellungen. Die Wahrheit, die frei macht, die rettet und beseligt, kann nicht auf einer Lüge aufbauen. Sie setzt die erfahrene Wahrheit von Verlorenheit voraus, das Angewiesensein auf den

Befreier und die Bereitschaft, sich in seinen Dienst nehmen zu lassen.

Die zweite Seligpreisung gilt besonders den Trauernden, den unter Trennung Leidenden. Trennung, Tränen, Trauer sind eine Trias, auf die der Trost antwortet. Liebe kennt nur einen Trost: den der Wiedervereinigung; sie trauert, bis diese geschenkt ist. Von Jakob rühmt die Schrift: *„Und ob auch alle seine Kinder zusammenkamen, des Vaters Schmerz zu lindern, so wollte er sich doch nicht trösten lassen, sondern sprach: Vor Herzeleid werde ich zu meinem Sohn ins Totenreich hinabsteigen. Und er beweinte ihn ohne Unterlass"* (Gen 37,35). Wer nicht mehr liebt, kann auch nicht mehr trauern. Trennungen ritzen nur seine Haut. Was er an Tröstungen braucht, besorgt er sich alsbald selbst. Die Unfähigkeit zu trauern ist aber am Ende die Unfähigkeit, getröstet zu werden und führt zur Unseligkeit.

Was Trennung heißt erleidet derjenige am tiefsten, der am meisten liebt. Für ihn ist die Wiedervereinigung dann aber auch die größte Seligkeit. Darum gilt in der katholischen Kirche Maria als die *„allerseligste Jungfrau"*. Der Gekreuzigte mit seinem Ruf *„Mein Gott, mein Gott, warum hast du mich verlassen"* ist der Inbegriff für alles Getrenntsein. In und mit dem Auferstandenen beginnt die große Wiedervereinigung, die mit seiner Mutter Maria, mit seinen Jüngern, mit allen Trauernden, Armen, allen Sündern und am Ende aller Kreatur mit und in dem lebendigen Gott.

„Friede euch" (Joh 20,19), das ist das Wort, mit dem der Herr unter die Seinen tritt. Friede, wie er ihn gibt, was ist das? Unterpfand und Beginn vollkommener

Geborgenheit und grenzenloser Freiheit, Einswerden mit Gott, den Brüdern, der ganzen Schöpfung. *„Weib, was weinst du?"* (Joh 20,15), so wendet sich der Auferstandene an Maria Magdalena, dann ruft er sie beim Namen: *„Maria"* (Joh 20,16). Da geschieht bei ihr die Verwandlung ihres Blicks, vom Grab weg zum Leben.

„Warum seid ihr so traurig?" (Lk 24,13f.), so spricht Jesus zu den Jüngern, denen er in Emmaus das Brot bricht. Hier leuchtet der Trost von Ostern her auf, die die Tröstung, die die zweite Seligpreisung meint. Durch Tränen hindurch geschieht diese Tröstung. Tränen haben es mit dem Auge zu tun. Nur ein reines Auge schaut Gott. Solange darin noch ein Splitter der Weltverhaftung oder gar ein Balken der Selbstgerechtigkeit steckt, kann es das Licht der Welt nicht sehen.

Tränen, die im Leiden Christi ihren verborgenen Grund haben, waschen das Auge und machen es rein. In der Offenbarung des heiligen Johannes heißt. *„Und Gott wird abtrocknen jede Träne von ihrem Auge. Der Tod wird nicht mehr sein. Weder Trauer noch Klage noch Schmerz wird sein, denn das Frühere ist vorbei* (Offb 21,4).

Trennung, Tränen, Trauer, Trost, diese vier leidbezogenen Worte beginnen alle mit dem Trennlauten *„tr"*. Wie weise die Sprache doch sein kann! Trost muss ausgehen von Trennung, um einzugehen auf ihr Erleiden, das vielfachen Grund haben kann – Abschied von einem geliebten Menschen, von Heimat und Volk, von einem Beruf, vom eigenen gesunden Leib.

Trost hilft dem Leidenden, sein Leiden anzunehmen, das ist sein erster Sinn. Die Leere, die Trennung bewirkt, wird dann zur Offenheit einem leeren Becher gleich, der für die Lebens- und Liebeserfüllung, die alles Ersehen und Ahnen übersteigt, offen ist. So verheißt es die zweite der acht Seligpreisungen der Bergpredigt.

Das erste Zeichen beginnenden Trostes sind nicht selten Tränen, dieses Grundwasser der Seele, in der wie in den Morgentau hinein eine aufgehende Sonne blitzt. In der Geschichte der Auferweckung des Lazarus (Joh 11,1-44) sind es die Tränen Marias, der Schwester von Martha (Joh 11,33). Jesus weint selbst zuerst diese Tränen mit, womit er ihnen sozusagen Recht gibt. Nicht auf die vorher geschehene Diskussion mit Martha und ihr verbales Credo an die Auferstehung aller Toten hin wirkt Jesus das Lazaruswunder, sondern Marias Tränen bereiten die Auferweckung vom Tode gleichsam vor, weil sie aus dem Quellgrund des Glaubens kommen.

Wenn Menschen einen Trauernden besuchen wollen, so kann Trost nur geschehen, wenn ihr Mitleid mit einem Leidgeprüften echt ist. Dann genügt es oft, still bei dem Leidenden zu verweilen. Jemand, der nur kommt und Sprüche macht, vermehrt oftmals das Dunkel eines Trauernden, Verlassenen. Es wäre also besser, er käme nicht.

Der eigentliche Grund dafür, dass Trost geschieht, ist nicht der, dass wir ihn dem Leidenden zusagen, sondern im Leiden des Mitmenschen das verborgene Mitleiden Jesu erkennen. Die Identifikation Jesu mit dem Leidenden ist keine, die sich nur im Gemüt und in Gedanken vollzieht; sie ist ein *Geschehen*. Der Auferstandene zeigt sich seinen Jüngern nicht mit

Narben, sondern mit den Wunden seiner Kreuzigung. So weist er auf das Geheimnis seines Fortleidens mit den Leidenden der Menschheit hin.

In der Tiefe unseres Lebensgrundes ist es der gekreuzigte Auferstandene, der den vielfachen Leiden der Menschheit Sinn gibt, sie hinüberführt in die Teilnahme an der Herrlichkeit. Ungezählte Menschen sterben verlassen. Gott wartet nicht mit ihrer Tröstung bis zu ihrem vielleicht qualvollen Tod. Er schenkt sich hier und jetzt schon ihrem Leiden durch sein eigenes Mitleiden.

Hier hat Tröstung, die Jesus in der zweiten Seligpreisung ausspricht, ihren Grund. Das Leid des Menschen wird durch ihn zur Teilnahme an seinem Leid, weil sein Leiden Teilhabe an unserem Leiden ist – damit aber auch unsere Teilhabe an seiner Herrlichkeit. Paulus sagt das lapidar mit den Worten: *„Wir müssen leiden, um teilzunehmen an seiner Herrlichkeit"* (Röm 8,17).

Das Mysterium *„Gott ist Liebe"* kommt da in seiner letzten Konsequenz zur Sprache. Es geht uns Einzelnem wie dem ganzen Weltall: der Zusammenhang von Leid und Herrlichkeit, von Tod und Auferstehung, von erlittenem Bösen und dessen Überwindung durch den Gott, der die Liebe ist. Dass eine so tief begnadete Frau wie Teresa von Avila Gott um Leiden *bat,* kann nur hier seinen Grund haben.

Leidende sind in der Tiefe ihres Lebensgrundes, ohne es wissen zu müssen, auf die Teilnahme an der Herrlichkeit ausgerichtet. Sie befinden sich in einem Verwandlungsprozess. Paulus sagt: *„Wenn die Decke* *weggenommen ist, werden wir in das Bild Christi umgewandelt von Klarheit zu Klarheit"* (2 Kor 3,18).

Nur wer selbst sozusagen ohne Leiden ist, dem Leiden anderer den Rücken kehrt, wer alles tut, um sich mit den Mitteln des Geldes und der Macht, allen durch sie nur denkbaren irdischen *Erfreuungen* von Leid und Leidtragenden fernzuhalten, der kann nicht zur Seligkeit gelangen. Der namenlose Reiche im Lazarus-Gleichnis (Lk 16,19-31) stirbt trostlos. Aus dieser Raupe wird kein Schmetterling, sondern nur Staub.

Der Himmel ist Trost, anders wird er nicht erlangt. Jede der acht Seligpreisungen sagt etwas über das Wesen der Seligkeit schlechthin, keine gibt es ohne die andere. Lazarus, der Hungernde, der Leidende, wird am Ende von den Engeln Gottes in Abrahams Schoß getragen, während der Exitus des Reichen die absolute Trostlosigkeit ist. Seine letzte Chance war, dass Lazarus drei Tage lang vor seiner Tür lag, so konnte er immer noch vom Tisch aufstehen und sich ihm zuwenden, aber er lässt es sich ungestört weiter schmecken. Würde der Reiche dem Lazarus nur einen einzigen mitleidenden Blick schenken, so wüsste Gott seinen Namen. Nun bleibt der Reiche namenlos, die Namenlosigkeit verschlingt ihn.

Sanftmut und Gewaltlosigkeit

Jesus selbst ist gewaltlos, weil Gott gewaltlos ist. Gott zwingt nicht, er gibt frei und führt zur Freiheit, er vertraut. Gott will nicht, dass wir einander zwingen, sondern aus Zwängen heraushelfen und so einer dem anderen hilft, er selbst zu sein. Gott verantwortet alles, was dem begegnet, der im Glauben an ihn nicht auf Gewalt setzt, auch nicht auf geistige oder geistliche Gewalt, auf psychischen Druck.

Das in Ewigkeit gültige Zeichen dafür ist Jesus, der Gekreuzigte. Ausgerechnet von Golgatha aus, von dieser Stelle der absoluten Wehrlosigkeit, hat er die Welt der Macht des Bösen entrissen und sie aus Todesangst befreit. Gewaltlosigkeit gehört wie die Armut zum Mysterium des Erlösers und der Erlösung. Der aus Entscheidung Gewaltlose lässt erkennen, dass er an diesem Mysterium teilhat.

Für die bis ins Herz hinein Gewaltlosen hat Gott eine eigene Verheißung von Seligkeit: *„Sie werden das Land erben"*, heißt es in dieser Seligpreisung. Sie werden also Terrain ohne Gewalt, ohne einen Schwertstreich und am Ende die ganze der Menschheit zur Beherrschung anvertraute Welt gewinnen.

Beherrschung? Gemeint ist die Herrschaft der Liebe, die zum Miteinander und Füreinander der Menschen und Kreaturen führt; sie ist gemeint. Zur Herrschaft über die Erde sind die Armen vor Gott berufen, die ihren Mitgeschöpfen keine Gewalt antun, die sich ihrer nicht bemächtigen, um sie für sich selbst auszubeuten oder sie in den Knechtsdienst ihrer Ideologien und Interessen zu nehmen. Die Herrschaft der Liebe will Vertrauen durch Vertrauen wecken und die Menschen so zu ihrem gemeinsamen Ziel, zu gegenseitigem Dienen führen.

Gewaltlosigkeit, die in Gott ihren Grund und ihren Halt hat, vertraut darauf, dass auch im anderen der Lebenskeim ist, der auf den lebendigen Gott, den Gewaltlosen, reagiert, wie das keimende Korn auf das Sonnenlicht. Wenn man nicht mehr an Gott im anderen glaubt, an die Möglichkeit, dass die Liebe zu Gott in anderen erweckbar ist, glaubt man dann überhaupt noch an Gott?

Von den Reichen dieser Welt ist diese Gewaltlosigkeit kaum zu erwarten, denn in ihrem inneren Drang müssen sie ja alles tun, um ihren Besitz und ihre Macht nicht nur zu sichern, sondern ihn zu mehren, mit lockender Gewalt, sinnenhafter, psychischer, geistiger oder auch mit drohender Gewalt gegen alle, die ihnen den Besitz oder ihre Macht streitig machen. Aber auch die Elenden, die durch die Schuld der Mächtigen unterhalb der Menschenwürde leben müssen und aus dem Elend herauskommen wollen, sind versucht, Gewalt zu brauchen und so das „Vorbild" der Reichen nachzuahmen.

Jesus sendet die Gewaltlosen „wie Lämmer unter die Wölfe" (Lk 10,1). Er weiß um das Lebensrisiko dieser Haltung. Lämmer, die auf Wölfe zukommen, wecken in ihnen ja geradezu den Instinkt, sie zu zerreißen. Ungezählten Christen ging es so in den ersten Jahrhunderten bis heute. Dafür hatte ihr Christsein zur Folge, dass sich in ihrem Umfeld die Welt veränderte und viele Menschen auf ihr Beispiel hin Christus ihr Herz schenkten.

Die Veränderung im Umfeld wirklicher Christen beruht darauf, dass Jesus Lämmern eine größere

Macht gibt, als sie Wölfe besitzen. Diese können nur zerreißen und töten – Lämmer bekommen aber die Vollmacht, Wölfe in ihre eigene Lammes-Natur zu verwandeln, aus Wölfen eben Lämmer zu machen. Gewaltlose sollen und werden am Ende Gewalttätige zur Gewaltlosigkeit bekehren. Freilich geht der Unterschied *Lamm – Wolf* oft noch mitten durch das Herz der Gewaltlosen hindurch, sie leiden daran, aber indem sie ihrer Sendung vertrauen, siegen sie über das Wölfische in sich selbst und zugleich in der sie umgebenden Welt.

Die Einheitsübersetzung braucht für das wörtliche *Selig sind die Sanftmütigen* eine andere Vokabel: „*Selig, die keine Gewalt anwenden*". Falsch daran ist, dass es hier nicht um eine Handlungsweise geht, sondern um die durch Christus geschenkte Grundhaltung in der Nachfolge. Diese ist es, die immer wieder auf dem Prüfstand steht. Nur wenn man sich bei einem Versagen wieder bekehrt, kann man hoffen, dass man wieder wird und bleibt, was man durch Gottes Gnade wurde – ein Christ, ein Jünger, eine Jüngerin.

Selig die Barmherzigen, denn sie werden Erbarmen finden

Gibt es einen Barmherzigen, der nicht selbst auch Barmherzigkeit braucht? Die Seligkeit, die ihm zugesprochen wird, besagt ja nichts anderes. Was einen einmal glücklich machen soll, muss dem eigenen tiefsten Verlangen entsprechen. Durch den Durst nach

Erbarmen, das er für sich selbst und die Welt um sich herum braucht, entwickelt er in sich das Organ für die anderen, die der Barmherzigkeit bedürfen. Weil er sich selbst elend weiß, ist er dem Elend verbrüdert. Wo immer er es wahrnimmt, da kommt es zu einem Wiedererkennen, da sieht er die eigene Endsituation.

Darum weiß er auch, was er für den zu tun hat, der ihn braucht, er kann sich in ihn hineinversetzen. Solange einer meint, er brauche selbst kein Erbarmen, kann er gar nicht barmherzig sein. Indem er dem anderen *wohltut*, verkostet er oft nur die eigene Überlegenheit, und das ist die Unbarmherzigkeit mitten in der scheinbaren Barmherzigkeit.

Alle acht Seligpreisungen sind ein Lernprozess. Musiker wird man nicht anders als durch fleißiges Üben. Auch die Barmherzigkeit muss man lernen. Und nur durch Partnerschaft mit den Armen, den Schwachen, dem Erbärmlichen, nicht durch gelegentliche Wohltäterei. Und was jeder unbedingt lernen muss: Dass der Weg zur kommenden neuen Welt der Weg zu dem Punkt ist, wo man selbst nichts als Erbarmen braucht, der Weg zu der Stelle dicht neben Ihm, der da rief: *„Mein Gott, mein Gott, warum hast du mich verlassen?"* und *„Es ist vollbracht."*

Die kommenden Menschen

Zu den kommenden Menschen in der neuen Welt, gehören die, die reinen Herzens sind. Aber wer ist mit diesen Herzensreinen gemeint? Als Jesus sie mit der Verheißung: *„Sie werden Gott schauen"* seligpries, hatte er hörten ihm viele Arme zu, Sünder und Sucher aller Art; er wollte ihnen das Herz mit seinen Seligpreisungen gewiss nicht noch schwerer machen.

Nun gibt es keine Seligkeit des Menschen, es sei denn, er verlangt nach ihr. Wenn den Herzensreinen die Gottesschau verheißen wird, so muss es sich dabei um Menschen handeln, die tatsächlich Gott zu sehen bekommen möchten, auch wenn sie seinen Namen vielleicht noch gar nicht kennen. Ihr Himmel hat es mit dem Auge zu tun, mit der Sicht. *„Ist dein Auge gesund, so ist der ganze Leib im Licht"*, dieser Satz der Bergpredigt (Mt 6,22) will auf die gleiche Seligkeit hinaus.

Ein „gesundes" Auge besitzt, wer Gott im Blick hat bei dem, was er sucht, sieht, denkt, redet, tut; seine ganze leibhaftige Existenz bewegt sich im Licht Gottes. Die Leute, die Jesus auf den Berg hinauf folgten, um sich sein Wort sagen zu lassen, sahen dieses Licht mit leiblichen Augen, es leuchtete für sie auf. Wer in den Strahlbereich Jesu gerät, der spürt und erfährt, dass sich seine Sehnsucht schon jetzt zu erfüllen beginnt.

Ein den jüdischen Jerusalempilgern vertrautes Wallfahrtslied heißt: *„Ich hebe meine Augen auf zu den Bergen. Woher wird mir Hilfe kommen?"* (Ps 121,1) Die Bergpredigt, genauer noch, der Mann, der sie uns hält, ist die endzeitlich anhebende Antwort auf diese Frage. In Jesus Christus kommt die ersehnte göttliche Hilfe. In ihm leuchtet Gottes Angesicht über all denen auf, *„die in Finsternis und Todesschatten sitzen"* und aus den Bereichen ihres armen und dunklen Lebens ihr Auge nach oben erheben.

Gott sehen, ihn hören, das ist die Wende im Leben des Einzelnen und der Welt, das Umgestaltet-Werden dieses armseligen Lebens in eine neue Zukunft hinein; sie öffnet sich ihm, sofern man nur Ihn im Blick behält und Seinem Wort glaubt. Herzensreinheit ist nach dem Neuen Testament gleichbedeutend mit Glauben. Im Apostelkonzil (Apg 15,1-22) stellt Petrus fest, dass Gott den Unterschied zwischen Juden und Heiden aufgehoben hat, indem er auch das Herz der Heiden *„durch Glauben reinigte"* (Apg 15,9).

Es leuchtet ein, dass es verschiedene Grade der Herzensreinheit gibt. Es macht einen Unterschied, ob einer die Not hat, Gott und seinen Offenbarer Christus nicht wieder aus den Augen zu verlieren, weil der eigene Blick noch hierhin und dorthin geht in immer neuer Abgelenktheit. Oder ob einer wirklich nur noch Gott im Auge hat und so alles im Licht des Einen sieht. Das ist ein Weg, auf dem aus dem Ringenden ein Schauender wird.

Auf diesem Weg erfährt auch der Schauende seine Prüfungen. Gibt er die Sicht auf, die ihm geschenkt ist, lässt er Gott aus dem Auge, weil anderes, Gottfremdes, aber ihn Faszinierendes, seinen Blick bannen will? Jesus hat mit der sechsten Seligkeit alle Armen gemeint, auch die armseligen Anfänger, alle Mühseligen und Beladenen, nach Licht und Heil Hungernden, die es unter den Hörern der Bergpredigt gab und gibt. Uns allen aber sagt die sechste Seligkeit ausdrücklich: Unser Heil hängt mit unserer Absicht zusammen; die Reinheit unserer Absicht ist identisch mit der unseres

Herzens. Wie wir motiviert sind, das entscheidet über unsere ewige Zukunft.

An der Reinheit unserer Absicht hängt letztlich alles – die Seligkeit der Gottesschau. Die Seligkeit und die Sehnsucht eines Gläubigen mir reinem Herzen, dass der himmlische Vater voll Liebe auf sein Kind schaut. Wer von Gott so angeschaut wird, kann diesen Blick wir voll Dank und Seligkeit erwidern. Der heilige Apostel Paulus erklärt den Unterschied zwischen einem alten und neuen Menschen gut: *„Christus ist für alle gestorben, damit die Lebenden nicht mehr sich selbst leben, sondern ihm, der für sie gestorben und auferweckt ist"* (2 Kor 5,15).

Die Ehe als Prüfungsraum

Auf dieser Welt gibt es keinen Bereich wie die Familie, in dem Menschen so selbstverständlich und wirksam in ein liebevolles Miteinander und Füreinander eingeübt werden. Sie ermöglicht dem Einzelnen die Entfaltung seiner ihm eigenen Anlagen und Kräfte. Familie kann aber auch, seit es Sünde gibt, zu immer neuen Verletzungen untereinander führen. Werden diese vor allem als Prüfungen erfahren?

Ehe bedeutet im Anfang zumeist ein selbstloses sich Hineinleben und Hineindenken in den anderen. Aber in dem Maße, in dem die *erste Liebe* aus dem Empfinden weicht, wird das Anderssein des Ehegefährten auch negativ erfahren. Beide Ehepartner haben dann in mancher Hinsicht verschiedene Lebens- und Verhaltensvorstellungen. Das kann zu Reibungen und bis zur Entfremdung führen, ja zu Streit und Hass.

Geradezu ein Gegenmittel für diese unheilvolle Situation finden solche Paare, die gleich zu Beginn der Ehe ein für ihr Bestehen entscheidendes Gotteswort akzeptieren. *„Einer trage des anderen Last, so erfüllt ihr das Gesetz Christi"* (Gal 6,2). Paulus meint in diesem Wort nicht nur die äußere Lebenslast des anderen, sondern auch die Fehler und Schwächen des anderen. All das, was an ihm zunächst als *lästig* empfunden wird. Ich muss es tragen, wie Christus meine Last trug und trägt. Er lud sich diese Last auf sein Kreuz, auf seinen Rücken auf dem Weg nach Golgatha hinauf. Er trug sie für mich, er trug sie weg.

Legen wir dagegen Nachdruck auf das Fehlverhalten des anderen, helfen wir weder ihm noch uns damit. Einer richtet unwillkürlich das Verhalten des anderen, es gibt einen Beziehungskrieg, der dann eskaliert – *Liebe leidet, Stolz empört sich*, lautet ein altes Sprichwort.

Zu den häufigsten Prüfungen eines Christen, und oft auch in der Ehe, gehört eine spezielle Versuchung der Gewalt: Wenn sich der andere mit seinen geistigen oder psychischen Mitteln durchzusetzen versucht, versuche ich, es mit gleicher Waffe zu erwidern. Das geht nie gut aus. Das hat mit der Hochzeit des Lammes nicht das Geringste zu tun. So kann es nur zu Streit kommen und schließlich zu Trennung.

Warum zerbrechen heute immer mehr Ehen? Weil ihre Grundordnung, ausgesprochen im Galaterbrief des heiligen Paulus (Kap. 6,2) am Beginn des Ehebundes oftmals gar nicht gekannt, geschweige denn bewusst und mit dem Ja des vertrauenden Glaubens akzeptiert wird. *Einer trage des anderen Last, so werdet ihr das Gesetzt Christi erfüllen,* heißt es dort.

Im Eheleben kann es durch die oft engen Wohnungen, aber ebenso erstaunlicherweise auch in Schlössern, fast notwendigerweise zu Reibungen und Vorwürfen, zu Abstoßungen und Verletzungen kommen. Dass es sich hier um Prüfungen handelt, in denen und durch die Ehepaare geläutert werden und reifen können, realisieren Eheleute oftmals nicht. Sie lernten das *Gesetz Christi* nicht wirklich kennen, ganz zu schweigen von einer entsprechenden Entscheidung oder Akzeptanz.

„Ihr habt in meinen Prüfungen mit mir ausgeharrt, so vermache ich euch das Reich" (Lk 22,28), das ist Jesu Wort an die Jünger im Abendmahlssaal. Doch tatsächlich wird dieses Versprechen erst nach Ostern wahr. Dieses Ausharren mit Jesus, von dem Jesus beim Letzten Abendmahl spricht, ist seltsam. Er spricht davon so, als sei es schon geschehen. Wie ist das zu verstehen?

Beim *„Brotbrechen"*, der Eucharistie, wird heute wie damals alles mit und in Jesus Geschehende, auch das Künftige, zum Jetzt und Heute. Die Jünger haben den galiläischen Frühling miterlebt, dann aber, als es ernst wurde mit der Passion, sind sie geflohen. Erst in der Kraft des Auferstandenen, durch die Mitteilung des Heiligen Geistes, werden auch sie in der Hinnahme

von Leiden, ja in der Hingabe ihres Lebens, seine
Zeugen sein und die Prüfung bestanden haben.

Bernhard Dolna, Prof. Mag. Dr., ist Dekan und Professor für
Neues Testament und Jüdische Studien am ITI in Trumau.

Die Bedeutung der Lebensstationen für die Ehe

Matthias Beck

1. Vorbedingungen einer Ehe und neue Herausforderungen

Wenn es in diesem Symposion um Entscheidungen und Entscheidungsfindungen im Kontext der Ehe geht, möchte ich zunächst etwas zu dem ganzen Lebensreifungsprozess sagen, den jeder Mensch durchmachen muss. Denn ohne ein Verständnis für diese Prozesse kann man nicht verstehen, was Leben ist, was eine Ehe und eine gute Entscheidung für die Ehe ist.

Es besteht immer die Gefahr, dass wir zu statisch auf einen Moment der Entscheidung schauen, ohne den Prozess der Lebensentwicklung und der Entscheidungsfindung mit zu bedenken. Es genügt nicht zu sagen, jetzt habe ich mich einmal für eine Ehe entschieden; und jetzt muss ich das durchhalten. Viel wichtiger ist es, die Voraussetzungen und Vorbedingungen für eine gute Ehe und eine gute Entscheidung anzuschauen, denn vieles wird schon im Vorfeld entschieden, was sich dann später auswirkt.

Die erste Voraussetzung und Vorausbedingung für eine Entscheidung zur Ehe ist, dass wir Menschen gezeugt worden sind. Das ist einerseits selbstverständlich, aber die Verhältnisse haben sich geändert. Heutzutage werden Kinder nicht nur normal gezeugt, sondern auch mithilfe der In-Vitro-Fertilisation (IVF) „hergestellt". Weltweit sind bereits über zehn Millionen Kinder auf diese Weise auf die Welt gekommen. Heute gibt es sogar immer mehr Kinder, die nur als so genannte *Rettungsgeschwister* für einen erkrankten Bruder oder eine erkrankte Schwester gemacht worden sind.[1]

Damit ist die Frage nach dem Gezeugt-Werden und jene nach dem Leben als Geschenk Gottes keine Selbstverständlichkeit mehr. Anders gewendet: Die Frage nach dem Geschenkcharakter des Lebens als Geschenk Gottes war so lange eine ernstzunehmende Frage, wie wir normal gezeugt wurden. Das ist aber heute nicht mehr selbstverständlich. Von den Studenten, die zwischen achtzehn und fünfundzwanzig sind, können immer ein oder zwei dabei sein, die auf diese Weise „hergestellt" worden sind. Das heißt, wir müssen in mehrfacher Hinsicht behutsam mit diesem Phänomen umgehen, denn IVF-Kinder sind nicht Menschen zweiter Klasse, sondern Menschen wie jeder andere auch.

Die katholische Kirche lehnt diese Methode mit guten Gründen ab, die hier nicht alle genannt werden

---

[1] Ein Kind ist krank, es hat zum Beispiel (4 Zeilen weiter unten steht „z. B.") Leukämie und den Eltern wird gesagt: „Wir können das Kind nicht heilen, es kann nur dann gerettet werden, wenn Sie ein zweites Kind zeugen und von diesem dann Stammzellen, Knochenmark oder vielleicht sogar Organe (z. B. eine Niere) transplantiert werden.

können. Es bleibt hochproblematisch, dass Menschen nur zu einem bestimmten Zweck gemacht werden. Jemand, der als Rettungsgeschwister auf die Welt gekommen ist, empfindet sein Leben möglicherweise nicht als Geschenk (Gottes), sondern als ein Leben, das ihm aufgezwungen wurde – von jemand anderem für jemand anderen. Kann solch ein Mensch sich um seiner selbst willen bedingungslos geliebt, wissen?

Das Eigenartige ist, dass alle Menschen ungefragt in dieses Leben hineingekommen sind. Heidegger hat es folgendermaßen formuliert: Der Mensch sei der *Ins-Leben-Geworfene*. Diese philosophische Auffassung wäre theologisch so zu formulieren, dass jeder Mensch ein von Gott ins Leben Gerufener ist. Aber diese Auffassung teilen schon lange nicht mehr alle Menschen. Im Krankenhaus gibt es beispielsweise viele Menschen, die ihr Leben nicht als Gottesgeschenk erleben, sondern eher als große Last, unter der sie zusammenzubrechen drohen.

Ein weiteres Problem für heutige Ehen ist, dass wir oft das Leben über unsere physiologischen Möglichkeiten hinaus am Leben erhalten. Wir werden heute achtzig, neunzig, hundert Jahre alt. Früher starben die Menschen mit fünfzig Jahren, da dauerte eine Ehe vielleicht dreißig Jahre, heute soll sie fünfzig oder gar sechzig Jahre lang halten. Auch hier stellen sich Fragen nach dem Geschenkcharakter des Lebens.

Ein anderes Problem für die Ehe ist, dass Frauen oft berufstätig und damit auch finanziell unabhängiger von ihren Männern geworden sind. Sie haben ein viel größeres gesellschaftliches Umfeld als früher. Im Blick auf die heranwachsenden Kinder wird es zunehmend junge Menschen geben, die bei zwei Frauen oder zwei Männern aufwachsen, entweder wegen einer Adoption oder weil sich zwei Frauen mit Fremdsamen ein Kind haben machen lassen. Hier sind große Umbrüche entstanden. Mit all diesen Fragen müssen wir uns auseinandersetzen.

2. Identitätsfindung

So stellen sich angesichts neuer Herausforderungen wie Ehescheidungen, zerbrechende Beziehungen, Kinder von gleichgeschlechtlichen Paaren, IVF-Kinder mit möglichen körperlichen oder seelischen Schäden. Berufstätige Mütter oder zunehmendes Alter der Mütter, auch die längere Lebensspanne der Menschen werfen immer mehr Fragen nach Identitätsfindung und Persönlichkeitsbildung junger Menschen auf. Die Voraussetzungen für gelingende Beziehungen, Identitätsfindung und Beziehungsfähigkeit sind heute zentrale Themen für junge Menschen.

Das Thema dieses Symposions heißt *Geschenk und Entscheidung*. Eine Entscheidung muss gut vorbereitet werden. Sie hat immer mit der Biografie des Menschen zu tun. So ist die entscheidende Frage schon zu Beginn: Wie werden Menschen von ihrer Biografie her geprägt? Bereits die Atmosphäre im Mutterleib entscheidet oft über ein ganzes Leben, Hormonschwankungen können womöglich zu Homosexualität führen, epigenetische Verschaltungen, die Gene aktivieren oder inaktivieren, haben große

Auswirkungen auf das weitere Leben mit Krankheit und Gesundheit.

Diese epigenetischen Einflussfaktoren liegen im Genom selbst (auf den Chromosomen zwischen den Genen), aber auch in der Umgebung, in den zwischenmenschlichen Beziehungen, im Innenleben des Menschen und mehr und mehr in den eigenen Entscheidungen des Heranwachsenden.

Zudem scheint ein neues Problem aufzutauchen, das in Deutschland zu einer Stellungnahme des Deutschen Ethikrates und zu einer neuen Gesetzgebung geführt hat. Es gibt offensichtlich viele Neugeborene, die geboren werden, ohne dass bei ihnen eindeutig das Geschlecht bestimmt werden kann. Ein entsprechendes Gesetz wurde gemacht, dass man bei der Geburt das Geschlecht des Kindes nicht mehr eintragen muss. Das nennt man Intersexualität, wenn nicht genau festgestellt werden kann, ob das neugeborene Kind nun ein Junge oder ein Mädchen ist.

Ein zweiter Fall entsteht, wenn Eltern sich schon immer einen Jungen gewünscht haben, aber ein Mädchen zur Welt kommt. Das Mädchen wird dann vielleicht als Junge erzogen und findet kaum ihre Geschlechtsidentität. Mancher Junge *„entscheidet"* sich vielleicht, ein Mädchen sein zu wollen oder manches Mädchen ein Junge. Das nennt man Transsexualität. Diese Menschen haben große Probleme, ihre eigentliche Identität jemals zu finden.

Bei der Identitätsfindung geht es nicht nur um die Frage *„ Wer bin ich?"*, sondern „Wer bin ich als Mann oder als Frau?" Es ist nicht klar, ob Identitätsfindungsstörungen oder auch Persönlichkeitsstörungen in ihrer Häufigkeit zunehmen oder ob einfach mehr darüber in der Öffentlichkeit gesprochen wird.

Zudem ist die Frage nach der Polarität von Mann und Frau gerade für Kinder von großer Bedeutung. Über die Homosexualität bei Männern wurde einmal gesagt: Der homosexuelle Mann erträgt nicht die ganze Frau, sondern nur die weiblichen Anteile im anderen Mann. Andere Faktoren (z. B. Hormonschwankungen in der Schwangerschaft[2]) führen, gerade bei Jungen mit einer starken Mutterbeziehung, zu jenen, die nicht zum Mann heranreifen. Mütter müssen ihre Kinder gehen lassen, damit sie ihren Eigenstand und ihre Selbstständigkeit finden. Die Frage ist, wie der Mensch zu seinem Eigenstand hinfindet?

3. Reifungsphasen des Menschen – Pubertät

Über dieses Finden des Eigenstandes und das Heranreifen einer Beziehungsfähigkeit soll jetzt gesprochen werden. Es hat mit den Reifungsphasen des Menschen zu tun. Diese müssen gut bewältigt werden, damit der Mensch überhaupt reif wird für eine Beziehung und eine gute Entscheidungsfindung zur Ehe. An diesen Fragen muss sehr genau gearbeitet werden. Dort besteht viel Nachholbedarf.

Was früher oft selbstverständlich schien, muss heute hart erarbeitet werden. Wenn es ideal läuft,

---

2 Wahrscheinlich gibt es nicht *ein* Gen für Homosexualität, das ist eine sehr komplexe Entwicklung.

wird ein geborenes Kind in einer Familie zum Jungen oder zum Mädchen erzogen und zwar genau in dieser Polarität. Und das gelingt im Idealfall in einer Familie mit der Polarität von Mann und Frau. Die jungen Menschen lernen lesen und schreiben, sie spielen und erfüllen Aufgaben, sie müssen schrittweise ihre Identität finden. Schließlich aber kommt es zu einer Krise in der Pubertät.

Nun muss der junge Mensch sich schrittweise von seinen Eltern lösen. Das geht nicht von heute auf morgen, aber hier ist ein Beginn. Was soll der junge Mensch in dieser Phase tun? Woher bekommt er Antwort? Der Christ findet Antworten im Neuen Testament: Der zwölfjährige Jesus verlässt seine Eltern und bleibt im Tempel. Er muss, wie er sagt, im Hause seines Vaters sein und zu seinem Ursprung zurückkehren (Vater heißt im Aramäischen auch Ursprung). Der Ursprung des Menschen liegt in Gott und nicht bei seinen leiblichen Eltern. Nur von dort her kann er sich selbst, seinen Eigenstand und seine Identität finden. Das gilt für jeden Menschen.

Wenn junge Menschen zu Hause keine gute Familiensituation kennen gelernt haben, treten hier schon erste Probleme auf, die auch später über die eigene Familiensituation mitentscheiden. Es scheint so zu sein, dass aus einer geschiedenen Ehe oft wieder geschiedene Ehen hervorgehen. Wenn Kinder alleine gelassen werden, kann das ganz konkrete Folgen haben: Sie kommen mittags nach Hause, die Eltern sind nicht da, sie setzen sich an den Computer und spielen

Computerspiele und alles, was sie am Vormittag in der Schule gelernt haben, ist gelöscht.

So machen solche Kinder immer weniger Schulabschlüsse oder gar das Abitur. Offenbar ist das bei Jungs schlimmer als bei Mädchen, weil Jungen eben mehr Computerspiele konsumieren. Die alte Regel „repetitio est mater studiorum", die Wiederholung ist die Mutter allen Studiums, gilt eben auch für die Schule. Das Gehirn braucht Zeit, um das am Morgen Gelernte einsickern zu lassen.

Die Grundfragen der Ehe sind in erster Linie Fragen der Beziehungsfähigkeit des Menschen. Und diese Fragen der Beziehungsfähigkeit sind nicht nur psychologisch zu beantworten, sondern sie sind vor allem auch ein religiöses Thema. Wie findet der Mensch seine innere Ausrichtung, woran soll er sich orientieren, wie findet er seine Identität und seinen Eigenstand, wie wird er beziehungsfähig? Das sind zutiefst spirituelle und religiöse Fragen.

Die Geschichte Jesu zeigt, dass der Mensch offensichtlich seine Identität nur findet, wenn er seinen Halt – so komisch das klingt – in einem anderen Grund entdeckt als in sich selbst. Nur von diesem anderen Fundament her wird er im Letzten beziehungsfähig und liebesfähig sein und sich auch schrittweise von seinen Eltern lösen können.

Das alte Gebot der Gottesliebe, Nächstenliebe und Selbstliebe hat hier seinen Platz: Du sollst Gott, deinen Herrn, lieben und deinen Nächsten wie dich selbst. Der Mensch kommt offensichtlich nur aus dieser inneren Anbindung zu einer guten Selbstliebe, die ihn befähigt, seinen Mitmenschen zu lieben. Ohne gesunde Selbstliebe, die das Gegenteil von Narzissmus ist, gibt es keine gesunde Fremdliebe.

Lieben und erkennen ist im Hebräischen dasselbe Wort, daher kann man auch sagen: Ohne Anbindung an den letzten Grund, den Christen Gott nennen, gibt es keine klare Selbsterkenntnis – und ohne Selbsterkenntnis gibt es keine Erkenntnis des anderen *als* des anderen (Levinas). Dann projiziert man immer etwas in den anderen hinein, was gar nicht da ist. Das bricht oft in der Lebensmitte auf und führt zu Scheidungen.

Zurück zur Frage der Familie und zum ersten Umbruch des jungen Menschen in der Pubertät. Der Jugendliche muss die Familie schrittweise verlassen, es gibt schon im Alten Testament den Hinweis: *„Darum verlässt der Mann Vater und Mutter und bindet sich an seine Frau" (Gen 2,24)*. Bereits der zwölfjährige Jesus macht es vor. Dies ist ein wichtiger Schritt zum Gelingen des Lebens, auch zum Gelingen einer späteren Ehe. Gerade Burschen müssen sich lösen von ihren Müttern, Mädchen von den Vätern. Das ist nur ein erster Schritt, die Ablösung vollzieht sich prozesshaft und geht später weiter.

Es kommt ein zweiter großer Schritt der Ablösung in der Lebensmitte hinzu. Auch dazu gibt es ein Gleichnis aus dem Neuen Testament. Hier sagt der vielleicht dreißigjährige Jesus zu seiner Mutter bei der Hochzeit zu Kana: *„Frau, was habe ich mit dir zu tun?"* Er weist sie scharf zurück, er muss nicht auf ihre Stimme hören, sondern auf den Willen des himmlischen Vaters.

Der Christ lebt im Grunde in zwei Familien. Erstens in seiner Herkunftsfamilie, die ihn gezeugt hat, und zweitens in der geistlichen Familie, die wir Kirche nennen. Wenn es gut geht, können diese Familien zusammenfallen, dann kann die Herkunftsfamilie durchaus auch die spirituelle Familie sein, aber Jesus sagt ausdrücklich: Wer Vater und Mutter mehr liebt als mich ist meiner nicht wert. Das ist ein hartes Wort, das heißt, der Mensch muss um seiner Reifung willen hinein in die Abhängigkeit von Gott, da nur diese den Menschen auf seine eigene Berufung und Identität hin befreit.

Der Mensch soll auf seinem Reifungsweg immer mehr die Stimme Gottes hören lernen. Er soll immer mehr – wie es im Vaterunser heißt – den Willen Gottes erkennen und tun. Für dieses Hören auf den Willen Gottes gibt es auch den Begriff des *Gehorsams*. Hans Urs von Balthasar hat einmal gesagt: *„Glaube ist Gehorsam."* Jetzt kann man Gehorsam richtig oder falsch verstehen. Gehorsam heißt zunächst für das kleine Kind, dem Über-Ich zu gehorchen, den Eltern, der Schule, der Kirche. Dabei darf es aber nicht stehen bleiben, sondern der Mensch muss hinaus aus diesem Gehorsam dem Über-Ich gegenüber hinein in den Gehorsam Gott gegenüber und das heißt der göttlichen Stimme im eigenen Inneren gegenüber, dem Heiligen Geist in sich. Der Mensch soll in sich hineinhorchen lernen.

Das Wort Autorität kommt vom lateinischen Wort *augere* = wachsen lassen. Die eigentliche Autorität ist keine Autorität, die den Menschen als Über-Ich-

Struktur klein macht, unterdrückt und fremdbestimmt, sondern eine Autorität, die ihn von innen her zum Leben erweckt und ihn in seine wahre Selbstbestimmung hinein freisetzt. Das Christentum ist eine Lebenserweckungsphilosophie, Lebensentfaltungsbotschaft, Anleitung zur Ichwerdung und zum gelingenden Leben. Die ganzen biblischen Beispiele reden von Pflanzen, wie sie wachsen, vom Blühen, vom Fruchtbringen. Auch der Mensch soll Frucht bringen. Und Gott selbst ist Mensch geworden, damit der Mensch das Leben hat und es in Fülle hat (Joh 10,10).

Der Entwicklungsprozess Jesu läuft ebenfalls in diesen Phasen ab. In der Zeit der Pubertät bricht er kurz aus der Familie aus, kehrt dann aber wieder zurück zu seinen Eltern und ist ihnen gehorsam. Ein Zwölfjähriger kann noch nicht alleine leben und ein plötzlicher Bruch wäre auch für die Eltern zu schmerzhaft. So geht er zurück in die Familie und das für etwa achtzehn Jahre. Dann erst, mit circa dreißig Jahren, tritt er öffentlich auf und lebt ganz selbstständig.

4. Pubertät – Firmung – Heiliger Geist

Im Zeitraum der Pubertät bekommen katholische Christen das Sakrament der Firmung gespendet. Gefirmt wird der Mensch – wie schon bei der Taufe – mit dem Heiligen Geist. Einige Gaben des Heiligen Geistes sind Erkenntnis, Einsicht und die Gabe der Unterscheidung der Geister (s. u.).

Mit der Firmung beginnend sollten wir also Menschen helfen, zu verstehen, wie sie mithilfe des Heiligen Geistes und der Unterscheidung der Geister gute Entscheidungen treffen lernen. Das sollte spätestens in der Pubertät beginnen, am besten schon vorher. Ein gut vermitteltes Christentum müsste zu tieferer Erkenntnis und Einsicht führen, und zwar zu einer tieferen Selbsterkenntnis, zur tieferen Erkenntnis des anderen *als* des anderen (Levinas), zur tieferen Erkenntnis der Welt und letztlich schrittweise zur Erkenntnis Gottes. Credo ut intelligam, heißt es bei Anselm von Canterbury: Ich glaube, damit ich einsehe und erkenne. Glaube ist gerade nicht das Gegenteil von Wissen und Erkennen, sondern soll zu tieferer Einsicht führen.

Warum ist das für die Frage der Entscheidung zur Eheschließung von großer Bedeutung? Viele Ehen scheitern vor allem in der Lebensmitte, weil die Projektionen, die der jeweilige Partner in den anderen hineinprojiziert hat, abnehmen. Plötzlich ist der andere nicht mehr der Mensch, für den der Partner ihn gehalten hat. Jetzt spätestens kommt „die Wahrheit" zu Tage, wie der andere „wirklich" ist. Daher sollte man die Menschen frühzeitig auf diese Zusammenhänge hinweisen, damit der Mensch sich und den anderen mithilfe des Heiligen Geistes immer besser erkennen kann. Es muss vermittelt werden, dass es den Heiligen Geist *wirklich* gibt, dass er im Menschen wirklich etwas be*wirkt* und sich der Mensch infolgedessen immer mehr seiner Führung anvertrauen kann.

Er kann durch Exerzitien, tägliche Stille (drei mal zehn Minuten), Bibellesen, langsam seine inneren Seelenregungen besser verstehen lernen und so die göttliche Führungsstimme immer besser von den anderen Stimmen (der Mutter, des Vaters, der Gesellschaft) unterscheiden lernen. Dadurch kann der Mensch zu immer größerer Klarheit über sich selbst, die Welt, den anderen und Gott kommen.

Wir sollten also versuchen, in der Firmung den Menschen klarzumachen, dass sie jetzt mit dem Heiligen Geist gefirmt sind, dass sie das Gnadenwirken des Heiligen Geistes zu tieferer Einsicht führen soll. Dies ist von zentraler Bedeutung gerade für den heutigen Menschen und seine Entscheidungsfindungen, da äußere Strukturen immer mehr zerbrechen. Eine gute christliche Erziehung (Stille, Gebet, Sakramente) sollte schrittweise dazu führen, dass die Bilder, die der Mensch von sich selbst, vom anderen und von Gott hat, allmählich aufgelöst werden, der Mensch diesem Sinne immer wahrhaftiger wird.

Der Mensch kann mithilfe der Unterscheidung der Geister lernen, sich selbst wahrzunehmen und Gott in seinem Inneren. Diese Selbstwahrnehmung ist heute eine Art Selbstvergewisserung, dass der Mensch überhaupt existiert. Es gibt in der Philosophiegeschichte zwei große Selbstvergewisserungsversuche. Der eine von Augustinus, der gesagt hat: *Was passiert eigentlich, wenn ich in allem getäuscht werde?* Dann weiß ich doch, dass ich es bin, der getäuscht wird oder der sich täuscht. Später René Descartes: *Ich denke, also bin ich.* Ich kann mich selbst vergewissern, dass ich da bin, indem ich denke.

Und heute, da wir sehr stark von der Psychologie geprägt sind, könnte man sagen: Ich fühle, ich erlebe mich, also bin ich. Oder umgekehrt: Ich spüre gar nichts mehr. Ich bin so leer innerlich. Aber ich weiß, dass ich es bin, der so leer ist.

Der Mensch kann also lernen, seine inneren Bewegungen der Seele zu *verstehen*. Er kann begreifen, aus welcher Dimension des Seins die inneren Stimmen und Seelenregungen kommen: aus der Stimme der Eltern, der Gesellschaft, der Kirche, aus dem guten und Heiligen Geist, aus dem Geist des Egoismus oder aus dem *bösen Geist, der stets verneint*. Diese Unterscheidungen sind wiederum wichtig für Entscheidungsfindungen. Bevor eine (wichtige) Entscheidung getroffen wird, sollte der Einzelne etwas von der Unterscheidung der Geister erfahren haben, um aus dieser Unterscheidung heraus entscheiden zu können. Unterscheiden und entscheiden, das wäre das christliche Diktum. Und das müssen wir den Menschen mitgeben auf den Lebensweg, beginnend spätestens mit der Pubertät, gepaart mit dem Heiligen Geist durch die Firmung und dann täglich einübend durch hinhorchende Wahrnehmung. Dazu bedarf es immer wieder regelmäßiger Zeiten der Stille.

Machen wir es ganz konkret, wie ich in meinem letzten Buch *Glauben – Wie geht das?* geschrieben habe: So wie wir dreimal täglich essen müssen, damit wir am Leben bleiben, sollten wir auch dreimal täglich eine geistliche Übung vornehmen, um innerlich und geistlich am Leben zu bleiben. Es muss nicht viel Aufwand getrieben werden, sagen wir dreimal täglich zehn Minuten, ein Mal still da sein, das andere Mal etwas Bibel lesen, oder aber den Tag reflektieren und verstehen lernen, was gut und was schlecht war, wo der Geist Gottes uns bewegt hat oder wo wir ihm gefolgt bzw. ausgewichen sind.

Warum ist das wichtig? Schauen wir auf den Alltag. Warum müssen wir essen? Wenn der Mensch nicht isst, stirbt er. Das Tote neigt zur Unordnung, der Leichnam zerfällt. Das nennt man in der Physik Entropie. Um dieser Entropie, dieser Tendenz zum Zerfall und zur Unordnung, entgegenzuwirken, muss der Mensch täglich Energie zuführen, er muss Nahrung zu sich nehmen.

Ähnliches gilt auch für die psychischen Reifungsprozesse. Es muss ständig etwas hinzugewonnen werden, was noch nicht da ist. Auch beim menschlichen Geist laufen ähnliche Prozesse des Zerfalls und der Zerstreuung ab. Man kann diese Kräfte mit dem griechischen Begriff des *diaballein* (durcheinanderwerfen) bezeichnen. Daher kommt das Wort *diabolos* (*Durcheinanderwerfer*), das oft mit *Teufel* übersetzt wird.

Das Zerstreuende ist noch nicht der Teufel selbst, sondern es ist zunächst eine Grundveranlagung im Menschen. Diese Grundveranlagung kann der böse Geist, der den Menschen von seinem Weg abbringen will, für seine Zwecke nutzen. Der Mensch kann aber dieser Grundtendenz entgegenwirken: durch Stille, Gebet, Versammlung, geistliche Lesung, Teilnahme an den Sakramenten, den heiligen Heilmitteln der Kirche.

Der Gegenbegriff zu diaballein ist symballein, zusammenwerfen, daher kommt das Wort Symbol. Das heißt, der Mensch muss seine Triebe, seine zerstreuenden Zerfallstendenzen immer wieder neu integrieren.

Dazu bedarf es der täglichen Übung. Das ist geistige Arbeit und wird auch mit dem Wort *Askese* (von griech. askein = üben) bezeichnet.

Das ist es, was wir schon den jungen Menschen beibringen müssen mit Beginn der Pubertät und der Firmung, dass jetzt der Heilige Geist in ihnen wirkt und sie ihm Raum geben sollen. Ignatius von Loyola nennt diese Übung das Gebet der liebenden Aufmerksamkeit: Man setzt sich mittags zehn Minuten hin, kommt zur Ruhe, überlegt, was am Vormittag gewesen ist, welche Menschen man getroffen hat und vieles mehr. Kurzes Innehalten und Analysieren des Tages, still werden, sich immer wieder versammeln, zurückkommen, den Tag „*verstehen*" lernen, am Mittag und am Abend noch einmal. Ein relativ geringer Aufwand mit hoher Effektivität.

Ich habe bei mir in der Pfarre jetzt zwei spirituelle Gruppen mit je fünfzehn Personen eingerichtet. Wir treffen uns ein Mal im Monat für zwei Stunden und reflektieren in dieser Weise den Alltag, um die Spur Gottes darin zu finden. Und da sagen manche: Ich übe das jetzt seit einem Jahr, diese dreimal am Tag, und meine ganze Familienstruktur hat sich verändert, ich erkenne die Dinge besser, das Unternehmen hat sich verändert, ich treffe bessere Entscheidungen. Und das ist mit wenig Aufwand zu erreichen. Wir müssen das nur ernst nehmen, was wir den Menschen verkünden, dass der Heilige Geist wirkt, wirklich eine Wirkung zeigt, zur Erkenntnis und Einsicht führt.

5. Die Lebensmitte

Die zweite große Krise (von griech. *krinein* = unterscheiden, entscheiden) entwickelt sich oft in der Lebensmitte. Dort bricht noch einmal alles auf. Carl Gustav Jung sagte. *„Was der Mensch in der ersten Lebenshälfte draußen fand (Berufsaufbau, Eheaufbau, Familienaufbau), muss der Mensch der zweiten Lebenshälfte drinnen finden."* Also ein fundamentaler Umbruch.

Der große Mystiker Johannes Tauler, der sich mit diesen Fragen befasste, sagte: *„In der Lebensmitte herum wirst du vierzig, fünfzig Mal am Tag herumgewirbelt, du kennst dich gar nicht mehr aus. Bis zu deinem vierzigsten Lebensjahr findest Du Deine innere Mitte nicht und dann gib dem Heiligen Geist noch zehn Jahre und dann kommst Du langsam dorthin."*

Die Psychologie nennt die Krise der Lebensmitte, die *Midlife-Crisis*. Das ist richtig, aber das Problem liegt viel tiefer, es ist letztlich ein spirituelles Problem. Denn jetzt wird der Mensch so durcheinandergewirbelt, er bekommt noch einmal die Chance, zu seiner Wahrheit durchzustoßen oder anders gesagt: sich Gott ganz hinzugeben. Jetzt sagt Tauler, du hast noch eine einzige Chance, diese Krise durchzustehen, indem du dich ganz aus der Hand hinein in die Hand Gottes gibst. Wir haben im Deutschen ein schönes Wort dafür, das Wort Aufgabe. Der Mensch muss sich aufgeben, um letztlich seine Aufgabe zu finden.

Spätestens in der Lebensmitte sollte das Ego kleiner werden und das *Du Gottes* größer. Ich muss weniger werden, ER muss mehr werden, nicht mehr ich lebe, sondern Christus lebt in mir; es ist der Umbruch vom Festhalten am Ich hin zum Du Gottes. Ich muss abnehmen, er muss zunehmen, sagt Johannes der Täufer. C. G. Jung meinte, er hätte keinen Patienten jenseits des fünfunddreißigsten Lebensjahres gehabt, dessen eigentliches Problem nicht das der religiösen Einstellung gewesen wäre. Und er äußerte, dass die Psychologen heutzutage etwas tun müssten, was eigentlich der theologischen Fakultät zukäme.

Also diese Dimension des Durcheinandergewirbelt-Werdens in der Lebensmitte ist ein spirituelles Geschehen und nicht nur so eine psychologische *Midlife-Crisis*. Anselm Grün hat dazu ein kleines Büchlein geschrieben, *Lebensmitte als geistliche Aufgabe*, wo er sagt: *Bei uns treten Mönche aus, mit vierzig, fünfzig Jahren, Ehen scheitern nach zwanzig Jahren und wir wissen nicht, warum.* Wir haben offenbar einen großen Nachholbedarf, um geistlich zu verstehen, was hier geschieht. Umgekehrt gilt es zurückzuschließen, wie man Menschen vielleicht präventiv besser spirituell vorbereiten kann.

Die Ehevorbereitung mit einer halben Stunde Gespräch mit dem Pfarrer und einem Ehevorbereitungswochenende reichen nicht. Stattdessen sollte eine gute Einübung über zehn oder fünfzehn Jahre dazu führen, dass der Priester dann wirklich am Altar sprechen kann: *Was Gott verbunden hat, soll der Mensch nicht trennen.* Darf man die Frage stellen, ob ein Großteil der Ehen womöglich nicht von Gott zusammengeführt ist, sondern psychologische Gründe eine Rolle spielen?

Ein Jesuit wird fünfzehn Jahre ausgebildet, um den Willen Gottes herauszufinden (mit zwei mal vier Wochen Exerzitien, Schweigen, die Geister unterscheiden lernen, jedes Jahr wieder Exerzitien), erst dann machen sie ihre endgültigen Gelübde.

Bis ein Brautpaar mit derselben Verbindlichkeit sakramental verheiratet wird, braucht es eine halbe Stunde Gespräch mit dem Pfarrer und vielleicht einen Ehevorbereitungskurs. Ich halte das für eine Bringschuld der Kirche und von uns allen, junge Menschen frühzeitig darauf hinzuweisen, dass man das Leben üben muss und auch eine Ehe ein Marathonlauf ist, für den man gut ausgerüstet sein muss. Ich kann nicht einfach ohne Training loslaufen. Wir brauchen ein geistliches, spirituelles Training, damit wir den Menschen etwas zur Unterscheidung der Geister beibringen.

6. Die Unterscheidung der Geister

Was ist christliche Spiritualität? *„Dein Wille geschehe"*, beten wir im Vaterunser. Damit ist keine Fremdbestimmung gemeint, die dem Menschen von außen sagen würde, was er zu tun hat. Natürlich brauchen Kinder und Jugendliche (auch Erwachsene) äußere Regeln, aber schrittweise sollte etwas anderes in ihrem Inneren wachsen. Es sollte langsam von innen her die Autorität des Heiligen Geistes wachsen; diesen Geist kann der Mensch wahrnehmen lernen.

Autorität hat etwas mit *„wachsen lassen"* zu tun. Jeder Christ ist Tempel des Heiligen Geistes. Die Kirche als Sakrament und als Gemeinschaft der Gläubigen hat die Aufgabe, den Menschen zu helfen, diesem Heiligen Geist im Menschen Gehör zu verschaffen, damit jeder von sich aus, von dem Wirken des Heiligen Geistes her, die richtigen Entscheidungen treffen kann.

Die Gabe der Unterscheidung der Geister ist neben Erkenntnis und Einsicht die dritte Gabe des Heiligen Geistes, die hier wichtig ist. Ignatius von Loyola hat eine Methode zum Erkennen des Wirkens des Heiligen Geistes in seinen Exerzitien herausgearbeitet. Hier nur kurz zusammengefasst: Ihm wurden im Krieg die Beine zerschossen, er lag auf dem Bett, er sagte zu seinen Freunden: *Bringt mir Bücher zu lesen.* Man brachte ihm Ritterromane; er las sie und hatte Freude dabei. Dann legte er die Bücher weg und die Freude brach ab. Er war traurig danach.

Dann sagte der heilige Ignatius: *Bringt mir andere Bücher!* Er las diese Bücher, Heiligenbiografien von Franz von Assisi, Augustinus, Teresa von Avila, und hatte Freude beim Lesen. Er fragte sich, wie wäre das, wenn er das auch täte, was die Heiligen taten, wenn er auch alles verkaufen würde? Er legte also die Bücher weg und die Freude, die er beim Lesen hatte, blieb.

Da sagte er sich: *Da muss ein Unterschied sein.* Diese Erfahrung hat er dann durchreflektiert und – wie wir heute wissen – durch das Studium in Paris, auch mithilfe der Nikomachischen Ethik von Aristoteles, in seinen Exerzitien verarbeitet. Aristoteles fragt dort: Was will der Mensch? Er will glücklich werden. Wie wird er glücklich? Indem er dem *guten Geist* folgt (eudaimonia heißt das griechische Wort für Glück, zusammengesetzt aus *eu*, was gut heißt, und *daimon*, die allgemeine Bezeichnung für den Geist).

Was ist der gute Geist bei Aristoteles? Tugendhaft leben: Klugheit, Gerechtigkeit, Tapferkeit, Maß. Aristoteles fragt: Wie wird ein Mensch gerecht? Indem er jeden Tag gerecht handelt. Das heißt, gerecht wird man nicht durch das Auswendiglernen von Floskeln aus Büchern, sondern durch den täglichen Lebensvollzug.

Wie wird der Christ glücklich? Welchem guten Geist soll er folgen? Dem Heiligen Geist, dem heilmachenden Geist, dem richtig denkenden Geist. Also müsste man sagen: Wie wird man ein Christ? Durch den täglichen Lebensvollzug, durch das tägliche Unterscheiden der Geister. Ich finde, es ist ein falscher Satz, wenn jemand sagt: *Das ist ein praktizierender Christ.* Das heißt, er lebt irgendwie so dahin und dann geht er am Sonntag in die Kirche. Der Christ ist immer ein praktizierender Christ, weil er andauernd vom Heiligen Geist durchwirkt ist, und die einzige Frage ist, ob er diesem Geist Raum gibt und ihn durchlässt oder ihn unbeachtet übergeht.

Der heilige Ignatius bemerkt diesen Unterschied der inneren Freude und sagt am Ende nach dem ganzen Durchreflektieren: *Wenn ich mit dem Willen Gottes im Einklang bin, finde ich meinen inneren Frieden, finde ich meine innere Freude.* Er nennt das *Trost*. Ich bin getröstet und froh, wenn ich mit dem göttlichen Willen übereinstimme. Und überall dort, wo ich herausfalle aus dieser Einheit mit dem göttlichen Willen, tritt Trostlosigkeit ein: Traurigkeit, Unruhe, Angst, Getriebenheit, Leere, Verzweiflung.

Dieses Finden des göttlichen Willens ist ein dynamischer Prozess, der Mensch soll immer wieder neu den göttlichen Willen suchen, nahezu in jeder Sekunde. Ignatius macht das so streng, dass er sagt: *Rede nicht, schweige nicht, geh nicht spazieren, bevor du gefragt hast, ob es Gottes Wille ist.* Da könnte man meinen, das ist ein bisschen zwanghaft, aber es bedeutet genau das, was Paulus meint, wenn er sagt: *Betet ohne Unterlass.*

Das heißt nicht, dass man ständig ein Vaterunser herunterbetet, sondern dass der Mensch immer im Dialog mit Gott sein soll. Das ist Christ-Sein: Im ständigen Dialog sein mit Gott. Und nicht irgendwann einmal das Christsein praktizieren. Der Alltag ist der Ort der Gottesbegegnung und nicht nur der Sonntag – aber auch der Sonntag natürlich. Teresa von Avila sagte: *Wenn Du Gott nicht zwischen den Kochtöpfen findest, findest Du ihn nirgends.*

Jetzt haben wir einen Jesuiten als Papst, der etwas von dieser Alltagsspiritualität herüberbringt: Immer aus dem Wirken des Geistes leben, die Unterscheidung der Geister praktizieren, Trost finden in der Übereinstimmung mit dem göttlichen Willen und Trostlosigkeit erfahren als ein Herausfallen aus dieser Einheit. Dann ist der Mensch wie getrennt von seinem Schöpfer, ganz träg, lau, zerrissen, von Angst und Unruhe getrieben.

Ich glaube, dass diese Unterscheidung der Geister eine Möglichkeit ist, auch mit den Atheisten oder den Menschen, die mit Gott nichts zu tun haben wollen, in Kontakt zu kommen, weil jeder irgendwie gestimmt ist, wie Heidegger schon gesagt hat. Der Mensch ist immer irgendwie gestimmt. Sie merken ganz genau, ob Sie sich jetzt langweilen, ob Sie aufmerksam oder unaufmerksam sind, ob Sie müde sind, abgelenkt oder konzentriert. Das heißt, der Mensch ist immer irgendwie da und gestimmt. Wir sind eine inkarnatorische Religion, das bedeutet, wir dürfen und sollen unsere Leibverfasstheit und Sinnlichkeit ernst nehmen und annehmen, in dieser sinnlichen Verfasstheit das Wirken Gottes erkennen. Das ist wesentlich für Entscheidungsfindungen.

Für eine gute Entscheidung kann der Mensch verschiedene Ebenen unterscheiden lernen: eine psychologische Ebene, die zeigt, wie der Mensch geprägt ist von den Eltern. Deswegen ist auch die erste Woche in den vierwöchigen Ignatianischen Exerzitien darauf angelegt, zunächst einmal sein eigenes Leben zu betrachten, wie jemand geprägt ist, wie es zu Hause war, warum jemand Angst vor der Mutter hatte, wie es im Hause roch und so weiter. Unterhalb dieser psychologischen Ebene gibt es die geistliche Ebene. Beide Ebenen durchdringen sich, aber man kann sie unterscheiden lernen: Was ist die Stimme der Mutter, des Vaters, die Stimme Gottes?

Wunderbar zusammengefasst ist dieses Phänomen in der Geschichte vom Besessenen von Gerasa (Lk 8,26-39). Dieser wurde von Jesus gefragt: *Wie heißt Du?* und er antwortete: *„Legion".* Denn er war von vielen Dämonen besessen, finden wir als Erklärung im Bericht des Evangelisten Lukas. Im Besessenen ist offenbar Stimmengewirr von vielen Stimmen.

Innerhalb dieses Stimmengewirrs gibt es die eine Stimme Gottes; diese soll er wieder hören lernen, um seine Identität, seinen Namen zu finden. Als er dies tut, indem er mit der Göttlichkeit Jesu konfrontiert wird, lernt er wieder seine eigene göttliche Wahrheitsstimme zu hören.

Dieses Hören-Lernen kann man üben. Wir üben alles, das Klavierspielen oder Fahrradfahren; aber wir üben nicht, aus dem Heiligen Geist heraus Entscheidungen zu treffen. Es bedarf einer Entscheidungsschulung, einer Wahrnehmungsschulung und damit einer Lebensschule. Das Leben üben heißt für Christen, herauszufinden, was Gott von mir will, täglich zu schauen, zu unterscheiden, zu entscheiden.

Karl Rahner, einer der großen Jesuiten, hat es so zusammengefasst: *Im Letzten entscheidet sich die Güte einer Tat erst aus der Analyse der Antriebe, ob diese aus Gott kommen oder aus dem bösen Geist oder aus meinem Egoismus.*

Um es einfach und in Bezug auf die Eheentscheidung auf den Punkt zu bringen: Bevor wir diese Unterscheidung der Geister nicht gelernt haben, ist die Aussage *Was Gott verbunden hat, soll der Mensch nicht trennen* bei der Trauung gewagt, weil nicht immer klar ist, ob wirklich Gott diese beiden Menschen zusammengeführt hat oder doch eher andere Mechanismen. Natürlich gibt es auch mit der Unterscheidung der Geister keine hundertprozentige Garantie für das Gelingen einer Ehe, aber sie stünde doch auf einem breiteren Fundament.

7. Entscheidung für oder gegen die Ehe

Ich fasse das zusammen und dann können wir versuchen, das Gesagte auf die Ehe anzuwenden, auf die Ehe als Entscheidung, die täglich neu ratifiziert werden muss. Alles muss täglich neu entstehen. Auch Liebe muss täglich neu entstehen, man kann Liebe nicht machen. Das ist etwas, was wir unter Schöpfung verstehen. Liebe entsteht je neu aus dem göttlichen Ursprung im Menschen.

Die Entscheidung zur Ehe ist oft ein langer Reifungsprozess, manchmal auch keine leichte Entscheidung. Der Mensch muss im Leben verschiedene Entscheidungen treffen: leichte Entscheidungen und schwere; er kann gute Entscheidungen treffen und schlechte. Und die Frage ist, woran der Mensch das merkt. Die Entscheidung zur Ehe ist für manche ganz leicht, für andere ganz schwer. Es kann die Fragestellung sein, heirate ich oder nicht?

Es kann aber auch sein, dass jemand sich fragt: *Wie frei bin ich eigentlich, bin ich reif dafür?* Zwingt mich jemand? Oft ist den Menschen gar nicht bewusst, welche Zwänge dahinterstehen. Nicht selten gibt es äußere Zwänge durch den Druck von Eltern, durch Schwangerschaften oder durch innere Verstellungen und Unfreiheiten.

Eine wichtige Frage ist also: *Wie steht es um die äußere und innere Freiheit?* Wo klammert der Mensch sich noch an Mutter oder Vater, welche Rücksichten nimmt er noch, welche Idealvorstellungen hat der

Einzelne? Der Mensch muss versuchen, sich davon frei zu machen. Ignatius nennt das *Indifferenz*.

Der Mensch muss sich indifferent machen, weil er keine Idealvorstellungen haben soll. Seine Projektionen und Bilder sollte er zurücknehmen, seine Abhängigkeiten und Vorlieben ins Bewusstsein holen, um darunter herauszuspüren, wohin der göttliche Wille ihn führen will. Das sollte letztlich die entscheidende Frage sein, ob durch alle Verliebtheit und Liebe hindurch auch der göttliche Wille erkennbar ist.

Man könnte jetzt sagen, das sei bei der Ehe nicht so wesentlich, da sie ja getragen sei von der Liebe der Ehepartner und auch diese Liebe aus Gott stamme. Das stimmt, aber diese Liebe hat verschiedene Dimensionen, diese Liebe verwandelt sich auch im Laufe des Lebens. Sie soll ja – bei aller Unkalkulierbarkeit – ein ganzes Leben tragen und dazu bedarf es zusätzlicher Unterscheidungen. Die Frage, die hier besprochen wird, ist eine Frage der individuellen Liebesbeziehung zweier Menschen zueinander sowie eine je individuelle Liebesbeziehung jedes einzelnen Partners zu seinem Herrgott.

Gott ruft jeden Menschen auf einen sehr individuellen Weg, das ist eine sehr persönliche Geschichte zwischen Gott und dem Einzelnen sowie dem späteren Ehepartner. Beide müssten im Grunde jeder für sich nach dem Willen Gottes suchen und erst, wenn beide innerlich auf dieser Ebene miteinander verbunden sind, eine Entscheidung treffen. Dann wird auch die Liebe eine andere Qualität bekommen. Dass das im Alltag so meistens nicht geschieht, braucht nicht diskutiert zu werden.

Deswegen funktionieren auch viele psychologische Paartherapien nicht, weil es eigentlich immer um die Reifung des Einzelnen in seiner inneren Anbindung an Gott geht, auch darum, wie gut er oder sie die Geister unterscheiden gelernt hat. Es geht nicht nur um psychologische Mechanismen oder Kommunikationstrainings. Der Mensch als Ganzer ist entscheidend mit seiner psychischen und seiner spirituell-göttlichen Dimension.

Die Liebe ist im Letzten etwas Göttliches. Liebe ist auf der menschlichen Seite eine Tugend und hat immer auch etwas mit Arbeit, Übung und Entscheidung zu tun. So wie der Mensch ein gerechter Mensch wird, indem er täglich gerecht handelt, so wird er schrittweise auch ein liebender Mensch, indem er jeden Tag diese Liebe übt und sich immer wieder zurückbesinnt auf den Ursprung der Liebe in Gott. Die Ehe als Sakrament kommt auch nicht durch die Gefühlsebene oder die Liebe zu Stande, sondern durch eine freie Entscheidung beider Partner nach reiflicher Überlegung. Liebe hat immer etwas mit der persönlichen Liebesbeziehung zu Gott, der Frage nach der individuellen Berufung und damit mit Entscheidung zu tun.

8. Zusammenfassung:
Wie trifft man eine gute Entscheidung?

Der Mensch lebt in verschiedenen Dimensionen. Er ist ein Verstandeswesen (*Verstand* kommt von verstehen). Er hat Vernunft (kommt von *vernehmen*). Er kann die Stimme Gottes vernehmen, verstehen kann er sie oft nicht. Er hat eine Gefühlswelt; er kann sich verlieben; er kann lieben, aber auch die Liebe hat verschiedene Ebenen: Eros, Philia, Agape. Meistens beginnt es mit der *erotischen Liebe*, der Anziehungskraft zwischen Mann und Frau, die *Philia* bezeichnet eher eine geistige, freundschaftliche Ebene und im Letzten geht es aber um die *Agape*, die tiefste Gemeinschaft, wo ein Freund bereit ist, sein Leben für seine Freunde hinzugeben. Viele bleiben auf der Gefühlsebene hängen und stoßen nicht zu der spirituellen Ebene durch, die aber der eigentliche Grund und die eigentliche Kraftquelle der Liebe ist.

Zur Ehe muss man sich letztlich entscheiden. Für Entscheidungsfindungen nennt Ignatius einige Kriterien: Wenn du eine wichtige Entscheidung triffst, versetze dich in die Stunde deines Todes und überlege dir, wie du von dort her hättest entschieden haben wollen. Der Mensch kann das mit seinem Geistcharakter. Er kann sich das ganze Leben vorstellen, ohne natürlich genau zu wissen, wie es verläuft. Dann vom Ganzen her, von der Verantwortung vor Gott her, die jetzige Entscheidung treffen.

Urs von Balthasar unterscheidet da zwei Begriffe: Gefühl und Gespür. Das Gefühl ist mehr das Zwischenmenschliche: Ich freue mich, verliebe mich, bin glücklich über meinen Partner. Gespür ist eine tiefere Ebene: Ich spüre hinein in mein Inneres, versuche die Spur Gottes in meinem Leben zu finden oder spüre andersherum, wenn ich weiter so lebe, geht mein Leben schief.

Immer wieder sagen Menschen: *Naja, schon auf dem Weg zum Traualtar habe ich gespürt, ich sollte eigentlich nicht heiraten. Aber jetzt sind schon die Gäste alle da, jetzt machen wir's.* Meistens trügt das Gespür nicht – man kann es Intuition nennen oder Gewissen – und diese Beziehungen halten nicht sehr lange. So wäre es in der Ehevorbereitung wichtig, den Menschen klar zu machen, dass sie bis zum Schluss zurücktreten können. Es ist besser, sie treten rechtzeitig zurück als viele Jahre Leid und Streit zu haben. Sich in die Stunde des Todes versetzen heißt: Wie möchte ich vor dem Angesicht Gottes dastehen?

Es gibt fünf Fallen einer guten Entscheidung:

Die Übereile. Sie ist – wie Ignatius sagt – eine List des Teufels. Wenn Frauen zum Beispiel schwanger werden und die Eltern sagen: *Jetzt musst Du aber schnell heiraten,* dann glaube ich, dass das kein sehr guter Rat ist. Für eine gute Entscheidung braucht man Zeit und die innere Aufgeregtheit muss sich gelegt haben. Gut Ding braucht Weile, sagt der Volksmund.

Das Gegenteil ist die mangelnde Entschiedenheit. „Ja wir wissen noch nicht genau, wir warten noch ein bisschen, es muss noch perfekter werden, es muss alles ganz genau passen." Da wird es womöglich nie etwas mit der Entscheidung.

Eine gewisse Rationalisierung gegen inneres Empfinden. Der Mensch spürt, da stimmt etwas nicht, er spürt, er sollte diesen Mann oder diese Frau nicht heiraten, aber es wird schon gut gehen. Oder wie ein Professor einmal bemerkt hat: *Ein Priester sagte: Wenn ich manche Paare traue, habe ich oft ein schlechtes Gefühl, aber ich denke mir dann, ach die Gnade Gottes wird es schon machen.* Nein, die Gnade Gottes macht es nicht, weil die Gnade die Natur voraussetzt. Wir können die Gnade nicht an die Stelle der Natur setzen. Wenn ich von der Vernunft her, wenn ich von meiner inneren Klarheit her oder auch von der Unterscheidung der Geister her zur Einsicht komme, *Ich sollte vielleicht doch nicht heiraten, oder nicht jetzt,* kann ich das nicht wegrationalisieren.

Falsche Maßstäbe. Manche Menschen nehmen immer das Schwierigere: Priesterleben, Opferleben, Eheleben. Das Leben ist eh schon mühsam, jemand kämpft schon im Hinzugehen auf die Ehe mit dem Partner. Aber dieser Typ von Mensch nimmt immer das Schwerere, den Leidensweg.

Schließlich der Hang zum Perfektionismus, der mit der mangelnden Entschiedenheit zusammenkommt: Wir sind noch nicht so weit, es ist noch nicht alles perfekt, auch dann kommt es oft nicht zu einer guten Entscheidung.

Im positiven Sinn gibt es *sieben Kriterien* für eine gute Entscheidung:

Ist die Entscheidung für jemanden von Nutzen? Schade ich jemandem?

Sind alle Mittel zum Ziel gut? Setze ich jemanden unter Druck? Werde ich unter Druck gesetzt?

Ist es langfristig von Nutzen?

Es ist ähnlich wie bei einer Gewissensentscheidung: Man geht auf eine Entscheidung zu, es ist das vorauslaufende Gewissen, das sagt: Gut, das fasse ich jetzt ins Auge. Dann treffe ich die Entscheidung. Während dieser Entscheidung kann man zusehen, wie es sich anfühlt. Und schließlich gibt es die Echowirkung der Tat.

Wie fühlt es sich am nächsten Tag an? Ist der Nachklang der Entscheidung gut und fühlt es sich innerlich friedlich an?

Gibt es gute Motive für die Entscheidung? Motiv kommt von lateinisch *movere* (bewegen). Was bewegt mich, aus welchen Beweggründen bin ich bewegt? Ist es vernünftig, was ich tue, habe ich die Stimme Gottes vernommen und um Rat gefragt? Kann ich ein Pro und Contra benennen, wenn ich mir nicht ganz sicher bin? Gibt es unbewusste Motive, kann ich das mit anderen besprechen? Mit den Freunden: Was haltet ihr davon, wie seht ihr uns zusammen, wie erlebt ihr uns, hat es Bodenhaftung, ist es realisierbar? Ist es ein ständiger Kampf in der Beziehung, geht es finanziell, geht es geistlich?

Ein alter weiser Priester hat einmal gesagt: Ehen funktionieren meistens nur dann, *wenn es intellektuell einigermaßen auf Augenhöhe ist, wenn es gesellschaftlich passt und die religiöse Dimension stimmt.*

Ja, es sollte eine Übereinstimmung in den Grundhaltungen geben. Teilt der Mensch, den ich mir *ausge-*

sucht habe, auch meine Grundüberzeugungen, können wir uns in diesen wichtigen Bereichen verstehen? Oder widerspricht seine Haltung meinen Grundhaltungen? Spätestens in der Kindererziehung werden diese Unterschiede dann aufbrechen.

Sollte man sich seine eigenen Beweggründe eingestehen. Bin ich ehrlich, verschweige ich etwas? Warum? Eigentlich sollte man Ehevorbereitungsgespräche mit jedem einzeln führen, mit dem Mann alleine, mit der Frau alleine, weil es durchaus immer wieder vorkommt, dass der Mann sagt: Darüber habe ich mit meiner Frau noch nicht gesprochen. Das sollte man dann – wenn es geht – gemeinsam anschauen. Die Frage ist, wie viel da an (unbewussten) Motiven mitläuft, über die der Einzelne sich selbst nicht klar ist und über die man sprechen müsste. Wenn der Mensch etwas verschweigt, wird es nicht gut werden, er muss es ans Licht bringen, wenigstens in einem Zweiergespräch.

Schließlich braucht eine gute Entscheidung auch eine gewisse Basis des Wissens. Dabei handelt es sich darum, dass die Entscheidung von Trost, Gelassenheit, Freude, innerer Ruhe und Stimmigkeit getragen ist. Auf der anderen Seite wären Unruhe, Getriebenheit, Angst, Zerrissenheit, Trägheit, Lauheit und innere Leere. Man sollte bei der Entscheidungsfindung wissen, dass der innere Friede und die Freude eher aus Gott kommen und die Unruhe und Getriebenheit eher aus der nichtgöttlichen Ebene. Jeder sollte vor, während und nach der Entscheidung in sich hineinhören, wie es sich anfühlt, und das ganz ehrlich ohne Rationalisierungen, die über das hinweggehen, was sich da aus der inneren Wahrnehmung heraus meldet.

Dafür sollte man die Ebenen von Gefühl und Gespür unterscheiden lernen. Gibt es ein gutes Gefühl trotz Widerständen, spüre ich, dass es innerlich so stimmig ist, dass es aufs Ganze des Lebens hin trägt, finde ich meinen inneren Frieden? Es wäre gut, wenn der Einzelne schon seine früheren Entscheidungen daraufhin befragen würde, welche Erfahrungen er gemacht hat, was eine ungute Entscheidung ist und ein gute, wie sich das anfühlt und warum man sie getroffen hat, welches die Motive, Ängste, Abhängigkeiten waren. Der Mensch sollte also sein eigenes Leben betrachten und besser verstehen lernen.

Im Zuge einer spirituellen Ausbildung wäre es ideal zu lernen, dass man seine eigenen Projektionen zurücknimmt, sich selbst besser kennen lernt und den anderen *als den anderen* besser erkennen lernt. Es ist ein wesentliches Element der Liebe, dass jeder dem anderen liebevoll hilft, auch seine blinden Flecken und Schattenseiten anzuschauen. Jeder kann dem anderen helfen, sich selbst besser zu erkennen. Der Mensch kann seine Schattenseiten oft selbst nicht erkennen, er ist dazu auf den anderen angewiesen. Versuchen wir, auf den göttlichen Geist in uns zu hören, um von dort her bessere Entscheidungen zu treffen und zur Fülle des eigenen Lebens und das des Partners heranzureifen.

Matthias Beck, Univ.-Prof. Dr. med. Dr. theol., Priester und Professor für Moraltheologie mit dem Schwerpunkt Medizinethik an der Universität Wien.

Sich entscheiden

Anthropologische und ethische Dimensionen der Entscheidung

Markus Riedenauer

I. Glück: Zum anthropologisch-ethischen Sinn von Entscheidungen

Wir entscheiden uns täglich, meistens für oder gegen Kleinigkeiten; manchmal haben wir eine wichtige Entscheidung zu treffen. Wenn dabei die Richtung unseres beruflichen oder privaten Lebens in Frage steht, nennen wir das Lebensentscheidungen. In dieser Kategorie ist der Entschluss, sein Leben mit einer ganz bestimmten Person zu teilen, ein Paradebeispiel, anhand dessen man deutlich erkennen kann, welche Bedeutung es für die menschliche Existenz hat, dass wir uns entscheiden, welche Voraussetzungen und inneren Haltungen, welche Tugenden dafür nötig sind.

Wieso entscheidet sich ein Mensch, zu heiraten? Wozu? Sehr verbreitet ist die Erwartung, in der Liebe Erfüllung oder Glück zu finden. Umfragen bestätigen das gerade bei jungen Menschen: Liebe wird zunächst und zumeist als Gefühl verstanden – woraus sofort die Frage entsteht, ob Gefühle, Emotionen, Affekte glücklich machen. Wenn ja, wie und unter welchen Bedingungen?

Im Streben nach Liebesglück sehen wir, genauer betrachtet, zwei Arten des Strebens:[1] Die eine bezieht sich allgemein auf das Streben des Menschen nach Glück, auf die Erfüllung des Lebens. Die zweite Art des Strebens ist konkreter und meint das Leben mit einer bestimmten, geliebten Person. Die Liebenden betrachten diese als konstitutiv für ihr Glück und sagen: *„Ohne sie/ihn kann ich nicht glücklich werden!"*

Das erste ist ein unbedingtes Streben und richtet sich auf ein notwendiges und höchstes Gut; es ist insofern unfrei: Wir können nicht unglücklich sein wollen. Vielleicht sagt man so etwas, wenn man sehr verzweifelt ist – aber selbst dann will man in der Regel seinen Trotz nur als Glückssurrogat.

Das zweite und konkrete Streben ist insofern frei, als der Weg zum Glück gewählt wird. Neben diesem einen Weg gibt es andere Wege. Konkret zeigt die Erfahrung, dass man auch mit einer anderen Person glücklich werden kann.

Liebe verheißt nun, dass beide Strebungen zusammenkommen, das unbedingte Glücksstreben mit der Vielzahl konkreter Wünsche, Triebe, Interessen, das sich nun an die geliebte Person anknüpft: man will mit ihr zusammen sein, miteinander zu sprechen und schlafen, Abenteuer erleben, Großes schaffen, Kinder in die Welt setzen...

In Bezug auf das allgemeine Glücksstreben können wir Entscheidendes von Aristoteles lernen: *„Da das*

---

[1] Das Streben ist tiefer als das Wollen oder das Wollen (die Intention) ist eine bestimmte Art von Streben, nämlich bewusst und rational.

*Glück eine bestimmte Tätigkeit der Seele im Sinn der Gut-
heit (oder gemäß der Tugend) ist, die ein abschließendes
Ziel darstellt"*[2], ist Glück eine dem Menschen gemäße
Tätigkeit und dem Menschen gemäß, all seine Kräfte
integrativ einzusetzen: sowohl die Vernunft (logos)[3]
als auch die zu Tugenden geformten Affekte.

Die Emotionen spielen also sehr wohl eine funda-
mentale Rolle, weil sie uns zuerst spüren lassen, was
uns als gut für uns (oder schlecht), als nützlich oder
schädlich, als angenehm oder unangenehm erscheint.
Das motiviert uns zu verschiedenen Formen des Er-
strebens und Vermeidens. Wir kommen unter dem
dritten Punkt darauf zurück, was Tugend ist.

Eine erste Erkenntnis aus der Definition ist: Glück
ist kein passiver Zustand. Das griechische Wort *eudaimonia* ist besser mit (aktivem) Glücken oder Gelingen
des Lebens zu übersetzen. Die beglückende Aktivität
inkludiert eine gewisse Anstrengung, aber nicht Akti-
vismus im Bereich der Vorstellungen und Intentionen.

Ich denke mir also nicht in erster Linie die Dinge
aus, die ich will, sondern gebe eine handelnde Antwort auf affektiv Ansprechendes: Leben glückt in dem
Maße, in dem der Mensch sich betreffen lässt, auch
emotional, und entsprechend handelt. Im Fall der Ehe

---

2   Aristoteles: Nikomachische Ethik [Ethica Nicomachea – abgekürzt
    „EN" und wie üblich zitiert: Buch, Kapitel, Bekker-Seite und Zeilen-
    nummer] I,13 1102a 5f., vgl. EN I,6 1098a 17-19: „Das Gut für den
    Menschen ist Tätigkeit der Seele im Sinn der Bestheit/Tugend.".

3   EN II, 2 1103b 32: Man soll gemäß richtiger Überlegung (*orthos logos*)
    handeln, vgl. VI, 13.

beglückt die eigene tätige Antwort auf eine Person,
deren unvergleichlicher Wert in der Liebe aufgegangen, gefühlt und bewusst angenommen worden ist.

Dieses *Glücken* basiert auf der praktischen Vernunft
– folglich ist es weder irrational noch nur instrumen-
tell-rational. Die Gegensätze dazu sind einerseits ein
rein gefühlsbetontes Bild von Liebe, andererseits die
Einstellung, die sich ausdrückt, wenn von einem *In-
vestment* in der Beziehung geredet wird. Beim Glück
geht es um mehr als die Proportion von Aufwand
und Ertrag.

Was macht nun die praktische Vernunft, wenn sie
auf ein ansprechendes Gut, das ihr zuerst affektiv nahe
gekommen ist, aktiv antwortet? In der vollen Form,
jenseits des ineffektiven bloßen Wünschens, ist das
die Entscheidung oder der Entschluss.

Wie geschieht diese ganzheitliche, integrative Antwort? Der Fachbegriff der *prohairesis* (griechisch, auf
lateinisch auch bei Thomas von Aquin mit electio
= Wahl wiedergegeben) meint *„ein mit Überlegung
verbundenes Streben / überlegtes Streben nach dem, was
in unserer Macht steht"*[4] – das bedeutet jeweils den
nächsten, mir möglichen Schritt zu gehen.

Das ist die menschliche Antwort auf Werthaftes:[5]
auf Gutes, aber auch auf Schönes im ästhetischen

---

4   EN III,5 1113a 12; vgl. VI,2 1139b 4-5 und Thomas von Aquin: S.Th.
     I-II q13 a1.

5   Vgl. M. Wladika: Philosophisches zu Verlobung und Liebe, ausgehend
     von Dietrich von Hildebrand; in: Wladika / Danhel (Hrsg.): Kirch-
     liche Verlobung. Reflexionen und Impulse, Be&Be Heiligenkreuz

Genuss und auf Wahres in der intellektuellen Zustimmung. Die konkrete Entscheidung hat die Struktur von Mitteln, die im Hinblick auf intendierte Ziele gewählt werden.[6] Darum können wir angesichts einer Entscheidung fragen, welche Ziele dahinter stehen. Auch der Entschluss, zu heiraten, erfordert eine subjektive Klärung vor dem Hintergrund objektiven Sinns oder Werts.

Genuine und legitime Ehezwecke sind bekanntlich die gegenseitige Hilfe (vgl. Gen 2,20) – und zwar verlässlich, *in Gesundheit und Krankheit*; das Leben zu teilen in Partnerschaft – auch sich selbst mitzuteilen, Anteil zu geben und zu nehmen; Leben zu schenken in der Elternschaft; Lust und Freude aneinander und miteinander.

Jede Entscheidung für ein Mittel setzt eine Entscheidung für ein Ziel voraus, das jedoch im Rahmen eines Lebensentwurfs (griechisch bios) wiederum als Bestandteil eines insgesamt glückenden Lebens vernünftig zu verantworten ist. Weil das aber ebenfalls nicht einfach ein willkürlicher Vorsatz ist, sondern eine Antwort, kommen wir hier zur Frage nach der

---

2012. Auch Aristoteles definiert zunächst (EN I, 1) Streben über die erstrebten Objekte oder Güter und fragt dann in EN I, 4 nach dem höchsten und integrativen Gut, genannt Glück.

6   Wenn man davon absieht, dass fast alle Ziele wiederum als Mittel für höhere Ziele gewählt werden können, gilt die Unterscheidung der Zielintention von der Entscheidung für darauf hinführende Mittel: *sicut intentio est finis, ita electio est eorum quae sunt ad finem* (Thomas von Aquin: Summa Theologiae [„S.Th." und wie üblich zitiert: Buch, quaestio, articulus] S.Th. I-II q13 a4).

persönlichen Berufung eines Menschen. Die Entscheidung, eine bestimmte Person zu heiraten, soll ihr entsprechen, sie antwortend verwirklichen. Entscheidungen werden so sichtbar als die Art und Weise, ein menschliches Leben zu führen, das glücken kann: der Mensch antwortet auf Gutes und ist insofern verantwortlich.

II. Zur existenziellen Bedeutung von Lebensentscheidungen

Sören Kierkegaard ist einer der wenigen Philosophen und Denker, der viel über die Ehe reflektierte. Er unterscheidet die ästhetische, die ethische und die religiöse Existenz:[7]

Wer ästhetisch existiert, lebt das Musikalisch-Erotische, in Reaktion auf die Mannigfaltigkeit des Vorgegebenen und Begegnenden. Seine Maxime ist der Lebensgenuss auf verschiedenen Stufen der Reflektiertheit: Vom Don Juan, dem es um die erotischen Erlebnisse selbst geht, bis hin zum Verführer, der nicht nur den erotischen Akt genießt, sondern vor allem seine eigene Verführungskunst. Weil diese Existenzweise von Gegebenheiten und Gelegenheiten abhängt,

---

[7] Siehe die beiden Teile von Kierkegaards *Entweder-Oder* und seine *Stadien auf des Lebens Weg* mit den Veranschaulichungen ästhetischer Lebenseinstellungen im Symposion von „In vino veritas", der ethischen Existenz in der Rechtfertigung „Allerlei über die Ehe wider Einwände" und der religiösen Existenz in der „Leidensgeschichte" und den Ausführungen von „Frater Taciturnus".

ist sie unsicher und anfällig für die Verzweiflung. Wer
so lebt, kommt nicht zu sich selbst.

Aus der Verzweiflung ist der Sprung möglich in
die ethische und „eigentliche" Existenzweise im Sinn
eines *Entweder-Oder*. Ihr Charakteristikum ist die
Wahl seiner selbst als sittlich verantwortliches Subjekt, womit die Differenz von Gut und Böse gegeben
ist.[8] Es geht darum, sich selbst anzunehmen und zu
übernehmen.[9] In der sittlichen Entscheidung wählt
der Mensch sich selbst und wird frei, freilich auf der
Grundlage seines endlichen Gewordenseins, denn
die Selbstwahl ist keine Selbsterschaffung: Wir finden
uns vor in unserem Leib, mit unserem Charakter und
unserer individuellen Geschichte, zu bestimmten
Zeiten an bestimmten Orten mit bestimmten Menschen und Möglichkeiten. Diesen immer begrenzten
und endlichen Existenzbedingungen müssen wir uns
zuwenden und sie mutig annehmen.

Die Hinwendung zum Endlichen ist nach Kierkegaard schwieriger als die asketische oder mystische

---

8   „....eine ästhetische Wahl aber ist keine Wahl. Überhaupt ist das
    Wählen ein eigentlicher und stringenter Ausdruck für das Ethi-
    sche. Überall, wo in strengerem Sinne von einem Entweder-Oder
    die Rede ist, kann man stets sicher sein, daß das Ethische mit im
    Spiele ist. Das einzige absolute Entweder-Oder, das es gibt, ist die
    Wahl zwischen Gut und Böse, die aber ist auch absolut ethisch. Die
    ästhetische Wahl ist entweder völlig unmittelbar und insofern keine
    Wahl, oder sie verliert sich in Mannigfaltigkeit." (Sören Kierkegaard:
    Entweder-Oder, München (dtv) 1988, 715, vgl. 718 und 729).

9   „Die Wahl selbst ist entscheidend für den Gehalt der Persönlichkeit;
    durch die Wahl sinkt sie in das Gewählte hinab, und wenn sie nicht
    wählt, welkt sie in Auszehrung dahin." (Entweder-Oder 711).

Abwendung von ihm. Das Endliche steht nicht einfach zur Verfügung und lässt sich nicht zwingen, es begegnet uns vielmehr, oft in Form von Widerstand gegen unser Streben. Es kann nur angenommen werden – glaubend und hoffend.[10]

Die Annahme des Endlichen in der eigenen Entscheidung ist letztlich nur möglich, indem man sich auf die Annahme des Endlichen durch das Unendliche stützt, deren höchster Ausdruck die Lehre von der Inkarnation Gottes ist. Diese religiöse Existenzweise ist auch durch die Reue als Übernahme der eigenen Schuld charakterisiert, weil der Mensch aus eigener Kraft das Ethische nicht vollenden kann.[11]

In der deutschen Sprache haben wir die treffende Formulierung „Ich entscheide mich": Bei Lebensentscheidungen wie derjenigen zur Ehe mit einer bestimmten Person ist ganz klar eine Grundentscheidung darüber impliziert, wer ich sein will. Eine Entscheidung in ethischer Existenzweise impliziert die Selbstwahl und das ist für Kierkegaard *Freiheit*.

---

[10] In Bezug auf das Generalthema „Ehe als Entscheidung und Geschenk" sagt Kierkegaard über den Augenblick der Wahl, „da tut gleichsam der Himmel sich auf, und das Ich wählt sich selbst, oder richtiger, es empfängt sich selbst." (Entweder-Oder 728).

[11] Vgl. Entweder-Oder 774-776. Dass Kierkegaard in die Reue als angemessene Form der Gottesliebe auch die ererbte Schuld, die erlittenen Fehler der Eltern einbezieht, spricht eine existenziell und psychologisch wichtige Voraussetzung für die Entscheidung zur Ehe an, welche der oben genannten Selbstannahme ihr ganzes Gewicht verleiht.

Wir sahen den Gegensatz zur ästhetischen Lebensweise als einem bloßen Auswählen aus sich bietenden mannigfaltigen Möglichkeiten – das macht abhängig und verzweifelt. Die Bedeutung des Unterschieds zwischen Auswahl und existenzieller Wahl für die Entscheidung zur Ehe bedarf nicht vieler Erläuterungen: Stellen Sie sich vor, Sie suchen einen Partner und haben mehrere zur Auswahl. Sie machen das so wie bei der Wahl eines zu kaufenden Gebrauchtwagens: Sie erarbeiten Kriterien, bringen diese in eine Rangfolge oder eine Matrix. Der Person mit der höchsten Punktzahl machen Sie einen Antrag. Das ist durchaus eine rationale Vorgangsweise – es reicht aber nicht. Partnerbörsen im Internet mit ihren Suchkriterien arbeiten so, was ein Anfang sein mag, aber das Entscheidende kommt erst noch: Hoffentlich gibt es die echte personale Begegnung, die existenzielle Auseinandersetzung und Erfahrung der anderen Person.

Indem ich mich einem geliebten Menschen schenke, übernehme ich mich selbst. Kann ich aber etwas hergeben, was ich gar nicht habe? Ich übernehme Verantwortung, nicht nur für die andere Person, sondern für meine ganze Existenz! *Freiheit* ist beim Sich-Entscheiden nicht nur vorausgesetzt; sie wird vielmehr mitgesetzt – und zwar tiefer als eine bloße Wahlfreiheit für dies oder das, diesen oder lieber jenen Menschen – als ganzheitlicher und existenzieller Akt.[12]

---

[12] „Ich verwechsele keineswegs das *liberum arbitrium* mit der wahren positiven Freiheit" (Entweder-Oder 723).

Eine dritte Form der Freiheit liegt diesem Prozess der Entscheidung zu Grunde, die gleichsam negative Freiheit von Einschränkungen und Behinderungen, was ja als Bedingung für eine gültige Ehe gilt. Ein Problem besteht dann, wenn die emanzipatorische Freiheit *von etwas* hier im Vordergrund steht und die positive Freiheit *für etwas* weniger im Blick ist. Denn diese letztere Möglichkeit bietet erst die Chance, Konkretes aufbauen zu können, die Chance zu beglückender Aktivität.

Bindung in Freiheit, also freie Selbstbindung, ist die Voraussetzung für Gestaltung und Verwirklichung, rein negative Freiheit bleibt unfruchtbar. Nach Kierkegaard wird in der existenziellen Wahl die Wirklichkeit als ein Raum für die soziale Bewährung des entschiedenen Selbstseins eröffnet. Selbst-Sein-Wollen impliziert die Übernahme des Zugehörenden, auch von Verpflichtungen in Ehe und Beruf.[13] Man spricht vom Übergang von der *Freiheit der Entscheidung* zur *Freiheit der Entschiedenheit.*

Das impliziert eine große Herausforderung: Wenn ich über mich, mein Selbst entscheide, dann ist das ein Blankoscheck, weil ich nicht über mich selbst in

---

13 Etwas fachlicher spricht Kierkegaard von der Vermittlung vom Allgemeinen und Besonderen, die ethische Idealität wird zur Realität der eigenen Existenz; vgl. Entweder-Oder 822. Die Ehe „kommt mir eben deshalb so wunderbar vor, weil in ihr alles um Geringfügigkeiten sich dreht, welche jedoch das Göttliche, das der Ehe eigen ist, für den Gläubigen durch ein Mirakel in das Bedeutende verwandelt." (Sören Kierkegaard: Stadien auf des Lebens Weg, Düsseldorf/Köln (Diederichs) 1958, 94).

der Zukunft verfüge. In der existenziellen Entscheidung überschreite ich mich selbst, was man *Selbsttranszendenz* nennt. Überschreite ich damit nicht meine Kompetenz? Gehe ich mit einer mich bindenden Lebensentscheidung nicht zu weit? Darf ich das überhaupt? Solche Fragen werden heute von vielen wahrgenommen.

Einerseits kann ich wohl versprechen, dass ich mich bemühen werde, die Entwicklung meiner Persönlichkeit und meine zukünftigen Entscheidungen an das Wohl meines Ehepartners zu binden. Denn in der Freiheit der Entschiedenheit habe ich ein anderes Verhältnis zu meiner Natur gewonnen, mich selbst ergriffen jenseits bloßer Unterworfenheit unter Zufall und Natur.[14]

Andererseits bleibt es wahr: Ich verspreche mehr, als ich garantieren kann – kraft wessen? So etwas ist nur verantwortbar als Antwort, in responsorischer Struktur (siehe Punkt I. zur Entscheidung allgemein). Ich verlasse mich also in einem doppelten Sinn: Ich gehe über mich hinaus und genau darin ergibt sich

---

14 R. Spaemann definiert Liebe philosophisch als „die Wirklichkeit des Anderen als des Anderen in der Weise zu realisieren, daß die Bedeutsamkeit des eigenen Lebens für das Leben eines anderen zu einem zentralen Strukturelement dieses eigenen Lebens wird. Wenn dies bewusst geschieht, wenn es emotional und willentlich bejaht wird, sprechen wir von Liebe." (Robert Spaemann: Personen. Versuche über den Unterschied zwischen ›etwas‹ und ›jemand‹, Stuttgart (Klett-Cotta) 1996, 243). Siehe das Kapitel zu „Versprechen" ebd. 235-247.

Verlässliches. Dem Verlobten oder der Verlobten ist dieser Vorgang daher zumutbar.

Dieses Größere, auf das ich antworten kann und darf, kann man auch als *Berufung* bezeichnen:[15] Berufung zur Ehe an sich und Berufung als Ehepartner dieser bestimmten Person (sowie dann als Mutter oder Vater dieses bestimmten Kindes).

Wir sehen also, wie eine solche Entscheidung Glauben voraussetzt – idealerweise einen vollen christlichen Glauben. Die praktische Herausforderung besteht dann darin, auch einen impliziten, anonymen, anfanghaften Glauben ernst zu nehmen und behutsam zu fördern. Tatsächlich kann dieser ja durch die Erfahrung der Entschiedenheit und ihrer beglückenden Kraft vertieft werden. Infolgedessen wäre pastorale Aufmerksamkeit auf solche Glaubenserfahrungen entscheidend. Die erfahrene Herausforderung der Selbsttranszendenz und die riskante Hingabe in einer Lebensentscheidung ist eine große Chance für das Wachstum im Glauben.

Anders gesagt: Der Entschluss ist eine bewusste Öffnung meiner selbst, ein Aufbruch aus Verschlossenheit in mich selbst, zur geliebten Person hin, aber wegen unser beider existenzieller Offenheit auch ein Aufbruch zu Gott hin.

---

15 Der Begriff „Berufung" scheint mir einer der wichtigsten, aber am wenigsten verstandenen Begriffe zu sein, womöglich fehlt hier noch viel theologische und pastoralpsychologische Arbeit – an dieser Stelle will ich nur auf die Antwort-Struktur der Entscheidung aufmerksam machen.

Ganz-Hingabe meiner selbst ist die Gabe, das Schenken meines ganzen Selbst, also exklusiv und für immer. Das ist aber wiederum nicht ein Willensakt aus dem Mut der Verzweiflung heraus, mit welchem Münchhausen sich selbst am eigenen Schopf aus dem Sumpf herausziehen will, sondern eine verantwortete Entscheidung, eine Antwort auf die Gutheit des Seienden, die sich ergibt und ergeben wird: Es geht um ein *Sein-lassen des Anderen* in seiner oder ihrer Gutheit – wie ich selbst auch von Gott in meinem Sein gelassen werde.

Das mich selbst übergreifende, übergebende, verlassende, also transzendierende Eheversprechen ist die Antwort auf ein Geschenk, auf geschenkte und erfahrene Erfüllung. *Ehe als Entscheidung und Geschenk*, das Thema dieser Konferenz, beide Begriffe, Entscheidung und Geschenk, gelten nur inchoativ, also im Vorgriff. Die Erfüllung haben wir nie im Griff, die anfängliche und grundlegende Entscheidung wird immer wieder, ja täglich bewahrheitet und bewährt; das Glück haben wir nie fertig oder ganz, sondern nur in der Struktur von *schon* und *noch nicht*, solange wir leben.

Die *inchoative und responsorische Struktur von Entscheidung,* die daraus folgende bestätigende Erfüllung, welche wiederum die Treue im Entschiedensein und das Aktualisieren der Entscheidung jeden Tag trägt: Das ist die Struktur menschlicher Existenz überhaupt.

III. Innere Voraussetzungen: Tugenden

Es kommt bei Handlungen, also auch beim Sich-Entscheiden nicht nur auf ein Wollen, sondern auf ein Können an! Zur strebenden Ausrichtung auf eine Handlung muss ein Wissen um das *Wie* kommen. Das ist nicht ganz leicht und erfordert Übung.

Wenn ich emotional ein Gut wahrnehme, überlege oder weiß, wie ich es erreichen kann, dann steht es in Konkurrenz zu anderen Gütern. Mir begegnen Schwierigkeiten bei der Umsetzung – und sei es nur meine Angst vor der Entscheidung. In der aristotelischen Tradition ist der gute Mensch nicht dadurch gekennzeichnet, dass er das Gute durch Selbstüberwindung im heroischen Kampf gegen sich selbst vollbringt.

Das mag in Extremsituationen so sein, aber im Normalfall handelt derjenige wirklich gut, dem es nahe liegt, dem es leicht von der Hand geht, beinahe selbstverständlich, dem das Gute zu tun zur zweiten Natur geworden ist. Er hat einen guten Charakter, das heißt er hat sich angewöhnt, gute Ziele zur richtigen Zeit, in den passenden Umständen und auf richtige Weise zu erstreben.[16]

Für die entsprechende Formung der affektiven Strebungen gelten die sittlichen Tugenden: Habitualisierte, also durch Gewöhnung befestigte *Könnensweisen*, um ganzheitlich, auch affektiv und kognitiv, auf das mögliche Gute antworten und es vollbringen zu können.

---

16 Siehe EN II, 5 1106b 21-24.

Es wäre verwunderlich, wenn in einer Lebensentscheidung nicht alle Tugenden ihre Rolle spielen
würden. Ich hebe in Kürze fünf hervor:
Glaube als das Vertrauen auf den mich ansprechen-
den, berufenden und verlässlichen Gott, eventuell in
anonymer Form als Vertrauen in das Leben.
Hoffnung wegen der Unverfügbarkeit der Zukunft
und der normalerweise zu erwartenden Schwierigkeiten. Das wäre ein Topos der üblichen Predigten
zu Trauungen, wo leider selten konkrete Hinweise
auf die Tugenden zu hören sind. Die Hoffnung als
theologische Tugend, als vom Heiligen Geist geschenkt,
bezieht sich auf die Möglichkeit, mit Gottes Hilfe ein
schwierig zu erlangendes Gut erreichen zu können.[17]
Liebe[18] als Tugend ist deswegen wichtig. Thomas von
Aquin definiert die affektive Liebe mit Wohlwollen
oder Freundschaftsliebe (amor cum benevolentia,
amor amicitiae): Jemandem Gutes wollen um seiner
selbst willen.[19] Liebe meint hier eine Tugend, nicht
nur ein Gefühl, sondern eine stabile Liebesfähigkeit.

Zwei *Kardinaltugenden* möchte ich hervorheben
und hinzufügen:
Mut oder Stärke sind nötig zum Mich-Entscheiden
und Entschieden-Bleiben, was wohl keiner weiteren
Begründung bedarf.

---

[17] obiectum spei est bonum futurum arduum possibile haberi ... possibile nobis per divinum auxilium (So Thomas mit Hinweis auf die
spirituelle Dimension: S.Th. II-II 17,2 und I-II 40,1).

[18] Siehe den in FN 5 genannten Beitrag von M. Wladika.

[19] S.Th. II-II 23,1 auf der Basis von EN VIII,2.

Mäßigung ist die Konkretion der Entscheidung auf die Möglichkeit hin, die mir gegeben ist. Es ist immer denkbar, dass es eine Frau gibt, die noch besser zu mir passt als meine Verlobte, oder dass mir irgendwann ein Mann begegnet, der noch besser wäre als mein Geliebter. Sich wegen solcher vorgestellter Möglichkeiten nicht zur Ehe zu entschließen oder gar unter Vorbehalt zu entscheiden, ist nicht ungerecht, sondern verfehlt auch die unter Punkt II. skizzierte Struktur von Entscheidung als Übernehmen meines begrenzten, endlichen und der ablaufenden Zeit unterworfenen Daseins.[20]

Der Apostel Paulus sagt es kurz und knapp: *Strebt nicht über das hinaus, was euch zukommt!* Wenn ich aber das, was mir zukommt, nicht ergreife, verfehle ich mich auf Dauer selbst. So gesehen geht es bei Mäßigung nicht in erster Linie um Zurückhaltung im Sinnlichen, sondern um Annahme meiner endlichen Existenz.

Diese Zurückhaltung wird enorm gestärkt durch die Tugend der *Dankbarkeit* und ist auch die Basis der *Treue*. Mäßigung ist nicht Resignation oder Torschlusspanik. Sie geht – wie alle tugendhaften Entscheidungen – natürlich mit Klugheit einher, weil nach klassischer Lehre alle wichtigen Tugenden miteinander zusammenhängen (connexio virtutum).[21]

---

20 Vgl. Entweder-Oder 711-714.

21 Röm 12,3.

IV. Äußere Bedingungen für die Entscheidung zur Ehe

Dieser Punkt ist mehr soziologischer als philosophischer Natur, weswegen ich in grober Kürze und Unvollständigkeit auf die Bedeutung solcher Rahmenbedingungen hinweisen möchte. Denn ungünstige gesellschaftliche Bedingungen für die Entscheidung zur Ehe müssen ins Auge gefasst werden. Daher stelle ich einige Stichworte mit weiterführenden Fragen zusammen, wie ihnen begegnet werden könnte:

Die technische Zivilisation fördert ein Sicherheitsstreben und eine Anspruchshaltung gegenüber dem Staat, der Versicherungswirtschaft, ja gegenüber dem Leben. Das kann den Mut zu einer Lebensentscheidung untergraben. Darum glauben viele, nicht zum Eheversprechen fähig oder berechtigt zu sein. Wie kann demgegenüber der Mut in einer Situation, die Bindungsängste begünstigt, kultiviert werden? Welche pädagogischen Ideen für ein Trainieren von Entscheidungen gibt es?

Gleichzeitig zum verbreiteten Sicherheitsdenken führt die *Multioptionsgesellschaft* zu einer Überforderung mit Entscheidungen. Die Entscheidungsfähigkeit wird mit einem Muskel verglichen, der trainierbar ist, aber auch ermüden kann. Können die überbordenden kleinen Entscheidungen des Alltags mit Gelassenheit und der Tugend der Bescheidenheit zurechtgestutzt werden, um Kapazität und geistige Elastizität frei zu bekommen für Lebensentscheidungen? Jede gute größere Entscheidung bietet die Chance, die Fähigkeit dazu zu üben: Soll ich die Matura machen oder nicht? Studieren oder nicht? Was und wo? Soll ich mich beruflich spezialisieren oder eine Zusatzausbildung machen? Wäre ein temporärer oder dauernder Wechsel ins Ausland gut? Welche Angebote für die pastorale Begleitung anderer Lebensentscheidungen als die der Ehe gibt es?

Häufig wird ein wachsender *Mangel an Vorbildern* gelingenden Ehelebens und als Hindernis für die Entscheidung für die Ehe genannt. Die vielen gescheiterten Ehen rufen eine gewisse Angst vor Entscheidungen hervor. Wie kann zwischenmenschliches Scheitern in hilfreicher Weise aufgefangen und gleichzeitig die Möglichkeit des Gelingens anhand praktischer Erfahrungen in den Vordergrund gestellt werden?

Durch die verbreitete hohe Mobilität wird oft das *Hilfsnetzwerk der Verwandten* und Freunde zerrissen. Die Befürchtung, im Alltag zu wenig Unterstützung aus dem Umfeld durch Gespräch und praktische Hilfe wie beispielsweise beim Babysitten zu Gunsten einer regelmäßigen Stärkung der Ehequalität zu erhalten, kann den Mut untergraben, sich für Heirat und Familiengründung zu entscheiden.

Gegenüber diesen Herausforderungen bietet die Kirche große Möglichkeiten auf lokaler Ebene, in Pfarrgemeinden und Bewegungen. Viele Initiativen zur Verbesserung der Ehevorbereitung, Ehebegleitung und Bildung von sich unterstützenden Eherunden oder Familiengruppen bieten dazu konkrete Angebote. Dazu kann man nur ermutigen, denn wer um die

Begleitung und Hilfe durch solche Angebote weiß, entschließt sich leichter zur Ehe.

Jede Liebe, jede Partnerschaft, jede Ehe ist das Individuellste, was es gibt, weil zwei einzigartige Persönlichkeiten mit ihrer jeweiligen Lebensgeschichte ständig miteinander agieren und reagieren. Darum ist persönliche Seelsorge unerlässlich. Das kann nicht nur von zölibatären Priestern geleistet werden, aber diese haben als Hirten die Verantwortung, ein Bewusstsein und ein förderliches Umfeld wachsen zu lassen, sodass die Entscheidung zur Ehe philosophisch und theologisch besser verstanden, besser gekonnt und besser mitgetragen wird.

Markus Riedenauer, Prof. Mag. Dr. habil., ist Professor für Philosophie am ITI *in Trumau.*

Liebe und Entscheidung aus praktischer Sicht

Barbara und Michael Prüller

W ir wollen hier nicht das Musterbild für eine gelungene Ehe abgeben, sondern über die Entscheidung sprechen, die wir damals getroffen haben, wie sich diese Entscheidung auf unser Leben ausgewirkt hat. Denn ob wir dieser Entscheidung gerecht geworden sind und unsere Ehe gelingt, steht auf einem anderen Blatt und wird sich erst am Ende unseres Lebens zeigen. Wir sind jetzt 27 Jahre verheiratet – genau 10.077 Tage, unter denen allerdings noch kein einziger böser Tag war. Dass das so war, war sehr viel Gnade und nicht unser Verdienst.

I. Welche Entscheidung haben wir damals getroffen?

(M.P.) Wenn wir heute auf unsere 27 Ehejahre zurückblicken und vor allem darauf, wie es uns jetzt miteinander geht, haben wir uns alles, wie es gekommen ist, nicht im Entferntesten so vorgestellt. Markus Riedenauer hat einmal gesagt: *Man verspricht etwas, das man überhaupt nicht garantieren kann.*

Wofür – oder wozu – haben wir uns eigentlich damals vor 27 Jahren und 8 Monaten eigentlich entschieden? Dietrich Bonhoeffer sagte: *Vor Gott werden in der Ehe zwei Menschen so eins, wie Gott und die Kirche, wie Christus und die Kirche eins sind.*

Heute wissen wir: Wir haben uns entschieden, eins zu werden, um der Liebe Christi auf diese Weise zu folgen. So wie Gott den Menschen seine unverbrüchliche Treue zugesagt hat, so treu wollen auch wir einander sein, in guten wie in bösen Tagen. Und so wie bei ihm die Treue das Kreuz einschließt – so haben wir versprochen, dass wir vor dem Kreuz nicht zurückschrecken – auch wenn es Gott sei Dank bis jetzt auf sich hat warten lassen.

Wir haben uns also dafür entschieden, den anderen für unser ganzes Leben an die erste Stelle zu setzen – auch wenn der andere einmal den Gedanken haben sollte, diese Beziehung zu verlassen. So wie meine Frau immer sagt: *Das Eheversprechen ist ein bedingtes Zölibatsversprechen.* Denn es bedeutet: Wenn Du mich verlässt, werde ich zölibatär weiterleben. Selbst wenn der andere mich ans Kreuz schlagen würde, also an den wirklich bösen Tagen, will ich ihn lieben, achten und ehren: Das ist die gegenseitige Verpflichtung, die auch dann nicht aufgelöst wird, wenn der andere sie für sich als aufgelöst betrachtet.

In diesem unumkehrbaren *Aufeinander-Zugeordnet-Sein von drei Personen* – nämlich von meiner Frau, von mir und von Christus –, in diesem Dreiergespann also, wird die Entscheidung zur Ehe wirklich eine wirksame Hilfe zum Heil, ein Sakrament. Die französischen Bischöfe haben das in einem Brief in dieser Weise ausgedrückt; Papst Franziskus zitiert diese Verbindlichkeit in seinem apostolischen Schreiben *Evangelii*

Gaudium: Die Ehe ist nicht eine Zusammengehörigkeit aus dem Gefühl der Liebe heraus, das definitionsgemäß vergänglich ist, sondern aus der Tiefe der von den Brautleuten übernommenen Verbindlichkeit.

Im Jahr 1986 haben wir diese Verbindlichkeit miteinander übernommen. Allerdings muss ich gestehen, dass uns diese Tiefendimension damals überhaupt nicht bewusst war. Das sagen wir heute, 27 Jahre und viele theoretische und praktische Reflexionen später. Was haben wir uns eigentlich damals gedacht, als wir geheiratet haben? Mit welchen Vorstellungen über die Ehe sind wir damals in diese Entscheidung hineingegangen?

Wir waren wirklich jung und dumm, 24 und 25 Jahre alt; wir haben diese Verpflichtung sehenden, aber unwissenden Auges übernommen. Wir haben etwas versprochen, was wir gar nicht garantieren konnten, was wir in der Tiefe eigentlich noch gar nicht erfassen konnten.

Wer hat uns eigentlich zu dieser Entscheidung gebracht, und was hat unser Verständnis von Ehe damals geformt? Wir wussten wenig von der Ehe; wir hatten nichts darüber gelesen. Immerhin hatten wir eine Ehevorbereitung durchlaufen, die sich über einen ganzen Samstagnachmittag hingezogen hat. Mit anderen Worten hatten wir also die Ehe nicht gelernt, aber wir hatten sie in unseren Familien erlebt,

Warum wollten wir heiraten? Wie wir in der Vorbereitung dieses Vortrags darüber nachgedacht haben, hat uns die Antwort erstaunt: Wir wissen gar nicht mehr, ob wir damals eigentlich genau gewusst haben, warum wir heiraten wollen. Ich erinnere mich, dass uns der Priester gefragt hat, warum wir denn heiraten wollen, was wir eigentlich von diesem Schritt erwarten – und wie furchtbar wir herumgestottert haben.

Meiner Frau habe ich es bis heute nicht erzählt, ich kann aber hier offenbaren, was der letzte Anstoß für mich war: Ich hatte einmal ein Lied gehört, einen alten amerikanischen Schlager, der hieß *You'd be so nice to come home to*, also *Du wärst jemand, zu dem es so schön wäre, nach Hause zu kommen*. Dabei habe ich mir in Wirklichkeit gedacht *she would be so nice to come home to*. Deswegen wollte ich heiraten, sie heiraten – und ich muss sagen, dass diese Hoffnung auch voll aufgegangen ist.

Aber zurück zur Frage: Woher hatten wir einen Begriff von Ehe und ihrer Notwendigkeit? Wir hatten es zu Hause erlebt. Weil es in unseren Elternhäusern selbstverständlich war, dass das Zusammenleben zu zweit von Frau und Mann im Rahmen der Ehe geschieht und zwar in der Ehe in ihrer lebenslänglichen Form. Scheidung hatte es – mit ganz wenigen Ausnahmen – nur außerhalb unseres Familienkreises und des Freundeskreises der Eltern gegeben.

Mein Schwiegervater erzählt manchmal die Geschichte von dem Mann, der gefragt wurde: „*In 70 Jahren Ehe, haben Sie da nie an Scheidung gedacht?*" Und er antwortete: „*An Scheidung nie, aber an Mord fast jeden Tag.*" So selbstverständlich, selbst noch in den 70er- und 80er-Jahren, hat in den Mikromilieus, ·in denen wir aufgewachsen sind, die Ehe als eine unaufgebbare Entscheidung gegolten. Es war klar: Wenn man heiratet, geht man nicht wieder auseinander.

Wir haben uns ganz selbstverständlich in diese Tradition hineinbegeben, weil wir an unseren Eltern und an vielen anderen Menschen gesehen hatten, dass das eben die Art ist, wie man lebt. Wir haben – ich glaube, dass dies ein wichtiger Impuls für das bisherige Gelingen unserer Ehe ist – dem Beispiel unserer Eltern getraut, weil wir gesehen haben, dass es gut ist.

Wir sind mit diesem Grundvertrauen in die Ehe gegangen, doch getragen von sehr vielen Menschen, die uns mit ihrem Leben gezeigt haben, dass es geht und wie es geht, und dass es völlig selbstverständlich ist. Manche von ihnen haben große Opfer gebracht, aber nicht aufgegeben. Sie haben uns gezeigt, dass die Ehe kein Leichtes ist, aber auch, dass sie trotz Widrigkeiten durchgehalten werden kann. Wir verdanken diesen Menschen sehr, sehr viel.

> (B.P.) Zum Entschluss, zu heiraten, hatte ich mir damals keine großen Gedanken gemacht – außer, dass ich immer schon gerne heiraten und Kinder kriegen wollte. Die Endgültigkeit war mir durchaus bewusst. Zwei Tage vor der Hochzeit hat mich dann aber eine echte Panik überfallen: *Soll ich mich wirklich darauf einlassen – da komme ich ja nie wieder raus!* Ohne die Ehe theologisch oder philosophisch durchdacht zu haben, wusste ich: Hinter mir geht eine Tür zu und das war's dann. Ich will es jetzt nicht so negativ ausdrücken, aber

ich empfand es als feststehend, fast wie eine Gefängnistür. Selbstverständlich war für uns, dass Heiraten endgültig ist.

(M.P.) *Ich will Dich lieben, achten und ehren, ich will Dir die Treue halten in guten und in bösen Tagen* – was das heißt, das haben wir nur in Ansätzen geahnt. Und ich glaube, dass man im Leben wenige Entscheidungen treffen wird, die so groß, so fordernd sind, wie diese Entscheidung. Wie wenige Versprechen wird man im Leben abgeben, die so von der Größe des Menschen sprechen und ihm so viel zutrauen, wie diese Entscheidung zur Ehe?

II. fehlt in der Aufzählung/Gliederung

III. Wie sind wir in unserer Ehe mit dieser Entscheidung umgegangen, wie die Wirkungen?

Wenn man so wie wir heiratet, hat man keine Ahnung, was böse Tage eigentlich sind. Und was ist das überhaupt, *lieben, achten und ehren*? Wenn man jung ist und verliebt – wie will man das eigentlich garantieren? Man sagt ja nicht: „Ich *möchte* Dich lieben, achten und ehren" oder: „Es *wäre schön*, wenn wir uns lieben, achten und ehren, möglichst bis der Tod uns scheidet", sondern man sagt: „*Ich will*". Man sagt das so, wie ein Kind sagt: „Ich will ein Eis!" Ohne dass man recht weiß, was ein Eis überhaupt ist.

In der Vorbereitung auf diesen Vortrag, in der Reflexion, ist uns klar geworden, dass wir uns damals ganz bewusst entschieden haben, in diese Unsicherheit hineinzugehen. In der Gewissheit, dass Gott der Dritte im Bunde ist, dass wir das nicht alleine durchstehen müssen, dass da nicht mehr kommen wird, als wir verkraften können.

Und das Spannende ist: Wenn man sich erst einmal dafür entschieden hat, dann schickt Gott seine kleinen Hilfen – und seine großen! Er sorgt auf eine ganz einfache Weise dafür, dass wir dann dieser Aufgabe gerecht werden: Wenn wir nämlich ein unbedingtes und unaufhebbares Versprechen füreinander abgeben, dann haben wir danach ja gar keine andere Wahl, als uns anzustrengen, damit das auch funktioniert.

(B.P.) Bevor ich geheiratet habe, war mein Leben ein bisschen ziellos und planlos. Ich konnte mich zu nichts richtig entschließen. Mein Leben hätte durchaus auch einen schlechten Weg nehmen können. Ich war aber eher unbekümmert, bin nicht vor diesem schlechten Weg in die Ehe geflohen. Der Gang in die Ehe war irgendwie ebenso unbekümmert.

Aber ich weiß noch, dass ich wirklich dankbar für diesen Neuanfang in meinem Leben war. Nicht mehr alles alleine schaffen zu müssen, dass wir jetzt zu zweit sind. Das war ein gutes Gefühl. Ich habe mir wirklich vom ersten Tag an vorgenommen, jeden Tag dieser Ehe wie einen Neuanfang zu sehen und mir gedacht: Ich möchte nicht in irgendeiner Streiterei

Grenzen überschreiten, die, wenn sie einmal
überschritten wurden, sehr schwer wieder
einzuhalten sind. Ich wollte mit diesem
Mann gut auskommen. Diese Idee von einem
Neuanfang hat sich über all die Jahre gehalten – diese Idee: *Ich will jeden Tag wie einen
neuen Anfang begehen.*

(M.P.) Wir haben so gedacht: *Ach, mit der Gnade Gottes
wird das alles schon gehen.* Unser Zusammenwachsen
hatte dann mit dem zu tun, was Prof. Beck die *täglich
neue Ratifizierung der Ehe durch das Paar* nennt. Sehr
geholfen hat uns dabei das gemeinsame Beten. So wie
der Mensch sich am Abend säubert, um den nächsten
Tag sauber anfangen zu können, so wichtig ist es auch,
jeden Abend die Seele rein zu machen, zu verzeihen
und miteinander zu beten. Das haben wir dann sehr
bald gelernt, weil Verheiratet-Sein hat alles verändert.

Wenn man verheiratet ist, wird einem klar: Da ist
ein Mensch, der an dich gebunden ist und an den du
gebunden bist. Das ist eine neue Perspektive, in der
man das ganze Leben sieht. Das ist keine Situation,
in der man sagen kann: *Na gut, probieren wir's aus und
wenn's nicht funktioniert, hören wir wieder auf.* Es ist, als
wäre man zusammen in eine Steilwand geklettert, an
einem gemeinsamen Seil. Da kann man auch nicht
sagen: *Wir sind draufgekommen, wir sind kein gutes Team,*
und der eine geht. Es gibt nur Weiterklettern, da muss
man durch. Das formt. Die Ehe, das haben wir sehr
bald gelernt, ist kein Konsumartikel zur Befriedigung
von Ansprüchen, sondern ein Abenteuer.

Tolkiens *Herr der Ringe* erzählt von einem solchen Abenteuer: Der ganz durchschnittliche *Frodo* muss, in guten und bösen Tagen, den einen Ring wieder zu seinem Ursprung zurückbringen und damit die Welt vor der Verdüsterung retten. Wir Ringträger haben auch ein wenig von dieser Verantwortung. Wir haben uns in ein solches Abenteuer begeben. Uns ist aufgegeben – und Gott stiftet das im Sakrament – ständig Böses, in unserem Fall Gott sei Dank nur kleine Bosheiten, in Gutes zu verwandeln. Durch Verzeihen, durch gegenseitige Stärkung, durch das Einander-Weiterhelfen, durch das Tragen der Last des anderen.

Die Gemeinschaft der Ringträger

Eheleute sind eine unglaubliche Recyclinganlage, um die Welt zu erneuern und Gott darzubringen, so wie es das Konzil den Laien aufgetragen hat. Da haben wir als *Gemeinschaft der Ringträger* unsere ganz spezifische Aufgabe. Wenn das Verständnis nicht bei beiden dafür gegeben ist, was für eine Aufgabe einem das Leben stellt, dann ist es, glaube ich, sehr schwierig, diese gemeinsame Aufgabe, das gemeinsame Abenteuer in der Ehe zu finden.

Prof. Beck hat gesagt: *Die Grundlinien müssen übereinstimmen, sonst wird es sehr schwierig.* Vielleicht gehen die Ehen vor allem daran zu Bruch, dass sie nie wirkliche Ehen geworden sind, weil man sich nie auf dieses gemeinsame Abenteuer hat einlassen wollen. Weil man eher mit der Auffassung hineingegangen ist: *Da werde ich jetzt etwas bekommen.* Und ich bin gar nicht sicher, dass heute viel mehr Ehen als früher zerbrechen – früher war es einfach von außen nicht wahrnehmbar, weil das äußere Eheband bestehen geblieben ist.

Wir glauben auch, dass es heutzutage wirklich einen ausführlichen Ehevorbereitungsprozess braucht, für den das Paar ausreichend Zeit benötigt. Wir sind ja die Letzten, die noch in einem Milieu aufgewachsen sind, in dem es klar war, was Ehe ist, ohne viel darüber reflektieren zu müssen. Ein solches Milieu gibt es nicht mehr.

Allerdings birgt gerade die Unauflöslichkeit der Ehe die Gefahr, dass die Ehe zur Falle für den Schwächeren wird, der dann vom Stärkeren ausgenutzt wird, weil er eben nicht mehr weggehen kann. In der Ehevorbereitung muss man daher darauf achten, auf die wirkliche, die unauflösliche Ehe vorzubereiten – nicht in diese Falle zu geraten, in der der körperlich oder emotional Stärkere den Schwächeren oder der charakterlich Schwächere den charakterlich Stärkeren ausnützt.

> (B.P.) Wenn man also weiß, dass man voneinander nicht mehr loskommt, dann gilt es, mit immer wiederkehrenden und unangenehmen Situationen fertig zu werden. Wir mussten da wie alle anderen auch erst einmal unsere Strategien erfinden. Mir hat dabei zum Beispiel eine Tante geholfen: Ihr Mann war ein großer Schnarcher, was sie sehr gestört hat. Aber dann hat sie an ihre eigene Tante gedacht, deren Mann viel zu früh

gestorben war. Und sie hat mir gesagt: *Wie schön wäre es für sie, nicht schlafen zu können, weil ihr Mann neben ihr immer noch schnarcht!* Und seitdem komme ich gut damit aus, dass Meiner schnarcht. Es ist das Zeichen, dass er lebt und bei mir ist.

Es ist gut, auf diese Weise etwas Negatives zu etwas Positivem zu machen. Ein ganz banales Beispiel: Ich habe mich jeden Tag furchtbar darüber geärgert, dass sein Rasierpinsel unausgewaschen am Waschtisch stand, bis ich mir eines Tages gedacht habe: *Na gut, dann nehme ich das eben, um über den Michael nachzudenken und mich zu freuen, dass es ihn gibt.* Und plötzlich war das überhaupt kein Problem mehr. Das ist ein einfaches und fast uninteressantes Beispiel, aber es sind genau diese Dinge, die helfen, im Alltag mit der Unvollkommenheit der anderen Person auszukommen.

(M.P.) Was hat sich daraus entwickelt? Mit der Gnade Gottes entsteht das Bestehen des gemeinsamen Abenteuers. Antoine de Saint-Exupéry sagt in einem seiner Romane, und ich habe diesen Satz so gern: *Die Erfahrung lehrt uns, dass Liebe nicht darin besteht, dass man einander ansieht, sondern dass man gemeinsam in die gleiche Richtung blickt.*
Ich saß einmal in einem Zug und mir gegenüber war ein wahrscheinlich frisch verliebtes Pärchen. Die haben einander minutenlang intensiv in die Augen

geschaut. Mir ist das wahnsinnig auf die Nerven gegangen. Als ich diesen Satz von Saint-Exupéry gelesen
habe, ist mir aufgegangen, warum. Weil die Liebe
nicht ein Ich-und-Du ist, sondern ein *Wir*, das sich
auf einen dritten Punkt richtet.

Diesem gemeinsam in die gleiche Richtung Schau-
en entspricht, dass die Ehe ein gemeinsames Abenteuer ist. Natürlich muss man in der Ehe auch aufeinander
schauen. Aber vor allem schaut man gemeinsam
auf anderes, auf den Weg, der vor einem liegt und
auf das, was man geschaffen hat. Aber es geht eben
bei weitem nicht nur darum, einander zu entdecken,
sondern miteinander die Welt, vor allen Dingen aber
Gott, der die Liebe ist, zu entdecken.

Durch die Synchronisation der Blicke beginnt man,
auf dieselben Dinge zu schauen, sodass einem dieselben Dinge aufzufallen beginnen. Und mit diesem gemeinsamen Blick auf dieselben Dinge formt sich eine
gemeinsame Sicht auf das Leben und die anstehenden
Entscheidungen. Was aber interessanterweise – das
ist wahrscheinlich eine kluge Einrichtung Gottes – bei
den großen Entscheidungen und den großen Fragen
eher so ist als bei den kleinen.

> (B.P.) Was heißt das konkret? Natürlich gibt es
> viele Dinge, die wir miteinander besprechen
> müssen, die wir nicht einfach jeder für sich
> entscheiden können, aber das sind eigent-
> lich die nicht so wichtigen Sachen, wie zum
> Beispiel: *Wann fahren wir weg, um rechtzeitig
> in Trumau zu sein?* Bei den großen Entschei-

dungen haben wir beide festgestellt, dass wir
gar nicht viel miteinander reden müssen und
sogar ziemlich allein entscheiden können.
Weil wir wissen: Der andere würde das auch
so entscheiden.

Als mir zum Beispiel meine Mutter am
Telefon vom zweiten Schlaganfall meiner
Großmutter und ihrem gleichzeitigen Schen-
kelhalsbruch berichtet hat, habe ich sofort
gesagt: *Gut, dann kommt sie jetzt zu uns.* Mit
meinem Mann hatte ich noch nie darüber
gesprochen. Am Abend sagte ich dann zu
ihm: *Die Großmutter kommt zu uns.* Und er
hat gesagt: *Klar. Das hätte ich auch so gesehen.*

Ein anderes Beispiel: Ein Priester erzählte
mir einmal von einem Ehepaar, das über die
Abtreibung ihres Kindes nachdenkt, weil
sie fürchten, das Kind könnte das Down-
Syndrom haben. Da habe ich gesagt: *Wenn
das irgendwie hilft, sag ihnen: Wenn sie das
Kind wirklich nicht wollen, dann nehmen es die
Prüllers.*

Dann habe ich doch irgendwie ein schlechtes Gewissen bekommen, dass ich das nicht
vorher abgesprochen habe. Aber ich war mir
sicher, dass mein Mann dieselbe Entscheidung getroffen hätte. Als er nach Hause kam,
habe ich ihm gesagt: *Vielleicht habe ich jetzt
einen Blödsinn gemacht, aber ich habe angeboten, das Kind zu uns zu nehmen.* Und da hat er

gesagt: *Ja klar! Das musstest du ja.* Es ist dann nicht dazu gekommen und ich bin darüber auch erleichtert, denn es wäre unser neuntes Kind gewesen.

Wir haben immer wieder erlebt, dass in den großen Sachen der eine reden kann, ohne dass der andere mitreden muss. Weil wir aus einem Mund sprechen.

(M.P.) Mit diesen Beispielen wollen wir uns wirklich nicht selbst beweihräuchern, nur berichten, wie *an uns geschieht.* Ein anderes solch banales Beispiel aus dem Ehealltag: Ich bin ein Spätaufsteher und Spätarbeiter. Meine Frau denkt sich abends oft: *It would be so nice if he'd come home.* In der Früh brauche ich wirklich lange, um wach zu werden.

Es gab da eine Zeit, da hat meine Frau meine Hilfe verlangt, um das Frühstück für die Kinder zu machen. Ich war zwar skeptisch, ob sie wirklich Hilfe braucht oder ob sie nicht nur unglücklich ist, weil sie schon arbeiten muss und ich noch weiterschlafen kann. Aber ich habe mir gedacht, ich muss sie lieben, achten und ehren, also werde ich versuchen, als erstes am Tag nicht an mich zu denken, sondern an sie.

Mein Beichtvater hat mich gefragt: *Und was möchtest du dir bis zur nächsten Beichte vornehmen?* Und ich habe ganz großspurig erklärt: *Jeden Tag in der Früh als erstes, wenn ich aufwache, nicht über meine eigenen Bedürfnisse nachdenken, sondern meine Frau fragen: Was kann ich dir helfen?* Der Beichtvater, ein kluger Mann, hat gesagt: *Nicht zu große Vorsätze fassen, die man dann nicht einhält! Versuch es zuerst zwei- oder dreimal in der Woche.*

Am Montag habe ich mich dann hochmotiviert nicht geärgert, dass meine Frau mich um sechs Uhr aufweckte. Ich habe sie gefragt: *Was kann ich für Dich tun?* Sie hat geantwortet, dieses und jenes für das Frühstück aufdecken. Am Mittwoch war es noch einmal so. Und ab da hat sie mich nicht mehr in der Früh aufgeweckt! Offenbar hat dieses Zeichen der Aufmerksamkeit gereicht, dass sie mein Aufstehen in der Früh nicht mehr gebraucht hat.

(B.P.) Das höre ich heute zum ersten Mal. Das war mir bisher gar nicht bewusst.

(M.P.) Oder ein zweites Beispiel dafür, wie sich die gemeinsame Sicht entwickelt. Ich bin schon als Kind nicht gerne beichten gegangen. Es muss wohl immer ein bisschen unangenehm sein, sonst wäre es keine Beichte. Aber wie ich dann in die Pubertät gekommen bin, ist das Beichten außerdem noch peinlich geworden und ich habe es aufgegeben.

In der Ehe sind wir dann gemeinsam im Glauben gewachsen und im Verständnis, was alles notwendig ist. Und unsere Sicht, was gut und richtig ist, wurde immer ähnlicher. Aber zur Beichte habe ich mich nicht überwinden können, die Hürde war zu groß.

Was hat meine Frau gemacht? Sie hat angefangen, mit den Kindern zu beten: Für alle Menschen, die nicht zur Beichte gehen. Auch, wenn ich dabei war. Wenn man versucht, in dieselbe Richtung zu schauen, gemeinsam ein Abenteuer zu bestehen, wenn man dieselben Grundwerte teilt, dann kann man sich einer Sache nicht entziehen, die dem anderen wichtig ist, weil sie einem selbst wichtig wird. So bin ich wieder zur Beichte gekommen.

Der Priester hat mich danach gefragt: *Wie kam das, dass Sie jetzt nach so vielen Jahren beichten gehen?* Ich habe ihm erzählt, wie meine Frau das gemacht hat. *Ja, die Frauen,* hat er geantwortet, *ohne sie kämen viele Ehemänner nicht in den Himmel.* Das ist eigentlich eine Kurzfassung der Wirkung des Sakraments der Ehe. Dank der Ehe kommen wir vielleicht leichter – oder überhaupt erst – in den Himmel.

Ein schwieriges Kapitel: die Treue?
Am Anfang der Ehe glaubt man ja, man liebt einander so, dass es kein Problem ist, einander treu zu bleiben. Diese Vorstellung ist es, die einen sagen lässt: *Ja, ich will Dich lieben, achten und ehren.* Nicht, weil es eh schön mit Dir ist.

Aber das ist nur das *Gefühl der Liebe,* wie die französischen Bischöfe richtig sagen, nicht die Liebe selbst. Jedoch weiß man das als Verliebter nicht. Man denkt, es ist die Liebe, die treu macht. Und mit der Zeit erkennt man, dass es umgekehrt ist: Es ist die Treue, die die Liebe hervorbringt. Die Treue ist die Voraussetzung der Liebe, nicht umgekehrt.

Vielleicht scheitern heute auch viele Ehen, weil das nicht so klar ist oder auch nicht so erlebt werden kann, wie wir das erleben durften und immer klarer erkannten. Wir hatten einen Freund, der hat es sehr schwer gehabt hat mit der ehelichen Treue. Er hat uns – vor vielen Jahren, da war seine Ehe schon auseinandergegangen – gesagt: *Ich würde so gerne eine Frau kennen lernen, die ich so sehr liebe, dass ich ihr auch treu bleiben kann.* Ich wusste damals nichts darauf zu sagen. Mittlerweile weiß ich es. Ich würde ihm sagen: *Es ist umgekehrt. Du musst Dir die Treue erarbeiten, um sie wirklich lieben zu können. Weil aus der gelebten Treueverpflichtung heraus erst die Liebe entsteht, sich entfaltet.*

Natürlich bleibt die Treue immer eine Herausforderung. Es ist nicht leicht, sich die innere Bereitschaft zum Ehebruch ganz abzugewöhnen. Ich glaube, der heilige Franz von Sales sagt in seinem berühmten Buch, die *Philotheia*, dass man nicht nur aufhören muss mit dem Sündigen, sondern auch, mit der Sünde zu liebäugeln; mit diesem *Also, wenn ich nicht verheiratet wäre, dann würde ich jetzt....* Man soll die Sünde nicht nur lassen, man muss sie hassen.

Es geht also darum, die Treue auch im Kopf, in Gedanken zu bewahren. Das ist eine lebenslange Herausforderung, denn die Hormone sind willentlich nicht so richtig steuerbar, was Augustinus ja als ein Kennzeichen der Erbsünde nimmt. Hier hilft die wachsende Vertrautheit. Am Anfang gibt es einen Hormonsturm, der die Verliebtheit ausmacht. Er legt ja tatsächlich auch das Risikozentrum im Hirn halb lahm, weshalb der Satz *Liebe macht blind* gar nicht so unpassend ist.

Aber dieser hormonelle Ausnahmezustand nimmt nach ein paar Monaten stark ab und hat dann noch eine lang auslaufende Kurve, bis er in der Midlife-

Crisis ganz aufhört. Dann steht man da und sagt: „Ach, das war doch damals schön." Im Grunde sind das Entzugserscheinungen: Man leidet unter Hormonentzug und will wieder auf den alten Spiegel kommen. In dieser Situation ist die Unvertrautheit eines anderen Menschen eine Versuchung, eine Herausforderung. Sie ist spannend. Diese Idee, einen Menschen bis hinein in seine Intimität wieder ganz neu kennen zu lernen! Der Körper erinnert sich an das High, das man einmal hatte und drängt.

Wir haben aber erlebt, dass genau dann, wenn die Fremdheit, die Neuartigkeit eines Dritten zur Versuchung wird, die Vertrautheit mit dem Ehepartner einen starken Schutz gibt. In einer Ehe, in der die Achtung voreinander im Intimleben aufrecht bleibt, macht nämlich diese Vertrautheit einen großen Teil der gemeinsamen Intimität aus und wird daher glückhaft erlebt. Sie ist so schön, diese alte, durch so viele gemeinsame, innige Stunden gewachsene Vertrautheit mit der Ehefrau!

Diese Vertrautheit gehört dann ganz zur körperlichen Intimität dazu. Sodass es mir oft so geht, wenn sich ein körperliches Interesse an einer anderen Frau in mein Hirn einzuschleichen sucht, dass dann das Unvertraute an dieser Frau geradezu obszön ist. Ganz und gar unpassend.

Wenn man einem Menschen so innig vertraut geworden ist, will man sich dieselbe körperliche Nähe ohne diese Vertrautheit, ohne das geliebte Gesicht, nicht mehr vorstellen. Diese Vertrautheit, die sich im

Laufe einer Ehe einstellt, ist ein ungeheuer großes Geschenk.

Die Frage ist natürlich, wie man sich diese Vertrautheit erhalten kann. Es gehört zu den peinlichsten Dingen, wenn Ehepaare über ihr biederes Sexualleben reden. Wir werden das deshalb hier nicht tun. Das ist auch ein Teil dieser Vertrautheit, dass es niemand anderen etwas angeht, was uns sozusagen im Innersten unserer Ehe berührt.

Aber eins möchte ich doch sagen: Ich glaube, dass sich diese Vertrautheit in ihrer ganzen Tiefe eigentlich nur in der Ehe entwickeln kann. Weil nämlich die Stabilität der Ehe den Schutzraum bildet, in dem sich diese Vertrautheit entwickeln und wachsen kann. Sie kommt ja daher, dass man im verborgensten Winkel des Menschen, in seiner intimsten Lebensäußerung, die Liebe findet, die Liebe entdeckt, die in ihm ist.

Genau das macht Gott. Der Gott, der die Liebe ist, lässt sich im anderen Menschen finden, in Momenten größter Zärtlichkeit, größter Offenheit. Diese verbindende, heilende Gegenwart ist sein Versprechen, das er den Eheleuten gibt. Ein gewaltiges Geschenk!

IV. Das Geschenk

Da sind wir beim zweiten Begriff des heutigen Vortrags: das Geschenk. Ein besonderes Geschenk ist natürlich ganz wichtig in der Ehe: Wir entscheiden uns ja nicht nur für die Treue, die Liebe, die Achtung und die Ehrerbietung, sondern auch dazu, die Kinder anzunehmen, die Gott uns schenkt. Auch das ist ein

Teil unserer Aufgabe, dieses Abenteuers Ehe: Was auch immer da auf uns zukommt, wird als Herausforderung angenommen.

Jede Liebe will Frucht bringen, das gehört zu ihrem Wesen, sonst ist es ja keine Liebe. Je echter die Liebe wird, je mehr die Liebe sozusagen nicht auf der affektiven Ebene bleibt, sondern wir Gott mit hineinnehmen können, desto mehr ist die Freude an dieser Frucht unserer Liebe auch gewachsen.

Es gibt keine schönere Art in die gleiche Richtung zu schauen, als wenn man auf die gemeinsamen Kinder schaut. Das ist der Inbegriff der Freude des in die gleiche Richtung Schauens. Und auch für die Kinder ist die Festigkeit der Ehe, so wie wir sie kennen gelernt haben, der Rahmen, in dem sie sicher sind. Eine größere Geborgenheit kann man wohl gar nicht haben.

(B.P.) Meine Eltern haben eine sehr stürmische Ehe geführt, die zum Ergebnis hatte, dass sie wirklich sehr, sehr viel gestritten haben. Aber sie haben uns dann immer versichert: *Ihr müsst keine Angst haben, wir lassen uns ganz bestimmt nicht scheiden.* Und wenn wir etwas aus dieser Ehe meiner Eltern gelernt haben, dann wohl nicht Konfliktmanagement, aber etwas viel Wichtigeres: *Eine Ehe ist ein Ehe – und sie ist und bleibt.* Und diese Art von Sicherheit, die ich da mitbekommen habe, die ist genau das, was wir den Kindern weitergeben wollen.

(M.P.) Unsere zwei ältesten Söhne haben, nach einer sehr guten Ehevorbereitung, im April 2013 geheiratet. Für uns war es ungeheuer schön, zu erleben, wie die Ehe, die wir gewissermaßen aus den Händen unserer Eltern erhalten haben, an die nächste Generation weitergegeben wurde. Das war für mich so, als ob sich erst mit der Hochzeit der ersten Kinder meine eigene Ehe vollendet. Dass dieses Sakrament in unseren Kindern neu auflebt.

Damit sind wir beim Schluss, nämlich der Eheschließung, dem Ereignis selbst. Manche Leute halten ja die Hochzeit für das Sakrament. Manchmal hört man auch, ein Sakrament sei eine geistliche Wegzehrung, die an Wendemarken des Lebens gereicht wird. So haben wir das Sakrament der Ehe aber nicht erlebt. Das Sakrament der Ehe hat vielleicht bei der Lebenswende der Hochzeit begonnen, aber es setzt sich ja jeden Tag fort, wirkt jeden Tag neu, vor allem im Alltag.

Was bewirkt ein Sakrament? Es hilft dem Menschen, sich zu wandeln, indem es ihn hineinnimmt in die Gegenwart Christi. Das macht das Sakrament der Ehe mit uns nun schon 10.077 Tage lang, jeden einzelnen Tag wieder, manchmal spürbar, manchmal weniger spürbar, manchmal verwandelnd, manchmal weniger verwandelnd.

Gelegentlich hört man bei Hochzeitsansprachen einen Satz, der hoffentlich nie stimmt: *Heute ist der schönste Tag eures Lebens.* Was für eine entsetzliche Vorstellung! Man heiratet mit 25 und die nächsten 60, 70 Jahre wird es nie wieder so schön wie an diesem Tag?

Natürlich liegt in diesem Tag – und in dem Versprechen, das man gibt – die Basis für das, was an Glück und Gnade danach noch kommt. Aber das Eigentliche der Ehe wird eben erst danach nach und nach verwirklicht. Für uns liegt nach 27 Jahren das Beste hoffentlich noch – und mit der Gnade Gottes – in der Zukunft!

Ein wunderbares Lied von Reinhard Mey heißt: *Wie vor Jahr und Tag* und beginnt mit dem Satz *Wie vor Jahr und Tag liebe ich Dich doch, vielleicht weiser nur und bewusster noch.* Und dann heißt es am Ende der letzten Strophe: *Nein, keine Stunde gibt´s, die ich bereute, und mir bleibt nur als Trost dafür, dass keine wiederkehrt: Viel mehr als gestern liebe ich Dich heute, doch weniger, als ich Dich morgen lieben werd´.*

Mein Vater hat uns bei der Hochzeit einen Vers von Rabindranath Tagore ans Herz gelegt: *In Europa lieben sich die Menschen, um zu heiraten, und in Indien heiraten sie, um sich zu lieben.* Als Beispiel für diese Weisheit hat er seinen Vater aus dem niederösterreichischen Alpenvorland gebracht. Als mein Großvater Mitte 30 heiratsfähig war und den Hof übernehmen sollte, sagte die Ziehmutter meines Großvaters zu ihm: *Aus diesem Hof dort drüben darfst Du Dir eine der drei Töchter zur Frau aussuchen.*

Mein Großvater hatte zwar gar nicht vorgehabt, zu heiraten – und schon gar nicht eine von diesen Dreien. Aber dann hat er – zur Überraschung aller – nicht die Fescheste der Schwestern ausgesucht, sondern die Tüchtigste. Und mein Vater hat bei unserer

Hochzeit gesagt: *Daraus ist dann eine lange, liebevolle und zärtliche Ehe geworden.*

Wir wussten also seit damals, dass nicht das Maß der Liebe, das wir in die Ehe einbringen, entscheidend ist. Sondern der gute Wille, zu lieben. Und wir dürfen wirklich erleben, dass es mit den Jahren immer noch tiefer und schöner und größer geworden ist, ein Paar zu sein.

V. Die Liebe trägt!

Wir können so wenig darüber sagen, *wie* man das mit der Liebe macht. Wir wissen nicht, wie es funktioniert. Wir sind ein bisschen wie Bastler, die von kundiger Seite gehört haben, wie man die Drähte verbindet, und die dann ganz erstaunt, ohne den Beginn einer Ahnung, was Strom überhaupt ist, feststellen: Die Lampe leuchtet ja tatsächlich. So ähnlich geht es uns mit unserer Ehe.

> (B.P.) Wir dürfen uns auch nichts darauf einbilden, weil Gott es ja letzten Endes gemacht hat. Er hat auch alle Dummheiten, die wir in unserer Ehe begangen haben, unschädlich gemacht, sie sogar zu tieferen Erkenntnissen umgewandelt. Wenn wir überhaupt etwas Wesentliches dazu beigetragen haben, dass wir miteinander glücklich sind, dann war es vielleicht, dass wir fast täglich dieses im Geist des heiligen Franziskus geschriebene Gebet miteinander beten.

Es beginnt mit: *Herr, mach mich zum Werkzeug Deines Friedens* und ein Teil davon lautet: *Lass mich trachten, nicht getröstet zu werden, sondern zu trösten, nicht verstanden zu werden, sondern zu verstehen, nicht geliebt zu werden, sondern zu lieben.* Diesen immer wieder gebeteten Wunsch hat Gott erhört, so gut wir ihn halt wirken lassen.

Wir wollen uns von Ihnen nicht als besonders gescheite oder vortreffliche Eheleute verabschieden, sondern als Zeugen, dass es miteinander ein Leben in Fülle geben kann und dass ganz real ist, was niemand so eindrucksvoll beschrieben hat wie Dietrich Bonhoeffer, der im Gefängnis 1943 an seine Nichte und ihren Bräutigam Folgendes schrieb:

Ehe ist mehr als Eure Liebe zueinander. Sie hat höhere Würde und Gewalt, denn sie ist Gottes heilige Stiftung, durch die er die Menschen bis ans Ende der Tage erhalten will. In Eurer Liebe seht ihr Euch beide nur allein auf der Welt. In der Ehe seid ihr ein Glied in der Kette der Geschlechter, die Gott zu seiner Ehre kommen und vergehen lässt und zu seinem Reich ruft. In Eurer Liebe seht ihr nur den Himmel Eures eigenen Glückes. Durch die Ehe seid ihr verantwortlich in die Welt und in die Verantwortung der Menschen hineingestellt. Eure Liebe gehört Euch allein und persönlich. Die Ehe ist etwas Überpersönliches, sie ist ein Stand, ein Amt. Wie die Krone den König macht und nicht schon der Wille, zu herrschen, so macht die Ehe, und nicht schon Eure Liebe zueinander, Euch zu einem Paar vor Gott und vor den Menschen. Wie ihr den Ring erst Euch selbst gegeben habt, und ihn noch einmal aus der Hand des Pfarrers empfangt, so kommt die Liebe aus Euch, die Ehe von oben, von Gott. So viel Gott höher ist als der Mensch, so viel höher ist die Heiligkeit, das Recht und die Verheißung der Ehe, als die Heiligkeit, das Recht und die Verheißung der Liebe. Nicht Eure Liebe trägt die Ehe, sondern von nun an trägt die Ehe Eure Liebe.

Dass die Ehe die Liebe trägt, das dürfen und wollen wir bezeugen.

Barbara und Dr. Michael Prüller, verheiratet seit 27 Jahren, 8 Kinder.

Predigt: Ehe als Entscheidung und Geschenk

Bischof Klaus Küng

L iebe Brüder und Schwestern!
Paulus hat offenbar häufig seine Bekehrungsgeschichte dargelegt. Sie war auslösend für die grundlegende Wende in seinem Leben, der Grund seines
totalen Einsatzes, seiner Leidensfähigkeit und seines
unglaublichen Durchhaltevermögens, Quelle einer
fast unerklärbaren Energie trotz aller Strapazen und
Unbilden, die ihm zugestoßen sind.

Der Kern dieser Bekehrungsgeschichte ist die Begegnung mit Jesus, dessen Stimme er plötzlich zu
hören bekam. Vermutlich hatte es schon länger in ihm
gegärt, wahrscheinlich seit dem Tod des Stephanus,
den er mit einem Strahlen im Gesicht sterben sah;
vielleicht hatten auch andere Erlebnisse im Umgang
mit den Christen, die er verfolgte, Einfluss auf ihn;
aber die direkte Erfahrung der unmittelbaren Nähe
Jesu, der in seinem Herzen die Frage aufbrechen lässt:
Saul, Saul, warum verfolgst du mich?, das nahm ihm
fast das Bewusstsein. Er stürzte zu Boden, sah eine
Zeit lang nichts mehr. Erst nach seiner Taufe begann
er dann, alles anders und neu zu sehen.

Diese Begegnung mit Jesus, ihn zu kennen, ist
auch im Zusammenhang mit dem Thema der Ehe
von größter Bedeutung. Grundlegend für eine Ehe,
sogar grundlegend für ihre Gültigkeit, ist das uneinge-

schränkte *Ja* der Brautleute zueinander, ein Ja, das die wesentlichen Zielsetzungen einer Ehe beinhaltet: Das Ja zu einer gegenseitigen Bindung – und zwar ohne jede einschränkende Bedingung! – das prinzipielle Ja zu Kindern. Dieser Austausch des gegenseitigen Ja-Wortes vor Zeugen und vor Gott ist keine Äußerlichkeit, sondern der unabdingbare Ausdruck wahrer ehelicher Liebe.

Theresa von Avila lehrt, dass wahre Liebe – das betrifft auch die Hingabe an Gott im Sinne des Zölibats – eine totale Entschlossenheit bedeutet, eine für immer und ohne Einschränkung getroffene Entscheidung mit sich bringt. Im Falle der Ehe beinhaltet es die Bereitschaft, mit einem anderen das Leben zu teilen, ganz gleich, was passiert; es bedeutet auch die gegenseitige Zusage: *Ich liebe dich so, wie du bist.*

Auf die Hingabe an Gott im Sinne des Zölibats angewandt: *Ich schenke mich dir für immer und uneingeschränkt, mit allen meinen Fähigkeiten und Anlagen.* Das setzt durchaus auch das Bewusstsein eigener Schwächen voraus.

Freilich: Das große Problem einer solchen Entscheidung im Sinne einer Ganzhingabe ist die Frage: *Schaffe ich, schaffen wir das? Werde ich alles verkraften?* Im Gespräch mit einer Gruppe von Firmlingen kamen wir auf das Thema Lebensentscheidung und den Beistand des Heiligen Geistes im Zusammenhang der Eheschließung zu sprechen. Ein Mädchen wandte ein: *Und wenn er plötzlich einen Bierbauch bekommt? Ob ich das ertragen kann?*

Oder ich denke an einen Ehemann: Er war Hochschulprofessor und hatte eine nette Frau und liebe Kinder. Als die Ärzte bei seiner noch relativ jungen Frau die schlimme Diagnose multiple Sklerose stellten, was in der Regel eine oft Jahrzehnte dauernde schwere Krankheit mit Pflegebedarf bedeutet, sagte er: *Ich bin doch kein Märtyrer!* Und er ließ sich scheiden.

Es scheitern doch so viele! Auch solche, die sich wirklich sehr geliebt haben! Auch Gläubige! Das ist wahr. Trotzdem bin ich davon überzeugt: Wenn beide es ehrlich versuchen, mit Christus, mit seiner Hilfe, mit der Hilfe des Erlösers, wenn beide sich bemühen, auf ihn zu hören, seine Hilfe in Anspruch nehmen, werden die Chancen sehr groß sein, dass es gut geht.

Ich erzähle gerne die Geschichte einer venezolanischen Familie: Das Ehepaar hatte sehr jung geheiratet: Er war 19 und sie noch nicht einmal ganz 17 Jahre alt, als sie schwanger wurde. Das junge Paar war noch sehr unreif, hatte viel Streit von Anfang an. Nach einigen Wochen, das Kind war noch nicht auf der Welt, sagten sie zueinander: Wir können das dem Kind, das in ein paar Monaten zur Welt kommt, nicht antun.

Das junge Paar ging zum Rechtsanwalt. Der Vertrag für eine einvernehmliche Scheidung war schon aufgesetzt, als sie, trotz aller Schwierigkeiten, gemeinsam an einem Einkehrtag des *Neokatechumenalen Weges*, einer katholischen Gemeinschaft, teilnahmen. Dort, in der Runde, erzählten sie, dass ihre Scheidung schon feststehe. Da begannen ihnen die anderen zuzureden, sie zu fragen, ob sie es schon wirklich versucht hätten, auch mit der Hilfe Jesu die Schwierigkeiten anzugehen.

Beide entschlossen sich, eine persönliche Beichte abzulegen. Sie probierten es dann doch noch einmal. Es war sehr schwierig, weil sie ständig diskutierten und einander ins Wort fielen. Sie mussten lernen, miteinander zu reden, einander zuzuhören. Das Kind kam zur Welt. Sie kämpften weiter. Es kam ein zweites Kind. Sie hatten es nicht leicht, aber sie hielten durch. Es folgte ein drittes Kind. So kamen sie auf insgesamt 13 Kinder und bezeugten einem Weltfamilientreffen in Rom, dass sie eine glückliche Familie sind.

Jesus schenkt Mut und mit seiner Hilfe und persönlichem Bemühen findet sich nicht nur der Weg zu Gott, sondern in der Regel auch der Weg zueinander. Eine der wesentlichen Voraussetzungen dafür ist die Aufrichtigkeit, Ehrlichkeit gegenüber Gott, gegenüber sich selbst und gegenüber dem anderen, sodass auch das Wort möglich wird: *Verzeih mir, sei mir nicht böse. Ich will es versuchen.*

Dabei ist es grundlegend, ihn, Christus, zu suchen. Der Umgang mit ihm führt dazu, mit dem anderen zu reden, hinzuhören, auf das, was er sagt, erkennen, was das Problem ist, im Bewusstsein, dass es manchmal – oder oft – bei uns selbst liegt. Es ist ein Vorgang, der im Laufe des Lebens immer wieder nötig wird: In sonnigen Tagen und wenn es regnet.

So wächst eine wahre Liebe, so wird sie nach und nach tiefer begründet, so wird sie kostbarer, weil sie eine Frucht ist, die aus einem Zusammenwirken von Gott und Mensch in der Ehe von zwei sich liebenden Menschen herrührt. Es ist – jedenfalls beim Christen – zugleich immer ein Vorgang, der mit der Nachfolge

Christi Hand in Hand geht: Wer sein Jünger sein möchte, muss vergeben lernen, nicht nur sieben Mal, sondern siebenundsiebzig Mal.

Wer sein Jünger sein will, muss lieben lernen, wie *Er* liebt. Das heißt das Kreuz in die Hand nehmen, ja, es umarmen. Das betrifft dann auch die Kinder, ihr Leben, ihre Schwierigkeiten, ihre Probleme. So, wie sie sind, brauchen sie Liebe, oft sogar sehr viel Liebe. Und er – Gott – ist es, der das Herz weit macht.

Vor wenigen Tagen habe ich nicht nur die Ergebnisse der römischen Umfrage über Ehe und Familie aus der eigenen Diözese, sondern auch die des IEF erhalten. Das IEF hat Ehepaare befragt, die zu einer apostolischen Bewegung wie z. B. *Schönstatt* oder *Legio Mariens* gehören oder mit der *Initiative Christliche Familie* in Kontakt sind.

Diese Umfrage zeigt, dass auch heute, mitten in einer weitgehend säkularisierten Gesellschaft, eine christliche Familie möglich ist. Ja, die Umsetzung der kirchlichen Lehre macht froh! Der Empfang der Sakramente, das Leben aus dem Glauben – gerade auch für die Ehe und Familie – sind grundlegend und stellen eine große Hilfe dar.

Im Eröffnungsvers der heutigen Messe steht das Wort des heiligen Paulus: *Ich weiß, auf wen ich mein Vertrauen gesetzt habe, und bin überzeugt, dass er die Macht hat, das mir anvertraute Gut bis zu seinem Tag zu bewahren, er, der Herr, der gerechte Richter* (2 Tim 1,12; 4,8).

Paulus wurde auserwählt, damit er den Heiden das Evangelium verkündet. Das ist heute eine große

Aufgabe der christlichen Ehepaare und ihrer Familien: Ihre Kinder, die Freunde ihrer Kinder, deren Eltern sowie die Freunde der Eltern und deren Kinder zu Christus bringen. Das ist eine echt missionarische Aufgabe.

Vielleicht werden Sie einwenden, aber wir sind doch nur *eine normale Familie,* womit Sie andeuten wollen, dass auch Sie Ihre Probleme und Schwierigkeiten haben, wie sie wohl jede *normale Familie* hat: Ja, das ist wahr, aber in Bezug auf Ihre apostolische Sendung kein Einwand, denn Gott ruft uns so, wie wir sind. Das Wissen, dass Jesus uns bei der Wahrnehmung der missionarischen Sendung beisteht, hat seine besondere Bedeutung: Einerseits können wir uns über niemanden erheben, so als ob wir besser wären; andererseits wird gerade dadurch für die anderen *normalen Menschen* unser Zeugnis wertvoll. Denn so werden sie erkennen, dass auch sie eine Chance in der Ehe und mit Gott haben.

Bitten wir also Maria um ihre Fürsprache, damit wir nach dem Beispiel des heiligen Paulus unserer Berufung zu entsprechen suchen und unseren apostolischen und missionarischen Auftrag wahrnehmen.

Das Konsensprinzip der Ehe als Ausdruck der gleichen Würde von Mann und Frau

Josef Spindelböck

Wenn ein Mann und eine Frau den Bund der Ehe miteinander eingehen, denken viele dabei vor allem an Fragen der äußeren Organisation und des Ablaufs der Feier. Zumindest dem Paar, das miteinander die Ehe schließt, sollte es jedoch darüber hinaus klar sein, worauf es wirklich ankommt: Nämlich auf das *gegenseitige, freie Ja-Wort* der Partner, die heiraten wollen.

In diesem ehelichen Ja-Wort, dem so genannten *Konsens*, bekunden Mann und Frau ihre ernsthafte Bereitschaft, sich gegenseitig als Ehegatten anzunehmen und füreinander da zu sein, solange ihr Leben auf Erden währt. Sie räumen sich gegenseitig das Recht auf jene sexuellen Akte ein, die ihrer Natur nach geeignet sind, menschliches Leben hervorzubringen. Sie versprechen sich unbedingte Treue, bis der Tod sie scheidet. Sie wollen einander achten und lieben sowie sich gegenseitig beistehen in guten und in bösen Tagen.[1] In all dem bauen christliche Eheleute

---

[1] Im Vermählungsspruch heißt es: „N., vor Gottes Angesicht nehme ich dich an als meine Frau / als meinen Mann. Ich verspreche dir die Treue in guten und bösen Tagen, in Gesundheit und Krankheit,

auf den Beistand Gottes und damit auf die Gnade des Ehesakramentes.[2]

Die Ehe – als Bund unwiderruflicher treuer Hingabe von Mann und Frau in Offenheit für Kinder – ist von Gott, dem Schöpfer, in der menschlichen Natur grundgelegt. Im Buch Genesis heißt es von der Ehe gemäß der Schöpfungsordnung, dass der Mann Vater und Mutter verlässt, sich an seine Frau bindet und die beiden Gatten *ein Fleisch* werden (vgl. Gen 2,24). Dabei sind drei Schritte enthalten, die sich in einer gewissen Folgerichtigkeit und Normativität ergeben[3]:

Der Mann verlässt seine Eltern, das heißt er wird unabhängig und ist für sich selbst verantwortlich.

Er entscheidet sich bewusst für eine Person des anderen Geschlechts und bindet sich freiwillig an sie, sodass diese Frau seine Gattin wird; seinen Bindungswillen tut er durch das eheliche Ja-Wort kund.

Mann und Frau werden *ein Fleisch*, das heißt sie gehören einander an in der Ganzheit ihrer leibli-

---

bis der Tod uns scheidet. Ich will dich lieben, achten und ehren alle Tage meines Lebens." – Die Feier der Trauung in den katholischen Bistümern des deutschen Sprachgebietes („Ordo celebrandi matrimonium"), 2. Aufl., hrsg. im Auftrag der Bischofskonferenzen Deutschlands, Österreichs und der Schweiz sowie der (Erz-)Bischöfe von Bozen-Brixen, Lüttich, Luxemburg und Straßburg, Freiburg u. a. 1998, 40-41.

2   Vgl. Benedetto Testa, Das Sakrament der Ehe. Die Heiligung der ehelichen Liebe, in: Ders., Die Sakramente der Kirche (Reihe „Amateca: Lehrbücher zur katholischen Theologie", Bd IX), Paderborn 1998, 302-336; Angelo Scola, Das hochzeitliche Geheimnis, Einsiedeln 2006.

3   Die Perspektive des Mannes ist analog auch auf die Frau anzuwenden.

chen und seelischen Existenz. Sie sind durch das eheliche Ja-Wort eins geworden und in Offenheit für Gottes Schöpfungswirken bereit, Kindern das Leben zu schenken.[4]

Jesus Christus hat diese schöpfungsgemäße Sicht der Ehe bestätigt und vertieft.[5] Schon in apostolischer Zeit wurde festgehalten, dass die Ehe *im Herrn*[6] ein großes „Geheimnis" (lat. sacramentum) darstellt, da sie auf den Bund zwischen Christus und der Kirche verweist, ja, diesen vergegenwärtigt und sichtbar macht.[7] In der systematischen Erkenntnis der Bedingungen für eine rechtlich gültige Ehe konnte die Kirche auf das römische Recht zurückgreifen, welches dem Konsens zwischen den Ehepartnern eine wesentliche Begründungsfunktion zuweist. Es gilt der Grundsatz: *consensus facit matrimonium.*[8]

---

4   Vgl. Norbert und Renate Martin (Hrsg.), Johannes Paul II.: Die menschliche Liebe im göttlichen Heilsplan. Eine Theologie des Leibes, Kisslegg 2008 (2., überarbeitete Aufl.), 1. Katechese vom 05.09.1979, 79-82.

5   Vgl. Jesu Teilnahme an der Hochzeit zu Kana, Joh 2,1-12, sowie seine Verweise auf den schöpfungsgemäßen „Anfang" der Ehe in Mt 19,3ff. und Mk 10,2ff.

6   Vgl. 1 Kor 7.

7   Vgl. Eph 5,21-33.

8   Seit klassischer römischer Zeit war für die Eheschließung der „consensus" maßgeblich: Vgl. Wolfgang Waldstein / J. Michael Rainer, Römische Rechtsgeschichte. Ein Studienbuch, München 2005[10], 49. Im Mittelalter übernahm Gratian das Prinzip „Nuptias non concubitus, sed consensus facit" in seine Rechtssammlung (c.17 C.28,1): Vgl. Joseph Prader, §83: Die Ehe in der kirchlichen Rechtsordnung, in: Joseph Listl / Heribert Schmitz (Hrsg.), Handbuch des katholi-

Dieses Rechtsprinzip mit Ursprung sowohl im römischen Recht (und letztlich im Naturrecht) als auch in der jüdisch-christlichen Offenbarung hat sich vielfach bewährt. Beim ehelichen Konsens handelt es sich um die freie Zustimmung beider Partner (Mann und Frau), den Bund der Ehe miteinander eingehen zu wollen und dabei alle diesbezüglichen Rechte und Pflichten zu übernehmen[9]: *Der Ehekonsens ist der Willensakt, durch den Mann und Frau sich in einem unwiderruflichen Bund gegenseitig schenken und annehmen, um eine Ehe zu gründen."*[10]

Für die Kundgabe gilt: *Die Eheschließenden haben ihren Ehewillen durch Worte zum Ausdruck zu bringen; wenn sie aber nicht sprechen können, dann durch gleichbedeutende Zeichen.*[11] Nicht die sexuelle Vereinigung von Mann und Frau ist also ehebegründend und auch nicht der Segen des Priesters, den die Brautleute empfangen, sondern das tatsächliche Vorhandensein des ehelichen Konsenses: *Die Ehe kommt durch den Konsens der Partner zustande, der zwischen rechtlich dazu befähigten Personen in rechtmäßiger Weise kundgetan*

---

schen Kirchenrechts. Zweite, grundlegend neubearbeitete Auflage, Regensburg 1999, 884-904, hier 890.

9   Vgl. Libero Gerosa, Das Recht der Kirche, Paderborn 1995, 288-294; Bruno Primetshofer, §86: Der Ehekonsens: §87: Die Eheschließung, in: Listl / Schmitz (Hrsg.), Handbuch des katholischen Kirchenrechts, a. a. O., 927-937 und 948-965.

10   Codex Iuris Canonici (= CIC) von 1983, can. 1057 §2.

11   CIC 1983, can. 1104 §2.

wird; der Konsens kann durch keine menschliche Macht ersetzt werden.[12]

Als innere Voraussetzungen des Konsenses gelten das mit dem nötigen Alter[13] und einer entsprechenden sittlichen Reife[14] verbundene Urteilsvermögen sowie die Möglichkeit einer freien Stellungnahme in diesem Bereich und die psychische Fähigkeit, wesentliche Verpflichtungen der Ehe zu übernehmen.[15]

Von außen her sind entgegenstehende Hindernisse, wie die Ausübung von schwerer Furcht und von Zwang[16], oder eine arglistige Täuschung[17] jedenfalls auszuschließen. Sonst käme der gültige Konsens, entgegen dem Anschein, eben in Wahrheit nicht zu Stande. Die so erklärte Ehe wäre nur dem Rechtsschein nach eine Ehe.[18]

Allerdings müsste deren Ungültigkeit – sofern es sich um eine kirchlich relevante Ehe handelt – durch ein Ehenichtigkeitsverfahren in zwei gleichlautenden Urteilen bei mindestens zwei Instanzen nachgewiesen

---

12 CIC 1983, can. 1057 §1.

13 Als kanonisches Mindestalter für eine gültige Eheschließung gilt beim Mann die Vollendung des 16., bei der Frau die Vollendung des 14. Lebensjahres; die Bischofskonferenzen können zur erlaubten Eheschließung ein höheres Alter festlegen (vgl. CIC 1983, can. 1083).

14 Vgl. CIC 1983, can. 1096.

15 Vgl. CIC 1983, can. 1095.

16 CIC 1983, can. 1103.

17 Vgl. CIC 1983, can. 1098.

18 Vgl. CIC 1983, can. 1061, §3.

werden.[19] Denn um des hohen Gutes der bestehenden Ehe willen gilt als rechtlicher Grundsatz: *„Die Ehe erfreut sich der Rechtsgunst; deshalb ist im Zweifelsfall an der Gültigkeit der Ehe so lange festzuhalten, bis das Gegenteil bewiesen ist."*[20] Konkret auf den Konsens angewandt: *„Es wird vermutet, dass der innere Ehekonsens mit den bei der Eheschließung gebrauchten Worten oder Zeichen übereinstimmt."*[21]

In der Geschichte des Christentums wurde die Problematik der Feststellung bzw. des Nachweises eines ehelichen Konsenses vor allem angesichts über lange Zeit praktizierter und kirchlich auch tolerierter *klandestiner Ehen* erkennbar. Diese wurden in Abwesenheit von weiteren Zeugen allein durch den Bräutigam und die Braut geschlossen; die Konsenserklärung war privat und nach außen hin konnte eine solche Ehe nur dadurch in Erscheinung treten, dass die beiden Gatten dies durch die faktische Aufnahme der ehelichen Lebensgemeinschaft anzeigten.

Wer aber von den Außenstehenden wusste wirklich mit Sicherheit, dass sich das Paar im ehelichen Konsens aneinander gebunden hatte? Die Frage der

---

19 Vgl. zum näheren Ablauf des Verfahrens: Päpstlicher Rat für die Gesetzestexte, Instruktion „Dignitas connubii", die von den diözesanen und interdiözesanen Gerichten bei Ehenichtigkeitsverfahren zu beachten ist, Vatikan 2005.

20 CIC 1983, can. 1060.

21 CIC 1983, can. 1101 §1. Eine neue Eheschließung ist erst erlaubt, wenn die Ungültigkeit einer früheren rechtmäßig oder sicher feststeht (vgl. can. 1085, §2).

Beweisbarkeit eines im Geheimen erklärten ehelichen Konsenses wurde insbesondere dann virulent, wenn sich das Paar wieder getrennt hatte oder trennen wollte und womöglich ein Teil sogar erklärte, es habe gar keine Erklärung des Konsenses gegeben. Dies konnte zutreffen oder auch nicht.

Die Kirche wandte sich daher gegen solche Formen der geheimen Eheschließung. Diese Ehen wurden – obwohl unerlaubt geschlossen – jedoch weiterhin als gültig angesehen, sofern der Konsens wirklich bestand.[22] Um verschiedenen Missständen und der generellen Rechtsunsicherheit abzuhelfen, führte das Konzil von Trient durch das Dekret *Tametsi* die Formpflicht ein.[23] Danach sollten künftig nur mehr jene Ehen gültig sein, die in Gegenwart des Ordinarius oder dessen Vertreters (also des Bischofs oder eines von ihm bevollmächtigten Priesters) und von zwei oder drei Zeugen geschlossen wurden. Wurde diese *inhabilitierende*[24] Rechtsvorschrift nicht beachtet, dann waren solche „Ehen" sowohl unerlaubt als auch ungültig.[25]

---

22   Vgl. IV. Laterankonzil, Kapitel 51 (Denzinger-Hünermann 817).

23   Vgl. Konzil von Trient, Dekret „Tametsi", Sessio XXIV vom 11. November 1563, in: D 1813-1816.

24   Ab der rechtsverbindlichen Promulgation des Dekrets „Tametsi" sollten alle getauften Ehewilligen zu einer geheimen (klandestinen) Eheschließung unfähig (inhabiles) sein, so das Konzil.

25   Mit dem CIC 1917 wurde das Hindernis der Klandestinität fallen gelassen und dafür eine irritierende Formvorschrift eingeführt. Auch gemäß geltendem Recht sind „nur jene Ehen … gültig, die geschlossen werden unter Assistenz des Ortsordinarius oder des

Das Konsensprinzip, an dem die Kirche jedenfalls festhält, zeigt auf: Sowohl die freie Zustimmung des Mannes als auch der Frau ist für eine gültige Ehe nötig. Beide werden schon vom Naturrecht her, aber auch in der Gnadenordnung gleich ernst genommen. Gewiss sind Mann und Frau nicht austauschbar im Sinne einer Gleichmacherei; dennoch haben sie die gleiche Würde als Personen und die grundlegend gleichen ehelichen Rechte und Pflichten.

Diese Auffassung wird auch in der Heiligen Schrift bezeugt. Wo Paulus von der *ehelichen Pflicht* spricht, setzt er voraus, dass diese Pflicht beide Gatten betrifft und zwar deshalb, weil sie einander in freier Zustimmung ein gegenseitiges Recht über ihren Leib eingeräumt haben.[26] Die Gatten sollen sich gegenseitig einander unterordnen in der gemeinsamen Ehrfurcht vor Christus.[27] Wenn der Ehemann als Haupt der Frau bezeichnet wird, die als sein Leib gilt, so ist dies eine bildhafte Sprache, welche auf die Liebesbeziehung Christi als des Bräutigams zu seiner Braut, der Kirche, verweist.[28]

Ortspfarrers oder eines von einem der beiden delegierten Priesters oder Diakons sowie vor zwei Zeugen ...“ – CIC 1983, can. 1108 §1.

26 „Der Mann soll seine Pflicht gegenüber der Frau erfüllen und ebenso die Frau gegenüber dem Mann. Nicht die Frau verfügt über ihren Leib, sondern der Mann. Ebenso verfügt nicht der Mann über seinen Leib, sondern die Frau." (1 Kor 7,3-4).

27 Vgl. Eph 5,21.

28 Vgl. Eph 5,22-33.

Es gibt daher von der kirchlichen Glaubenslehre ausgehend keine ontologische Unterordnung der Frau unter den Mann; im Grunde müssen beide Gatten die Ehrfurcht und Demut voreinander lernen und verwirklichen. Gerade der Mann, dem die Frau in Liebe gehorcht, soll sich für seine Frau in dienender Liebe nach dem Beispiel Christi hingeben, der am Kreuz sein Leben für die Menschen opferte und auf diese Weise die Kirche aus seiner Seite hervorgehen ließ.[29] Sakramententheologisch wird festgehalten: Die Gatten spenden sich das Sakrament gegenseitig; der Priester ist ein qualifizierter Zeuge für den Konsens.[30]

Sozial- und kulturgeschichtlich betrachtet hat sich die Kirche durch ihr Festhalten am Konsensprinzip immer wieder als Anwältin für die gleiche Würde und die grundlegend gleichen Rechte von Frauen und Männern im Hinblick auf das eheliche Leben erwiesen. Dies gilt gerade auch gegenüber patriarchalischen Tendenzen in der Gesellschaft, sodass Frauen durch die Lehre und Praxis der Kirche in die Lage versetzt wurden, dem Druck von männlicher Seite zu widerstehen, falls sie mit einer bestimmten Heirat oder konkret mit einem bestimmten Partner nicht einverstanden waren. Der Druck mochte noch so groß sein; wenn die Zustimmung erzwungen war oder unter schwerer Furcht erfolgte, so war die Ehe

---

29 Vgl. Johannes Paul II., Die menschliche Liebe im göttlichen Heilsplan, a. a. O., 92. Katechese vom 01.09.1982, 519-523.

30 Vgl. KKK 1623.

kirchenrechtlich ungültig und konnte prinzipiell annulliert werden.

Die gesellschaftliche Situation hat sich inzwischen verändert. Heute sind es oft die inneren Faktoren, welche als mögliche Hindernisse für die Gültigkeit eines ehelichen Konsenses wirksam sein können, z. B. mangelnde Reife und Kritikfähigkeit sowie überhaupt die Unfähigkeit zur dauernden Übernahme der ehelichen Aufgaben, in manchen Fällen gewiss auch der bewusste Ausschluss von Kindern oder der ehelichen Treue und Unauflöslichkeit.

Jedenfalls wird die kirchliche Eheschließung auch in Zukunft auf die konstitutive Rolle des Konsenses nicht verzichten können: um der Würde der betroffenen Personen willen und auch aufgrund der Natur der ehelichen Liebe und Hingabe. Die Kirche verteidigt daher im Festhalten am Konsensprinzip die gleiche Freiheit von Mann und Frau bei der Entscheidung für eine Ehe und einen konkreten Ehepartner.

Was sagt das Ende
über den Anfang?

Heinz Lackner

A llem *Anfang wohnt ein Zauber inne*, sagt Hermann
Hesse. Schon das Wort *Zauber* ist zweideutig.
Zauber kann Positives oder Negatives beinhalten.
Jedenfalls ist Unsicherheit und mögliche Täuschung
inbegriffen. So ist es auch mit der Eheschließung. Die
Ehe ist ein riskantes Unternehmen.

Es gibt eheförderliche und ehehinderliche Umstän-
de. Die Partner verändern sich im Laufe der Zeit. Eins
aber ist sicher: Es gibt kein generelles Rezept für das
Gelingen einer Ehe. Jede Beziehung ist anders. Was
in einer Beziehung gut geht, muss bei einer anderen
nicht funktionieren.

Die Grundfrage bleibt: *Warum heiraten Menschen?*
Warum heiraten viele junge Menschen nicht? Auch
hier gibt es die verschiedensten Antworten: gemeinsam etwas schaffen, wirtschaftliche Sicherheit, Kinder
haben, Kommunikation und Vertrauen, gemeinsame
Interessen, sexuelle Harmonie und so fort.

Erstaunlicherweise wird oftmals das Wort „Liebe"
nur selten erwähnt. Ist es zu schwierig, Liebe zu
definieren? Auch Religion oder Glaube wird selten
ausgesprochen. Wirtschaftliche und sexuelle Bindung
scheinen wichtig zu sein. Das gemeinsame Leben und
Eheleben, die Ergänzung durch den anderen. *Bella*

gerant alii, tu felix Austria nube, war das Eheprinzip der Habsburger.

Eine große Rolle spielt die Änderung der gesellschaftlichen Einstellung zur Ehe. Die Ehe hat durch die Gesetzgeber seit der großen Familienrechtsreform eine schrittweise Abwertung erfahren. Dazu gehört die Einführung der Scheidung von *Papierehen*, also meist von Frauen, die von ihren Männern wegen einer Jüngeren im Stich gelassen wurden.

Ehebruch war einst strafbar, heute ist es nicht einmal mehr ein eigener Verschuldenstatbestand. Bezeichnend für die Geringschätzung ist die 1978 erfolgte Übertragung der Zuständigkeit für Familienrechtssachen an die Bezirksgerichte, während die Arbeitsrechtsstreitigkeiten dem Landesgericht zugewiesen wurden.

Das Namensrecht wurde immer komplizierter und liberaler. Einst war der gemeinsame Name der Familienmitglieder ein Zeichen der Familienzusammengehörigkeit. Bis 2012 war wenigstens ohne eine andere Namensbestimmung der Name des Mannes gemeinsamer Familienname, seit 2013 behalten die Ehegatten ihren vorehelichen Namen, die Kinder bekommen im Zweifel den Namen der Mutter.

Die Medien transportieren meist nur Negatives über die Ehe, wahrscheinlich, weil die meisten Journalisten keine guten Erfahrungen mit der Ehe haben. Mit der rechtlichen Gleichstellung ehelicher und unehelicher Kinder fällt ein wichtiger Eheschließungsgrund weg.

Viele Ehen werden unüberlegt, ohne wirkliches Kennenlernen geschlossen. Hauptsächlich es klappt im Bett, was freilich keine Lebensspanne überdauert. Auch die Legalisierung homosexueller Partnerschaften färbt auf die Einstellung zur Ehe ab. Diese sind weniger verbindlich und leichter lösbar, eigentlich eine Diskriminierung heterosexueller Partnerschaften.

Man fragt sich: Wer betreibt diese Abwertung der Ehe und Familie? Der Marxismus hatte dieses Ziel, heute sind es Genderismus, Feminismus und die Homosexuellen-Lobby. Es besteht ein globaler Trend zur Gleichmacherei. Die Begriffe *Mann, Frau, Mutter, Vater* sollen eliminiert werden. Dazu kommt der Machbarkeitswahn zum Ausgleich des Verlustes der Leidensfähigkeit, der Bereitschaft, sein von der Natur gegebenes Schicksal anzunehmen.

Heute heißt es allzu oft: Wenn ich kein Kind will, treibe ich es ab; wenn ich ein Kind will und keines bekommen kann, macht es die In-vitro-Fertilisation mit Samenspende möglich.

Ehe als Entscheidung und Geschenk. Hier ist Machbares und Nicht-Machbares vereint. Der Glaube, zur Ehe berufen zu sein, und die Bestimmung eines bestimmten Partners zu meiner Ergänzung wäre eine wichtige Voraussetzung für einen guten Anfang. Humor hilft bei auftretenden Problemen. Das Schwierigste ist, Fehler des Partners zu verzeihen.

Ein Vergleich zwischen staatlichem und kanonischem Eherecht zeigt die entstandene Kluft. Unauflöslichkeit hier und Widerruflichkeit des Eheversprechens dort. Nach staatlichem Recht kann die Zeugung von Kindern von dem Ehegatten ausgeschlossen werden, eine kirchliche Ehe wäre dadurch ungültig.

Ehestörende Faktoren sind sicherlich Mängel in der Kommunikation oder auch die Berufstätigkeit beider Gatten. Die einvernehmliche Scheidung kehrt Probleme unter den Teppich; der Konsens ist oft nicht echt. Der Richter hat praktisch keine Möglichkeit, dies zu prüfen.

Eine obligatorische Mediation vor jeder Scheidung wäre wünschenswert. Nach der Scheidung könnte die Aufarbeitung der Probleme mit erleichterter Konsequenz für die Kinder durch einen „Versöhnungsvorgang" erfolgen. Grundsätzlich sollen Katholiken aber eine Ehe mit dem Vorsatz eingehen: Für uns gibt es keine Scheidung, wir reifen an der Bewältigung von Krisen im Glauben an die durch das Sakrament verliehene Gnade Gottes.

Heinz Lackner, Dr. iur. ist Familienrichter i. R., Vorstandsmitglied des Katholischen Familienverbandes Steiermark, Gastprofessor für Europäisches Familienrecht am ITI in Trumau, Mitglied der Fachgruppe Familienrecht und Außerstreitverfahren der österreichischen Richtervereinigung sowie der International Association of Family Judges.